A Library of Academics by PHD Supervisors

博士生导师学术文库

# 禅悟的实证
# 禅宗思想的科学发凡

周昌乐 著

中国书籍出版社
China Book Press

图书在版编目（CIP）数据

禅悟的实证：禅宗思想的科学发凡/周昌乐著.—北京：中国书籍出版社，2019.5
ISBN 978－7－5068－7157－0

Ⅰ.①禅… Ⅱ.①周… Ⅲ.①禅宗—研究—中国 Ⅳ.①B946.5

中国版本图书馆 CIP 数据核字（2018）第 295114 号

## 禅悟的实证：禅宗思想的科学发凡

周昌乐　著

| 责任编辑 | 张　文 |
|---|---|
| 责任印制 | 孙马飞　马　芝 |
| 封面设计 | 中联华文 |
| 出版发行 | 中国书籍出版社 |
| 地　　址 | 北京市丰台区三路居路 97 号（邮编：100073） |
| 电　　话 | （010）52257143（总编室）　（010）52257140（发行部） |
| 电子邮箱 | eo@chinabp.com.cn |
| 经　　销 | 全国新华书店 |
| 印　　刷 | 三河市华东印刷有限公司 |
| 开　　本 | 710 毫米×1000 毫米　1/16 |
| 字　　数 | 270 千字 |
| 印　　张 | 15 |
| 版　　次 | 2019 年 5 月第 1 版　2019 年 5 月第 1 次印刷 |
| 书　　号 | ISBN 978－7－5068－7157－0 |
| 定　　价 | 85.00 元 |

版权所有　翻印必究

## 题　记

谁都知道,真陷于悖论,达到十足的自相矛盾的程度。

(美)奎因[①]

---

[①] 奎因:《真之追求》,三联书店,1995年版,第73页。

# 修订本序

《禅悟的实证》自出版以来得到了广大读者的喜爱,已经到了一书难觅的地步,但是由于该书首版中存在不少文字错误,所以一直希望能够找机会再版,修订错误,以期更好地满足喜爱此类书籍的读者需求。

这是一部多学科交叉研究的学术著作,主要以当代科学思想方法,对深奥的禅法思想进行比较系统的阐释。本书不但涉及东方最为神秘难明的禅法思想、方法和途径等深奥内容,而且也涉及西方最为复杂难懂的元数学、量子论、混沌学和脑科学等深奥内容,并加以相互阐发,所以要完全读懂这部读物并非是一件轻而易举的事情。

在中国古代的典籍中,向来认为禅宗典籍要比三玄之书还要难以理喻。这里三玄是指《周易》《老子》和《庄子》。所以,要读懂理解禅宗的思想,通常是非常困难的,许多人终其一生,也难以一窥其堂奥。

而在西方的学科中,最难以理解的便是量子理论、混沌科学、意识科学以及基础数学了。在这些学科中,不仅涉及许多深奥的数学基础,比如哥德尔定理、非线性微分方程、波函数方程等,而且涉及深奥的哲学思想,比如量子纠缠性、不可预测性、感受主观性、悖论的不可消解性等。所有这些,都不是一般读者可以轻易明白的。

如果进一步,要将上述东西方最难理解的这两个方面相互融合地加以阐发,那自然是难上加难了。这就是为什么许多读者读了此书之后会发出种种感叹了。比如有人认为"内容很牵强附会";"每一年都会再次翻一遍这本书,尽管现在还是一知半解";还有人认为"写得有深度,但过于简略,让人难以把握";甚至有人认为书名不应加"实证"而应该改为"探索",诸此种种,不一而足。

其实，书名中的"实证"有两义：一是指科学的实证精神，其词义源自"逻辑实证主义"之"实证"，而非科学实验之"实证"；另一是指禅法之实际证验，其词义是源自禅师们顿悟到如如之境的修证体验。因此，从这两层词义的综合角度讲，撰写这么一部著作也是为了用现代科学的思想和方法，为倡导科学禅建立必要的思想基础，从而给出启发禅悟之境的一种新途径，为禅宗思想的现代化做出贡献。

中华禅宗思想的形成，在中国古代学术思想发展历程中起着关键性的作用，有学者认为不弄清楚禅宗思想的发生发展，就不可能弄清楚中国古代学术思想的发展历程，是非常有见地的。特别是宋元明清之后的学术思想发展历程，或吸收或批判，无不深深渗透着或者受到禅宗思想的影响。比如两宋佛教的禅宗化发展，宋明理学思想的缘起与发展（特别是陆王与陈湛心学思想体系的建立），道教内丹派思想体系的建立，等等，无不如此。

所以，要对中国传统学术思想进行当代阐释，特别是要从当代科学思想、方法及其成就的角度上来加以阐发，禅宗思想也必然是绕不过去的一环，也是最为重要的关键一环。正因为这样，有了这部著作做基础，再来阅读我在2016年出版的《明道显性》一书，才会更好地明白其中的逻辑脉络。

最后说明一下，此次修订，除改正了不少文字错误外，主要对全书作了完善性处理，在全书稿81处打了补丁，对个别难明之处，作了一些通俗化的补充解释。这里要特别感谢厦门槟榔中学的叶丽珍老师对本书的精心改错校对。

在科学昌明的时代，特别是在当今哲学研究与科学研究不断趋同的情况下，面对中国禅宗为我们留下如此丰富深刻的思想遗产，如果我们不能及时将现代科学成就汇入古老的禅宗思想中来加以发展，重新振兴禅宗思想在当代社会中的传布，那么这将是一种历史的失职。正是出于这样的考虑，自己才不顾才学粗浅，敢于抛砖引玉，于2006年出版这么一部《禅悟的实证》的拙著，但愿有助于推动这类我命名为"实证禅学"研究工作的开展。

所谓实证禅学，就是系统运用科学理论与方法去认识禅道、实践禅道以及证实禅道。因此，本次修订的这部拙作，作为实证禅学研究的一种探索，就是旨在通过一些最新科学成就与人文思想的佐证，来传播一种新的禅宗精神。科学虽为玄道，犹可有助于禅宗玄道的弘扬，但愿本书能够为身处当今"躁动不安"、充满诱惑社会中的人们，提供一种全新禅宗精神的指南，找回我们社会日益失落的精神家园。

现在好了，经过修订之后的这部著作终于再次面世了，我衷心希望，通过这样的不断努力，能够站在先哲们的肩上，将当代科学成就汇入先哲们的思想中来加以发展，为弘扬中华传统文化思想事业，尽一点微薄之力。

作者于2018年1月15日

# 目　录
## CONTENTS

**第一章　引　论** ·················································· 1
　第一节　"境"作为本体及其性质 ······················· 1
　第二节　从量子场论看归空之"境" ······················· 4
　第三节　看待科学的禅境观 ····························· 10

**第二章　禅宗的逻辑思想** ······························· 15
　第一节　禅宗思想发展概要 ····························· 16
　第二节　禅的元逻辑表现形式 ··························· 21
　第三节　禅宗思想的现代意义 ··························· 28

**第三章　哥德尔定理的蕴意** ····························· 32
　第一节　哥德尔及其两个定理 ··························· 32
　第二节　从哥德尔定理看禅宗公案 ······················· 36
　第三节　真的自明性证悟 ······························· 38

**第四章　数学根基中的裂痕** ····························· 45
　第一节　普遍存在的数学悖论 ··························· 45
　第二节　悖论是无法从根本上消除的 ····················· 48
　第三节　数学悖论背后的蕴意 ··························· 52

**第五章　禅悟的超元思维** ······························· 56
　第一节　禅悟是一种超元思维 ··························· 56

第二节　超元机制的形式刻画 ························· 61
　　第三节　禅悟,万法了然于一心 ······················· 65

## 第六章　真性的不可描述性 ······························· 73
　　第一节　语义性真理的不可描述 ······················· 73
　　第二节　禅宗的元语言哲学思想 ······················· 78
　　第三节　真性语言描述的局限性 ······················· 81

## 第七章　事物多样性的本质 ······························· 86
　　第一节　斯科伦定理及其意义 ························· 86
　　第二节　禅宗的触事即真观 ··························· 90
　　第三节　物理世界的多样性解释 ······················· 93

## 第八章　禅境的悖论刻画 ································· 100
　　第一节　通过悖论显现禅境 ··························· 100
　　第二节　禅境的混沌动力学分析 ······················· 104
　　第三节　悖论禅境的丰富内涵 ························· 108

## 第九章　结　语 ········································· 114
　　第一节　理性思维的局限性 ··························· 114
　　第二节　科学落入禅境 ······························· 118
　　第三节　提倡后现代科学精神 ························· 123

附　录　《祖堂集》解读(节选) ··························· 129

参考文献 ··············································· 214

后　记 ················································· 225

# 第一章

# 引 论

驯乎玄,浑行无穷正象天。阴阳比参,以一阳乘一统,万物资形。方州部家,三位疏成。

(汉)扬雄[1]

西汉时期的扬雄,在《太玄经》中提出了不同于《易经》的万物演化的本体论。特别强调阴阳之"和"的独立性与本源性,因此,相对而言,从思想上更加接近当代科学所揭示万物的本真。本书就从这种本真讲起。

## 第一节 "境"作为本体及其性质

我们以为,天地万物无非一"境"而已。当然,作为这一终极概念上的"境",其含义有三种"位相",分别称为"化境""本境"和"禅境"。"化境"是"境"的具体表现,如语言运用的"语境"、生命所处的"生境"、物质和合的"物境"、心灵产生的"意境"、艺术展现的"艺境"等等。"本境"是根本之境,是万境归于一的本真,即所谓万物的本源。既然是本源,就有"境"中之境,以至于无,即所谓"无境之境"或称为"空空之境"[2],从这一终极本体的角度看,"境"就称为"禅境"了。必须强调的是,"境"虽名称有三,体则归一,也就是说,这"化境""本境"和"禅境"是"三位一体"的,是"境"在不同的情况中,有不同的称名而已。因此,为了与普通意义上的"境"相区别,我们也称这终极本体的"境"为"玄境"。《老子·一章》有:"此

---

[1] 扬雄:《太玄经》,上海古籍出版社,1990,第4页。
[2] 注意,这里的"空",是终极之"空",用量子场论的观点讲,其虽无物,却是充满能量波动的"赝真空",参见本章第二节的论述。

两者同出而异名,同谓之玄,玄之又玄,众妙之门。"①其中的"玄"即此处之意:境有三名,同出一体,故称"玄境"。

那么,这天地一境的玄境,刻画了天地万物什么性质和规律呢?"境"与"道""气""心""理""器""太玄""太极""无""诚",还有"唯心""唯物""超弦""混沌""基因""意识""真空""力场""逻格斯""真理""结构""系统""过程"等等的本体又有什么联系与不同呢?把天地万物归结为玄境的解释理由又是什么?特别是依据这样的玄境说,又如何可以解释科学理性思维的规律和处境?这些都是本书所要阐述和讨论的内容。

现在我们来看玄境都有哪些具体的特性。首先,玄境是化境,所谓化境,就是化生万物之境,概而言之,其本性就在于"和合性"。具体表现则有六个方面,即自因性、全息性、同显性、涌现性、演化性和整体性。

整体性是指境的空间分布的结构关联性,即构成境的成分只有在作为整体的境中才能起作用;反之,起作用的成分之和恰好构成了作为整体的境本身。境就是其构成的有机结构整体。整体性的本质就是非力相关性(也称纠缠性),境是不可分割的一个整体。比如量子性质中的非定域性就是这一本性的反映,并因此说明了物质的不可分割性。

演化性则是指境随时间动态变化具有不可逆的过程性,是作为事件显现的境。常言所谓的"时过境迁"就是这种性质的通俗说法。整体的境的动态性使得境具有一种蓄势待发的固有倾向性,我们称为境的固有"经验选择性"。

涌现性指的是境的自我超越。当然,超越的境复归于境,形成了等级层次,体现了动态发展的复杂性和开放性。其中微小扰动导致完全不同结果的不可预测性是这种涌现性的本质,即古代所谓"几"的作用。《周易·系辞》曰:"几者,动之微,吉之先见者也。"②周敦颐在《通书》中也有说:"动而未形、有无之间者,几也。……,几微故妙。"③说的就是这种情况。常言说"触景生情"就是这一性质的写照。

同显性则是指境具有多像性,一方面物态境或为"场"形态出现,或为"体"形态出现,这是"场"与"体"的同显,另一方面作为事件性的境与作为物态性的境的同显,以及动态境的固有经验选择性与变态境的微小扰动突变性的同显。注意,这种同显性也是事物发展所固有的"物化性",庄子的"化蝶"寓言讲的就是这层

---

① 朱谦之:《老子校释》,中华书局,1984,第7页。
② 王弼、韩康伯、孔颖达:《周易正义》,中国致公出版社,2009,第292页。
③ 周敦颐:《周子通书》,上海古籍出版社,2000,第33页。

意思①,有如"太极"之阴阳、物质之波粒,具有本质上的互补迭加性。

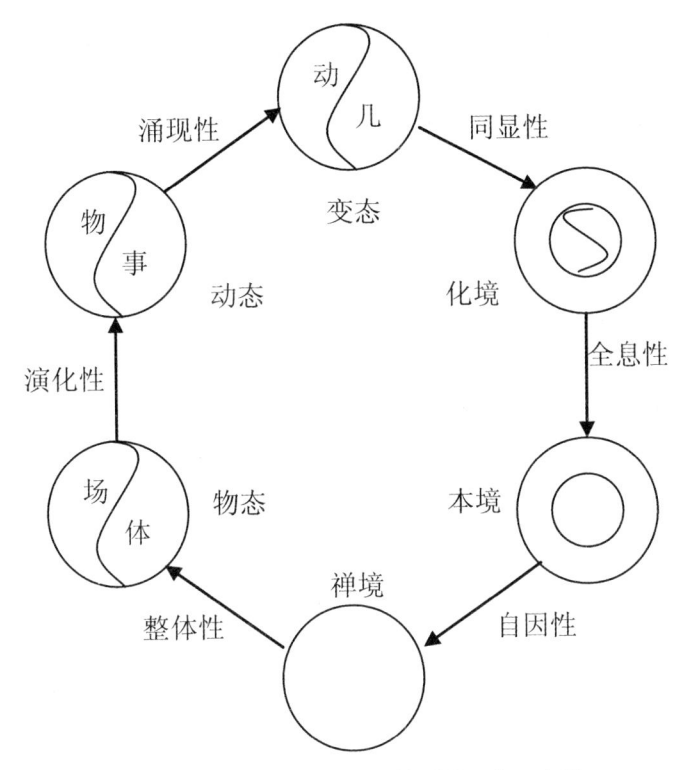

图 1.1 "玄境"不同形态与性质关系的示意图

全息性是指境具有境外生境,境境相扣,以至无穷,其理不变的跨越尺度自相似性的特点。而这不变之理,就是"生物者不生,化物者不化"②之本境,体现为寂静不动的本真而已。《老子》有曰:"万物并作,吾以观其复。"③就是对这一性质的刻画。

自因性是指"境为成因,又是结果"的意思,因此是超越逻辑分析的,境的终极完全不是靠二元对立的概念分别所能把握的。于是,全息性的本境落入"触事即真"的禅境。

图 1.1 中给出了上述"玄境"不同形态与性质关系的示意,其中"物态""动态"和"变态"是反映"境"之不同性质的表现状态,而"化境""本境"和"禅境"才

---

① 曹础基:《庄子浅注》,中华书局,1982,第 41 页。
② 杨伯峻:《列子集释》,中华书局,1979,第 4 页。
③ 朱谦之:《老子校释》,中华书局,1984,第 65 页。

是三位一体的玄境本身。

注意,落入了禅境即意味着一切概无分别了。《心经》上说的:"舍利子,色不异空,空不异色,色即是空,空即是色,受想行识,亦复如是。舍利子,是诸法空相,不生不灭,不垢不净,不增不减。"①也就是"玄境"的写照。实际上,化境为幻,幻幻归真,即是禅境。这样,万境归空必然成为根本之法,这也就是我们看待终极科学的基点,而且"是""非"同显的悖论,也就成为揭示真性的必由之路。

## 第二节　从量子场论看归空之"境"

当我们把万物归为一境时,这一境也就成为归空之境了。那么,这样的结论是否符合我们所有已知物理世界的本性呢？由于任何一种本体理论都只是对实在的一种描述,而不可能是实在本身。于是,看一种描述理论的优越与否,也就主要看其对已知种种途径获得的客观现象的解释能力。因此,为了说明这个问题,让我们从迄今为止最深刻描述物理世界的量子场论说起。

量子场论是现代物理学试图调和相对论与量子论之间的矛盾而建立的一种纯思辨性的理论。量子场论的观点主要包括这样一些认识:(1)就我们日常感知而言,物质的存在都是不真实的;(2)就微观的粒子而言,它们的存在又是依赖于主观观测的;(3)对于没有物质的真空(零点能),却可以充满"生机",依然会造成可观测的效果;(4)由于海森堡测不准原理,在量子尺度下,具有能量涨落的真空,是万物形成的根源;(5)物质没有内在的确定性,一切都是在不断生灭、此消彼长的过程之中;(6)因此,万物都是不可分割的一个整体,一个大统一能量场,总能量复归于零。

比如在物质存在性方面,物理学家格里宾就指出:"我们称之为真实的任何东西都是由不能视为真实的东西所构成。"②可能这样的结论与我们的日常经验实为大相径庭。因此,格里宾进一步说明:"有些形而上学家甚至怀疑一棵树或一间房子在没人看它时是否还真实存在,这在我们这些凡夫俗子看来简直是太可笑了。但可笑的是我们,因为,最实际和最客观的科学——物理学,在20世纪的发现已经不可抗拒地导致这样的结论,即在亚原子粒子诸如电子和质子的层次上,

---

① 幼存、道生:《维摩诘经今译》,中国社会科学出版社,1994,扉页所含《心经》。
② 格里宾:《寻找薛定谔的猫》,海南出版社,2001,第203页。

物体在未被观测时的确并不'真实'存在。"①进一步讲,"当物理学家试图探测电子和组成原子的其他粒子的精确性质时,他们发现那'真实'粒子的概念溜掉了。"②其实,马赫早于1883年就指出:"原子是不可能被我们的感官察觉的,它们像所有物质一样只是思想的产物。"③倒是那把原子束缚在一起组成桌子的看不见的电磁力才真是"实实在在"的。于是就量子场论而言,物质的确定性的的确确无法找回了,取而代之的,便是量子真空以及变化多端的能量之场。

所谓量子真空,是指一个系统最低能量状态,其方程式遵守波动力学和狭义相对论,也是一种神秘的"零点能场"显示自己的地方,这种场的能量在所有其他的场处在零点能的时候就会出现。在经典物理学的层次上,真空是指没有物质的状态。因此,它自然被作为物质能量的零点,即真空本身是没有能量的。在量子场论中,没有粒子的基态定义为真空。但实验证明,处于基态的量子场与其他场的相互作用依然会造成可观测的效果。因此,"过去,真空的定义是空无一物的空间,而现在人们认为它充满能量与多种虚粒子。"④

也许,量子场论的结论难以为我们的日常经验所接受,"但其本身隐藏了更深的真理,这些真理更接近于日常的真实性。因为量子力学给出的是:没有什么是真实的,我们不去观察它们时,则什么也不能说。"⑤

这样一来,当量子场论引入时空量子化的概念时,就可以解释真空中物质粒子生生灭灭的过程。因为,当将时空量子化后,就可以将海森堡测不准原理引入到真空之中,于是,真空中能量的涨落就成为可能。由于量子的不确定性,粒子可以从"无"中生出,这一点物理学家格里宾讲得很清楚:"如果说在足够短的时间之内,粒子的可用能量具有内禀的不确定性,那么我们就可以说:在极短的时间之内,粒子的存在与否也具有内禀的不确定性。假设遵守一定的规则,例如电荷守恒和粒子、反粒子数之间的平衡,那么就没有理由阻止整车的粒子'无中生有'地出现,随后又相互复合而消失。"⑥

自然,作为放之四海而皆准的科学理论,类似的原理也适用于解释真空,正如物理学家诺维科夫指出的:"根据现代理论,真空并不是绝对空,即'完美的空无一物'。它是所谓的'虚粒子'和'反粒子'的海洋,这些粒子并不像真实粒子那样存

---

① 格里宾:《大爆炸探秘》,上海科技教育出版社,2000,第2页。
② 格里宾:《大爆炸探秘》,上海科技教育出版社,2000,第3页。
③ 格里宾:《大爆炸探秘》,上海科技教育出版社,2000,第3页。
④ 牛顿:《探求万物之理》,上海科技教育出版社,2000,第118页。
⑤ 格里宾:《寻找薛定谔的猫》,海南出版社,2001,第6页。
⑥ 格里宾:《寻找薛定谔的猫》,海南出版社,2001,第193页。

在。在真空中,虚粒子和反粒子会不断地被成双成对地创造出来。但是只能存在很短的一段时间,接着就立刻消失了。……。如果在真空中施加某一强场,那么某些虚粒子可能会'积聚'足够多的能量而转变成真实粒子,这就是利用强场的能量在真空中生成真实粒子的机制。"①

于是,量子场论意义上的真空,不再是静止不变的空无,而是不断动态变化的能量场。正如戴维斯指出的:"量子真空完全不同于真空,它充满了生机;翻腾不已的虚粒子在永无止息地运动着。"②因此,有人也形象地称这种现象为"量子泡沫",而称这样的真空为赝真空。

这便是量子场论中的生灭观,其代表的是一种全新的生成论,小到粒子的生成,大到宇宙的产生,都可以用此理论解释。正是看到了这一点,我国学者董光璧先生才清楚地认识到:"量子场论中的产生和湮灭算符的概念基础正是生成论,各种统一场论要求一切粒子从统一场经对称破缺产生的概念基础也是生成论的宇宙观。"③

有意思的是,这样的量子生灭观正也是禅宗空论所特别强调的。禅宗空论的观点主要源自佛教的般若性空观,其代表思想主要反映在《肇论》之中④。特别是其中的"不真空论"(应解读为"不真—空论")篇,更是用中观双遣双非方法来论述万物不真为"空"的思想。这里,禅宗空论也讲物质没有真实性,也讲万物为空,但却很好地处理了空无与色有的关系,能够更好地解释物理世界的本性。

比如,"一切诸法,缘会而生。……,故知虽今现有,有而性常自空。"⑤而"性空者,谓诸法实相也"⑥,等等,讲的都是万物的不真实性。不仅如此,在《肇论》中还透彻地分析了"有"与"无"的依存和转化关系。如,"诚以即物顺通,故物莫之逆。即伪即真,故性莫之易。性莫之易,故虽无而有。物莫之逆,故虽有而无。虽有而无,所谓非有。虽无而有,所谓非无。如此,则非无物也,物非真物。物非真物,故于何而可物。故经云'色之性空,非色败空',以明夫圣人之于物也,即万物之自虚,岂待宰割以求通哉?"⑦

---

① 诺维科夫:《时间之河》,上海科学技术出版社,2001,第136页。
② 戴维斯:《宇宙的最后三分钟》,上海科学技术出版社,1995,第65页。
③ 董光璧:《当代新道家》,华夏出版社,1991,第93页。
④ 注意,日本禅学家忽滑谷快天指出:"禅门之宗师横说竖说,千言万语,不出肇此论之外。"参见忽滑谷快天:《中国禅学思想史》,上海古籍出版社,1994,第43页。因此,这里的观点也是代表禅宗空论的思想的。
⑤ 僧肇:《肇论》,福建莆田广化寺,2000,第2页。
⑥ 僧肇:《肇论》,福建莆田广化寺,2000,第3页。
⑦ 僧肇:《肇论》,福建莆田广化寺,2000,第7页。

进一步讲,"说法不有亦不无,以因缘故诸法生。"①这里,因缘者,可以解释为零点能之真空缘起之业力者。于是就有:"《中观》云:'物以因缘故不有,缘起故不无',寻理即其然矣。所以然者,夫有若真有,有自常有,岂待缘而后有哉?譬彼真无,无自常无,岂待缘而后无也。若有不自有,待缘而后有者,故知有非真有。有非真有,虽有不可谓之有矣。不无者,夫无则湛然不动,可谓之无。万物若无,则不应起,起则非无,以明缘起故不无也。"②恰巧讲的就是"无(真空)"并不是死寂的空无,而是充满活力,可以"缘起""有"(造成可观测的效果)的"无(真空)"。"真空者,是不违有之空也。……。妙有者,是不违空之有也。"③宇宙"零点能(场)"当作如是观。"何者?以末学人,根器渐钝,互执空有,故清辩等破定有之相令尽,彻至毕竟真空,方乃成彼缘起妙有;护法等破断灭偏空,意存妙有,妙存故,方乃是彼无性真空。"④

当然,这里禅宗般若空论讲的"性空",是视而不见,并不是"物无"的无物存在。"心无者,无心于万物。万物未尝无,此得在于神静,失在于物虚。即色者,明色不自色,故虽色而非色也。夫言色者,但当色即色,岂待色色而后为色哉?此直语色不自色,未领色之非色也。"⑤这样,禅宗空论强调了"无"与"有"是依赖于主观观测的。于是便有:"心境互依,空而似有故也。且心不孤起,托境方生;境不自生,由心故现。心空即境谢,境灭即心空。未有无境之心,曾无无心之境。如梦见物,似能见所见之殊,其实同一虚妄,都无所有。诸识诸境,亦复如是。以皆假托众缘,无自性故。'未曾有一法,不从因缘生,是故一切法,无不是空者。'"⑥以及"开目见相,心随境起。心处无境,境处无心。将心灭境,彼此由侵。心寂境如,不遣不拘。境随心灭,心随境无。两处不生,寂静虚明"⑦。这便是地地道道的归空之境,也正是我们前面所强调的玄境了。

进一步讲,对于量子真空能量涨落的"量子泡沫",禅宗的说教也与量子场论如出一辙。中国唐代落浦(也名乐普)和尚有一首《浮沤歌》描述道:

---

① 僧肇:《肇论》,福建莆田广化寺,2000,第8页。
② 僧肇:《肇论》,福建莆田广化寺,2000,第8页。
③ 宗密:《禅源诸诠集都序》,载石峻,《中国佛教思想资料选编》,中华书局,1981,第二卷第二册,第435页。
④ 宗密:《禅源诸诠集都序》,载石峻,《中国佛教思想资料选编》,中华书局,1981,第二卷第二册,第435页。
⑤ 僧肇:《肇论》,福建莆田广化寺,2000,第7页。
⑥ 宗密:《禅源诸诠集都序》,载石峻,《中国佛教思想资料选编》,中华书局,1981,第二卷第二册,第434页。
⑦ 道元:《景德传灯录》,成都古籍书店,2000,第643页。

秋天雨滴庭中水,水中漂漂见沤起。前者已灭后者生,前后相续何穷已。本因雨滴水成沤,还缘风激沤归水。不知沤水性无殊,随他转变将为异。外明莹,内含虚,内外玲珑若宝珠。正在澄波看似有,及乎动著又如无。有无动静事难明,无相之中有相形。只知沤向水中出,岂知水不从沤生。权将沤体况余身,五蕴虚攒假立人。解达蕴空沤不实,方能明见本来真。"①

这里"浮沤"即泡沫,所谓"风激"隐喻着量子真空波动性的成因,那个海森堡测不准原理所揭示的本性。这样,真空量子泡沫之性状,此歌盖言而尽。似乎描述的不是禅道,而正是量子真空的能量涨落现象。

僧肇在"物不迁论"中对真空的生灭过程也有精论:"法无去来,无动转者。寻夫不动之作,岂释动以求静,必求静于诸动。必求静于诸动,故虽动而常静。不释动以求静,故虽静而不离动。"②以及"既知往物而不来,而谓今物而可往。往物既不来,今物何所往。……。是谓昔物自在昔,不从今以至昔;今物自在今,不从昔以至今"③。就这一点而言,中国南北朝的慧远说得更加明白:"生涂兆于无始之境,变化构于倚伏之场。咸生于未有而有,灭于既有而无,推而尽之,则知有无回谢于一法,相待而非原;生灭两行于一化,映空而无主。"④因此,在禅宗看来,一切法都在刹那生灭变化之中,法法都是迁流变动不居的。一切都是"刹那造作,还复漂沉"⑤。

特别是,禅宗还时刻不忘对这生灭过程认识的主观依赖性的强调。比如师(嵩岳慧安国师)曰:"况此心流注,中间无间,见沤起灭者,乃妄想耳。从初识至动相灭时,亦只如此。何年月而可记乎?"⑥强调的就是,所谓"见沤起灭"乃是主观"妄想"之结果。

物质是什么?从量子场论的观点看,物质就是能量的一种表现形式,是能量场中能量不均匀表现的反映。不管是从严格意义上还是象征意义上讲,物质都可以看作是一种波,当物质波被当作"粒子"看待时,其表现就是一种"孤波"(也称孤粒子)。物理学家里德雷就明确指出:"实际上,波与粒子的这种差别只是程度上的不同。沟通两样东西的是波包,一种在空间有一定延展地运动着的扰动。……。但是,真还有比波包更像粒子的波,那就是孤立波,现在人们干脆称它为孤

---

① 静、筠:《祖堂集》,中州古籍出版社,2001,第306页。
② 僧肇:《肇论》,福建莆田广化寺,2000,第3页。
③ 僧肇:《肇论》,福建莆田广化寺,2000,第4页。
④ 慧远:《大智论钞序》,见僧祐:《出三藏记集经序》,中华书局,1995,第389—390页。
⑤ 道元:《景德传灯录》,成都古籍书店,2000,第640页。
⑥ 道元:《景德传灯录》,成都古籍书店,2000,第59页。

立子。"①

  物质作为波就必然是变动不居的,这就是量子场中粒子不停地生生灭灭的过程。因此,物理世界在本质上讲是能量场,物质可以消灭,但能量必须守恒;物质之能作用于主观之心(测量)就坍缩为物质之态,表现为物质的一种"存在",其与所处的能量场同显。就像大海中的水与波的关系一样,离开了水的波是不存在的,这翻腾的波浪就是"浮沤",其是虚妄不真的。真实的是能量场,是非局域性的不可分割的一个整体,因此也可以称其为"虚空"。

  于是,作为物质的粒子,不仅不可能离开能量场而存在,其本身就是场的一部分。"我们知道,粒子永远也摆脱不了场,所以,我们自然地认为场会被运动的粒子带着走。毕竟,相互作用也有能量,而通过那个著名的公式 $E = mc^2$,能量就是质量。"②对于这种能量场的描述,格里芬说得比较明白,他指出:"所谓场,就是它充满时空,且所有粒子都在其中做稳定的运动,就如同旋涡是一种暂时稳定的形式,人们可以把它想象为一个存在并可以给它命名。我们谈论一个旋涡时,实际上它并不存在。同样,我们可以谈论粒子,但粒子也是不存在的:粒子只是运动场中的某种运动形式的名称。……。宇宙就是一个无缝的和完整的整体,我们在其中所观察到的所有形式都是我们的观察和思维方式抽象出的结果。"③

  正因为宇宙一切都是关联的一个整体,因此就整体而言,能量是不生不灭的,就像《心经》中所说的,是"不生不灭,不垢不净,不增不减"的。这不生不灭的存在,便是真空,而真空又能缘起万物。这同佛教真空缘起的观点是一致的。必须注意的是,佛教说空,并不是指物体以外的空,也不是指物体消失以后的空。佛教讲空的真正含义,是指事物的依赖关系和因果关系,是场、是境,是归空之境。

  而这个归空之境,即是空性,也就是万物的种子,或称阿赖耶识,其有六个方面的含义:(1)刹那生灭;(2)因果俱有;(3)恒随流转;(4)自性决定;(5)众缘关联;(6)因果自性。这便是我们前面所说玄境的六种特性,也正是量子场论所刻画的物理世界的现象。

  总之,禅宗空论,不但可以解释"量子能量涨落"之生灭过程,而且始终把握了物质表现的主观测量的依赖性,与量子场论如出一辙。而对于量子场论所刻

---

① 里德雷:《时间、空间和万物》,湖南科学技术出版社,2002,第12—13页。
② 里德雷:《时间、空间和万物》,湖南科学技术出版社,2002,第133页。
③ 格里芬:《后现代科学》,中央编译出版社,1995,第80页。

画的这一归空之境,可以用禅宗三祖僧璨的《信心铭》中一段话来做概括,那就是:"能由境灭,境逐能沉。境由能生,能由境能。欲知两段,元是一空。一空同两,齐含万象。"①于是,境就是能量场,究其根本,毕竟是空,真空便是一切能量之源。

## 第三节 看待科学的禅境观

众所周知,科学是探询万物之本质的,比如"物质是什么""宇宙的起源""生命的本质""意识的奥秘"以及"理性的极限"等等。

17、18世纪,科学是贵族们的业余爱好,其代表人物牛顿自己也是一位地道的贵族。经过19世纪的发展,当科学走向平民化后,科学不再是业余爱好,而成为一种职业。从中走出了一位伟大的平民科学家爱因斯坦,他成为那个时代科学的杰出代表。但随着主要科学领域框架性理论的奠定,20世纪后半叶,科学也迈入了破缺的"霍金时代"。科学愈是深入,愈是发现自身的局限。任何妄想走出这种局限的努力,结果往往适得其反,科学就像陷入了泥潭,越挣扎就陷得越深。

其实,开始反思这种科学局限性的泥潭,这倒是科学理性的最大成就。也就是说,理性的最大胜利就是认识到了理性本身的局限性,而这种局限性主要表现为一种悖论式的禅境。

对于科学研究而言,我们习惯于二元对立分别,我们总是用"真"与"假"、"是"与"非"、"有"与"无"、"物"与"心"、"利"与"害"、"生"与"死"、"实"与"虚"、"此"与"彼"等等分别来看待万事万物,科学的方法也难以跨越分析的、演绎的、归纳的、计算的、实验的界限。因此,当面对物质的精微、生命的繁复、意识的自现这些宇宙根本所在时,科学研究方法就开始纷纷暴露出无法弥补的局限性。

于是,回归东方易、佛、道的哲学思想,对科学进行反思,就成为后现代科学时代的一种思潮。霍根的《科学的终结》、巴罗的《不论——科学的极限与极限的科学》、卡普拉的《物理学之"道"》、克莱因的《数学:确定性的丧失》、布里格斯与皮特的《混沌七鉴》、拉兹洛的《微漪之塘》、格林的《宇宙的琴弦》、卢米涅的《黑洞》、拜尔茨的《基因伦理学》、格里芬的《后现代科学》、詹奇的《自组织的宇宙观》、迈因策尔的《复杂性中的思维》、洛伦兹的《混沌的本质》、沃尔德罗普的《复杂》、格

---

① 道元:《景德传灯录》,成都古籍书店,2000,第641页。

莱克的《混沌:开创新科学》、斯图尔特的《混沌之数学》、道金斯的《自私的基因》等等①,已成为广为流传的读物。应该说,当代的科学家们面对纯科学探索万物终极所带来的困惑,已经显得不知所措,占据西方统治地位的逻辑理性思维,面对如此科学研究的结局,已经变得无可适从:要么放弃二元对立的科学方法论,要么放弃对科学研究本体的终极追问,除此之外,已别无可走之路。科学似乎真正落入了由科学方法自身所设下的固有两难境地。

这种两难境地完全超越了二元对立的思维框框,于是,逻辑学陷入了"悖论",动力学走进了"混沌",天文学掉落到"黑洞",物理学掺杂进"精神",生物学涌动着"分形",数学失去了"确定",而脑科学还没有展开就已迷失在"意识"的海洋。"真"与"假"、"是"与"非"、"有"与"无"、"物"与"心"……,不再那样清晰;非典型、不确定、非定域、不可证、非线性、不可预测、不可计算、不可克隆、不可见、测不准、非标准、非常规、非解析,"非"和"不"成了科学的别名!

实际上,这种二元对立的出发点才是科学走向终结的真正渊薮,其本质就是忽略了调和二元对立的"三"性,即和合性。中国古代思想家老子在论及万物的产生时指出:"道生一,一生二,二生三,三生万物。万物负阴而抱阳,冲气以为和。"②为什么除了经由"二"还非要再经由"三"才能生万物呢?西汉严遵在《老子指归》中解释道:"一清一浊,与和俱行,天人所始,未有形朕圻谔,根系于一,受命于神者,谓之三。……,三以无,故能生万物。"③并指出"三"即"太和"。北宋的张载甚至将这"太和"看作是万物的终极本体,指出:"太和所谓道,中涵浮沉、升降、动静相感之性,是生氤氲、相荡、胜负、屈伸之始。其来也几微易简,其究也广大坚固。"④很显然,"三为阴阳交通之和也",因此,这"三"性,或者称"和合性"才是万物化生的本性。

不过,中国古代对"三性"的认识,还不是第一性的,而是在"道一""神(阴阳不测之变化)二"之后第二性的东西。我们这里玄境所强调的"三性"则是不可以化简为"二元"性或阴阳的"和合性",其与中国古代思想家们强调的阴阳和合还有不同。与"一生二,二生三"不一样,我们的"三性"是第一性的,是万物本源玄境的根本属性,阴与阳才是第二性的,是对"和合性"概念分别的结果。因为从根本上讲,"三性"是超越概念分别范畴的,而分阴分阳是有条件的,是对玄境分析

---

① 参见书后相应的参考文献。
② 朱谦之:《老子校释》,中华书局,1984,第175页。
③ 严遵:《老子指归》,中华书局,1994,第18页。
④ 张载:《张子正蒙》,上海古籍出版社,2000,第85页。

"测量"而"坍缩"的结果。

这种强调三性之和的思想,在中国古代文献中是比较常见的,比如,在《国语·郑语》中就有这样的论述:"夫和实生万物,同则不继。以他物平他物谓之和,故能丰长而物归之;若以同裨同,尽乃弃也。"①可见,二元对立"同"的局限(注意,这里"同"是排斥异类的"同",因此,从本质上是建立在概念分别的二元对立之上的),以及"三性"之"和"的万物之源,不仅作为本源是如此,"和合性"也是超越二元对立的根本所在。《晏子春秋·外篇》中当齐景公问"和""同"之异时,晏子就指出:"和如羹焉,……,以平其心,……,清浊、大小、短长、疾徐、哀乐、刚柔、迟速、高下、出入、周流,以相济也。"②只有"相济"这些"清"与"浊"等对立面,才有这"三为阴阳交通之和也"。反之,这些"清"与"浊"等对立面的产生,也是对"和合性"分别概念的结果。

实际上,万物生化根本规律的"和合性"不是靠逻辑分析手段所能把握的,在方法论方面讲,其强调的就是一个"中"字。《中庸》指出:"中也者,天下之大本也;和也者,天下之达道也。致中和,天地位焉,万物育焉。"③而明代思想家聂豹进一步认为:"中也者,和也,言中即和也。致中而和出也。"④所谓"中",就是摈弃概念分别的逻辑分析,强调的就是"中庸""中观"之"中道"方法论。不这样,就无以把握玄境之"三性"。

前经典科学时代的"三体性"问题,后现代科学时代的"量子纠缠性"问题、生命"相干性"现象、意识"自明性"问题、逻辑"不完备性"定理("哥德尔定理"),以及非线性科学的周期三之"混沌"现象等等⑤,揭示的难道不正是万物"三性"这一本性吗?而这些不就是科学研究概念逻辑分析的极限所在吗?显然,这"三性"正是导致事物复杂性的总因。

在东方哲学中,万物化生的系统思想主要是以"是故易有太极,是生两仪,两仪生四象,四象生八卦……"⑥为主导的。只是到了汉代扬雄的《太玄经》那里(扬雄少时曾从严遵读书,因此受到过《老子指归》中"三生万物"思想的影响),才真

---

① 左丘明:《国语》,上海古籍出版社,1988,第515页。
② 吴则虞:《晏子春秋集释》,中华书局,1962,第49—50页。
③ 朱熹:《四书章句集注》,中华书局,1983,第18页。
④ 聂豹:《困辨·辨中》,转引自潘富恩主编,《中国学术名著提要》,复旦大学出版社,1992,第691页。
⑤ 美国马里兰大学的博士生李天岩与他导师约克(James A. Yorke)1975年发表的论文指出如下定理:若$f(x)$是区间$[a,b]$上的连续自映射,且有一个3周期点,则对于任何正整数$n>3$,都有n周期点。该定理说明的正是三性是万物之本性。
⑥ 朱熹:《周易·系辞上》,上海古籍出版社,1987,第62页。

正自觉到这"三性"的重要,建筑了系统的万物演化的三性学说。遗憾的是,尽管张载提出过"太和"本体思想①,但后来正统的本体万物化生思想依然遵循着《易经》的思想发展,并被周敦颐的《太极图说》理论所强化,扬雄的"三性"学说没有得到应有的重视。而在此之前,虽然也包含了丰富的"三性"哲学思想,如《周易》也强调"阴阳不测"之神的作用,以及上述引用老子语录中的思想,却没有系统的"三性"理论。

其实,扬雄在《太玄经》中提出的"阴阳比叁"(这里的"叁"有同显性的两解,一是"叁(san)",指"三"之数;另一是"参(can)",指"成三的事物")的三位一体理论,才真正洞悉万物化生的个中"秘密"。尽管正像我们前面指出的那样,扬雄的"三性"论同样是建筑在阴阳变化之上的,还有不彻底的一面,还没有认识到"三性"本是第一性的这一问题。其实,三位本是一体,无须二象分别,这才是"三性"的本义。

当然,三位一体在宗教中并不稀奇。道教的"三清"(即"玉清""上清"和"太清")、佛教的"三身"(即"法身""化身"和"报身")、景教的"三圣"(即"圣父""圣子"和"圣灵"),无论是哪种宗教,只要其把握的是"终极本体"这一万物的根本,无不强调这种"三位一体"精神。就连强调"太极生两仪"的"易",人们也早就认识到是"变易""简易"和"不易"三位一体的,强调的正是这种"三性"精神["易"这个字本身,其甲骨文也是上"日(阳)"下"月(阴)"和合而成的]。

需要注意,"三性"不是简单的"三"之数,而是对"二元对立"的否定与超越,是经由"二性"后在更高层次上对"一性"的回归。对于这一点,库萨在《论隐秘的上帝》一书中说得最为明白:"因此,我的上帝,你那让我觉得最单纯、最统一的本质,并不是脱离了三个别名的最自然、最完善的本质。你的本质是三重的。尽管如此,并不是说在本质中包含着三种东西,因为,你的本质是最单纯的。……。那个统一是三重的,它不是几个个别数字的统一,因为几个个别数字的统一并不是三重的。"②读者莫要错会。

不过,对这一精神的理解,有如我们上面所指出的那样,离不开"中道"方法。就此而言,也许只有作为元宗教的禅宗才有最彻底的认识。禅宗认为,世间万物皆是幻境,从幻境中彻悟过来的唯一途径就是摒弃一切执着之心,破幻又破真,破了真与幻,再破这"破"之心。从科学角度上看,就是要让理性思维本身无立身之

---

① 参见张载《正蒙·太和篇》,张载:《张子正蒙》,上海古籍出版社,2000。
② 库萨:《论隐秘的上帝》,三联书店,1996,第103页。

处,其中体现的是一种元理性精神。

　　毫无疑问,只有通过禅宗的这种元理性精神,才能够真正体悟到天地万物的空性,也就是我们所说的"归空之境"。因此,禅宗的元理性精神,及其具体表现出来的元逻辑思维,必将成为超越这种科学理性局限性的唯一途径,当然,也是超越科学语言概念分别局限性的唯一途径。

# 第二章

# 禅宗的逻辑思想

只有当一个人返回自身时——即只有在自我活动的内在性中,他才会聚精会神,才能瞥见上帝。

(丹麦)克尔凯郭尔[①]

有人可能会讲,禅宗是反逻辑的、反概念分别的,强调的是明心见性的顿悟,岂能谈论禅宗的逻辑?其实,"逻辑"一词主要有两种使用:一是指严格的逻辑形式系统之"逻辑",例如"命题逻辑""谓词逻辑""非单调逻辑"之类;另一种则要宽泛得多,指一种特定的思维方式或习惯,例如"这就是某某人的逻辑"。诚然,禅宗是反逻辑的、反概念分别的(这里用"反"字不太确切,见后面详论),但不知这正也是一种思维方式,起码是一种反思"逻辑"的思维方式,是站在逻辑思维更高层次上来摒弃逻辑思维。因此,禅宗的逻辑思维是一种对逻辑思维的反思,由此可以看作是元逻辑思维或逻辑元思维。研究禅宗逻辑的意义和出发点便在于此。

禅宗的逻辑起码有两层含义:一是禅宗文献中的逻辑思想,另一个是禅师们言行所表现出来的一般逻辑模式,特别是在禅语运用中所体现出来的诸种逻辑模式,甚至包括禅宗文献本身的叙述方式中的逻辑模式。前一层含义是禅宗所倡导的逻辑思想、对逻辑的看法以及把握禅道应持有的逻辑态度和方法;后一层含义是禅师们为了指示、领悟禅道自觉或不自觉所采用的逻辑手段和形式。因为禅道领悟的特殊性,必然会采用非常规的方式,包括语言运用方式,因此,其也必定蕴涵着非常规的逻辑思维方式。这些方式在现代逻辑新视野看来可能会有十分重要的建设性意义,因此,通过与现代多元化逻辑的比较,来研究禅宗的这些逻辑思维方式并阐释其现代意义,就显得十分重要了。

---

[①] 克尔凯郭尔:《基督徒的激情》,辽宁人民出版社,1994,第3页。

## 第一节　禅宗思想发展概要

"禅"字,最早可能源于《庄子·寓言》中:"万物皆种也,以不同形相禅,始卒相环,莫得其伦,是为天均。"①其中的"禅"(shàn),有禅代之义。后来才用于对译梵文的"禅那"(Dhyāna),读成"chán"了。"禅那"开始是一个音义相融的译语②,原来只是指"三昧"(定)的一种,后来往往禅定并称,不加区别,是一种运用思维活动的修持。所以,鸠摩罗什也意译作"思维修",而玄奘意译为"静虑",即宁静安详地深思。

"中国禅道之兴隆,虽在达摩东渡之后;禅观之实行则不自达摩始。东汉桓帝(147—167)时,有安息国沙门安世高,诵持禅经,备尽其妙。建和二年(148)振锡来至洛阳,译出《安般守意经》等,为习禅者所依,此为东土禅数之权舆。"③此后直到大唐时,主要就是大量大乘经书翻译出来,从理论上为禅宗的形成奠定了基础。心要为教、纯弘大乘、独唱真乘、蓦海安心、简明直截是为达摩之宗风,也是禅宗之滥觞。

中国禅宗,真正形成宗派虽然肇始于隋唐之际的道信、弘忍,但从思想渊源上讲,却要从被禅宗奉为初祖的达摩算起,迄今也有一千五百多年的历史了。在这期间,尽管禅宗因宗风的迥异而分门立派,先是南北对峙,然后惠能南宗一脉独存,随后又形成了五宗七派,如沩仰、临济(后又分出黄龙、杨岐两派)、曹洞、云门、法眼,但究其宗旨,大体不离"无念息心"四字,尽管在方便法门、具体的启悟方法上有很大的出入。

禅宗分枝,也如物种滋漫,以"禅"眼看,总有主干分叉之别,而后世记史,往往只以主干搜寻,深度以世代记,广度不出(7±2)之法则。如禅祖有初祖、二祖、三祖、四祖、五祖和六祖,每祖均有嫡有疏、有主有宾,主则为正,一二支而已,宾则为偏,少则二三,多则七八而已;祖下再传,则分派分系,临济、曹洞等五宗七派也复如此;而再后临济又有杨岐、黄龙二派化演,多有杂派相间其中,等等。或因人类认识局限之所致、先入为主的分类法之所致?也未可知。

---

① 曹础基:《庄子浅注》,中华书局,1982,第421页。
② 禅,shàn,"示""单","单"读音Dan与Dhyāna相近,后"禅"演音为chán,不知何故。另,西方也有音译为Zen的。
③ 忽滑谷快天:《中国禅学思想史》,上海古籍出版社,1994,第1页。

禅宗自六祖惠能以来,各宗派的不同并非在哲学观点和理论认识上,而主要是指度人开示的方法、方式和机巧上,甚至在于语言的差异,而其中反常识性、反逻辑性以及运用矛盾、自毁命题以及不可避免地陷于语言自指、互指等,都是共同特点。有关禅宗的哲学基础主要源自《大乘起信论》和《坛经》(其他如《心经》《楞伽经》《圆觉经》《金刚经》《楞严经》《维摩诘经》也都涉及),而有关禅师们的言行事迹,主要可参见《祖堂集》《古尊宿语录》《景德传灯录》《五灯会元》《指月录》《高僧传》《宋高僧传》等。

另外,僧肇的《肇论》和《维摩诘经注》也集中反映了禅宗之主要观念,据此可见僧肇对禅门之影响。比如僧肇在《维摩诘经注》卷二中有:"生曰既观理得性,便应缚尽泥洹,若必以泥洹为贵,而欲取之,即复为泥洹所缚。若不断烦恼即是入泥洹者,是则不见泥洹异于烦恼,则无缚。"①可谓深诸禅悟之妙论者。对于《肇论》也一样,日本学者忽滑谷快天就明确地说过:"禅门之宗师横说竖说,千言万语,不出肇此论之外。"②

中国禅宗的思想体系,可以用如图 2.1 中的关系示要来加以说明。主要强调的主旨乃是:身的解脱在于心的解脱。从而引发出一系列有关"解脱"心的方法论。

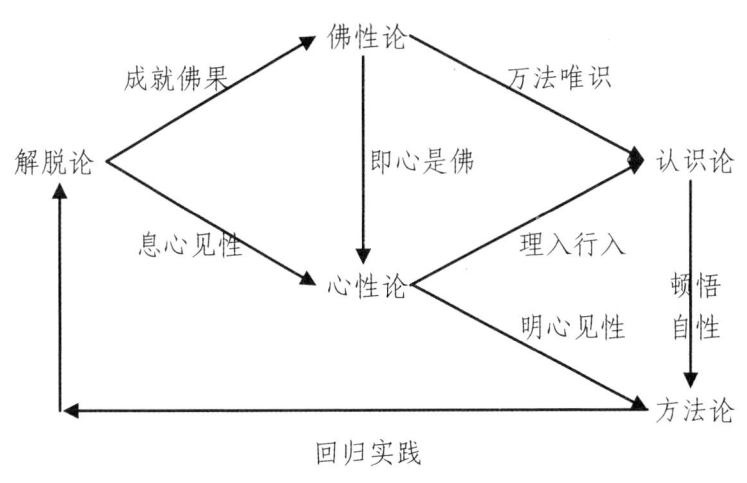

**图 2.1　中国禅宗思想体系略图示要**

为此,首先禅宗提倡人人具有佛性的"佛性论"。正如郭朋的研究所指出的:

---

① 忽滑谷快天:《中国禅学思想史》,上海古籍出版社,1994,第 43—44 页。
② 忽滑谷快天:《中国禅学思想史》,上海古籍出版社,1994,第 43 页。

"所谓佛性论,就是认为:'一切众生,皆有佛性';一切'众生'都能'成佛'。"①但对于如何显现佛性,则就有不同的认识了。以惠能为代表的南禅认为:只要"见性",便可"顿入佛地"。这也就是所谓的"顿悟"说。但从惠能南宗的立场看,以神秀为代表的北宗则认为(系为惠能后世徒孙编造):"身是菩提树,心如明镜台,时时勤拂拭,莫使有尘埃。"②这其中便有渐悟之意。

这里实际上讲,北宗推崇的是楞伽涅槃,并以《楞伽经》为标榜;而南宗强调是般若中观,推崇的是《金刚经》。《楞伽》强调认识论,强调"万法唯识";《金刚》重视方法论,着意"一切皆空"中道思想。但作为实践心之解脱的禅宗,必然会舍弃名相分别的认识论而转向直指人心的方法论,这正是禅宗自然发展的必然结果。因此,"从达摩到弘忍,中国禅的理论基础始终不离般若学与心性说。"就是这个道理,"故大鉴禅师舍《楞伽》而取《金刚》,亦是学问演进之自然趋势。"③

于是,对于强调解脱实践的禅宗而言,方法论就显得十分重要,并且也渐渐成为禅宗发展(思想)的主线,而接机方法也就成为区分不同流派的重要标准。这样一来,从心的解脱→非思非议→特殊的元逻辑方法,就成为禅宗实践的主要发展途径。所以,麻天祥教授在其著作中归纳指出:"总之,'见性成佛'是禅宗思想的宗旨。性本清净、反求诸己的心性学说,超二元对立的否定性思维方式,以及禅定分途、离相、见性为禅的理论,是禅宗思想的核心内容。"④

这也就是为什么惠能倡导的南宗成为禅宗的主流派别的一个重要原因(当然还有其他政治社会原因),也是惠能之后各种禅机方便之风盛行的重要原因。从而形成了各具特色的五家禅法,如图2.2所示。

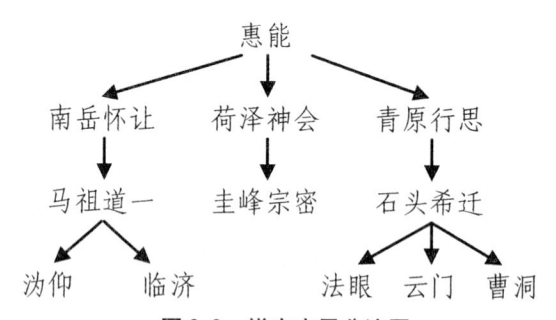

```
                    惠能
          ┌──────────┼──────────┐
          ↓          ↓          ↓
       南岳怀让    荷泽神会    青原行思
          ↓          ↓          ↓
       马祖道一    圭峰宗密    石头希迁
        ↓   ↓               ↓   ↓   ↓
       沩仰 临济            法眼 云门 曹洞
```

**图 2.2　禅宗宗风分流图**

---

① 郭朋:《坛经校释》,中华书局,1983,第 3 页。
② 郭朋:《坛经校释》,中华书局,1983,第 12 页。对比该书第 16 页惠能的"菩提本无树,明镜亦非台;佛性常清净,何处有尘埃!"可见南北宗的差异。
③ 洪修平:《禅宗思想的形成与发展》,江苏古籍出版社,2000,第 242 页。
④ 麻天祥:《中国禅宗思想发展史》,湖南教育出版社,1997,第 34 页。

必须强调的是,图2.2中这五家虽然宗风有别,但本体论和认识论的思想是一致的。正如刘毅指出的:"说到'五家禅'的特色,实际上就'第一义谛'而言,它们在'佛我一如''见性成佛'的理性界定上几乎没有任何差异,反映出血浓于水、同出一源的派生关系。所谓宗门差异,主要表现在'第二义谛'即接引门下如何'以心传心'的方法及其所提倡的修行方式略有不同。这就是我们常常谈到的'家风''宗风'或'禅风'。"①

对于早期的禅宗宗风,在圭峰宗密所著的《禅源诸诠集都序》中就有论述,并把当时众多的禅家概括为三类:息妄修心宗、泯绝无寄宗、直显心性宗。息妄修心宗的特点是:"说众生虽本有佛性,而无始无明覆之不见,故轮回生死。诸佛已断妄想,故见性了了,出离生死,神通自在。"②泯绝无寄宗的特点是:"说凡圣等法,皆如梦幻,都无所有,本来空寂,非今始无。……。心既无有,谁言法界? 无修不修,无佛不佛。……。便令心行与此相应,不令滞情于一法上,日久功至,尘习自亡,则于怨亲苦乐一切无碍。"③最后,直显心性宗的特点是:"说一切诸法,若有若空,皆唯真性。……。道即是心,不可将心还修于心;恶亦是心,不可将心还断于心。"④

后来发展起来的五家宗风,也各有特点。比如,"沩仰宗十分强调不假语言思维的自心顿悟,因而在方便接机时倡导一种'不说破'的原则。"⑤这便是沩仰宗的宗风特色。其他像临济的棒喝机锋、曹洞的偏正五位等等,也形成了其他各宗自己独有的宗风特色。

这些体现超逻辑思维手段的实践,在中唐之际反映得特别突出。我国学者杜继文先生对此有精到的总结:"中唐以来,禅宗僧侣往往举止乖僻,言语怪诞,使人们不能以常理理解,难用正常思维推断。这种反逻辑、非理性的禅风,在从谂这里表现尤为突出。有僧问:'柏树子还有佛性也无?'从谂答有。又问:'几时成佛?'答道:'待虚空落地。'再问:'虚空几时落地?'曰:'待柏树子成佛。'"⑥但这种相

---

① 刘毅:《悟化的生命哲学》,辽宁人民出版社,1994,第61页。
② 宗密:《禅源诸诠集都序》,载石峻等编,《中国佛教思想资料选编》,中华书局,1981,第二卷第二册,第430页。
③ 宗密:《禅源诸诠集都序》,载石峻等编,《中国佛教思想资料选编》,中华书局,1981,第二卷第二册,第431页。
④ 宗密:《禅源诸诠集都序》,载石峻等编,《中国佛教思想资料选编》,中华书局,1981,第二卷第二册,第431页。
⑤ 洪修平:《中国禅学思想史纲》,南京大学出版社,1994,第204页。
⑥ 杜继文:《中国禅宗通史》,江苏古籍出版社,1993,第306页。

互依存(共生)正是整体混一思想的反映,与禅宗摒弃概念分别的旨趣是不悖的。于是,禅宗宗风的发展,除了曹洞宗的默照禅趋向外,也越来越向着文字禅的方向前进了,并渐渐形成了颇具规模的看话禅的风尚。

这里,看话禅是对大慧宗杲特殊禅法的称谓,可以看作是文字禅发展的一种方式,形成的是一种以逻辑分析和语言思考为特征的新禅法。"所谓'看话',指的是参究'话头';而'话头',指的是公案中的答话,并非公案全部。"[①]看话头的本质,在于摆脱公案,超越文字。因此,"宋代的'看话禅'以及由此发展出来的'以疑起信',也是导向非理性的一个重要途径,但与原逻辑的思维不同。它的典型表现,是从揭示无穷尽的逻辑(语言)矛盾中,将精神世界推向一种近乎绝望的混沌和蒙昧状态,获得类似朦胧的醒悟和安适。"[②]其实,顿悟就是从混沌走向新的有序,即从低层次逻辑矛盾跃阶到高层次逻辑肯定(或否定)。杜继文教授接着指出:"通过参究'话头',达到这种二律背反式的困惑,是宗杲看话禅要达到的第一个目标。……'看话禅'教人的第二步,就是跳出这种困惑,不要按二律背反的那种思维方式去思考。"[③]

其实,这里看话禅不仅仅是超越二律背反的问题,那些自指、互指、自毁语句以及自我缠结等都可以作如是观,反映的就是从禅语到禅悟的逻辑基础。原因何在?因为上述种种,均可导致一切恒真的结果(无分别),而这正是禅宗所期许的。

我们知道,禅宗的根本目标是要超越一切概念分别,既然双遣双非逻辑思想构成了禅宗思想的逻辑基础,因此,文字禅(参话头)的兴起也就成为自然而顺应发展的必然势头。大慧宗杲(1089—1163)倡导文字禅,不过就是顺应了这样的趋势。

语言文字所隐喻的悖论,必然会引发超二元对立的否定性觉悟,从禅语到禅悟在逻辑上就成为可能,而感悟的自涌现规律,又使从禅语到禅悟在动力学上成为可能。如果说"默照禅"注重的是动力学上达成禅悟的可能性,那么"看话禅"就是注重逻辑上达成禅悟的可能性。[④] 这样直到后来,文字禅兼顾两头,构成了禅机时期的主要方便手段(其中黄龙慧南,以三关著名,已创双遣双非形式步骤),于是,禅宗的逻辑思想也趋统一。

---

① 杜继文:《中国禅宗通史》,江苏古籍出版社,1993,第437页。
② 杜继文:《中国禅宗通史》,江苏古籍出版社,1993,第14页。
③ 杜继文:《中国禅宗通史》,江苏古籍出版社,1993,第444页。
④ 事实上,这两者确实也是可以殊途同归的,参见第八章的论述。

## 第二节 禅的元逻辑表现形式

中国唐朝有位著名的禅师赵州从谂,随南泉普愿禅师参禅时,有这么一段对话:

异日问南泉:"如何是道?"南泉曰:"平常心是道。"师曰:"还可趣向否?"南泉曰:"拟向即乖。"师曰:"不拟时如何知是道?"南泉曰:"道不属知不知,知是妄觉,不知是无记。若是真达不疑之道,犹如太虚廓然虚豁。岂可强是非耶?"①

你看,一有"拟"的概念分别之想,就会落入"乖"的悖论。也就是说,这"不疑之道"根本就不是"知不知"的问题,更不是靠"是与非"二元对立分别所能把握的。因此,只有放弃"是非"执着,超越概念分别,才会通达真理的本源,这就是所谓悖论的真性。

于是,通过悖论来揭示真性,就成为禅师们常用的方法。如果说科学的方法是通过放弃完备性来维持一致性,那么禅师们就是通过放弃一致性来达成完备性的显现。这也可以看作是禅宗独特的逻辑思想所强调的基点,具体表现为禅宗的双遣双非证悟法以及不二法门等元逻辑思想。

《金刚经》是六祖惠能以后禅宗尊奉的一部大乘佛经,也是禅师们用来印心的依据。在《金刚经》中,除了主旨在"一切有为法,如梦幻泡影,如露亦如电,应作如是观"②的"般若性空"本体论阐述外,还包含了大量"降伏其心"、反映双遣双非证悟思想的论述范例。比如"阿那含名为不来,而实无不来,是故名阿那含""庄严佛土者,即非庄严,是名庄严""佛说般若波罗蜜,即非般若波罗蜜,是名般若波罗蜜""须菩提,诸微尘,如来说非微尘,是名微尘。如来说世界非世界,是名世界""所言一切法者,即非一切法,是故名一切法"等等③,一部篇幅不大的佛经中,出现这样句式范例竟达30余处之多。

应该说,禅宗从早期尊奉《楞伽经》印心到后来南禅强调《金刚经》印心,实际上是完成了一次从认识论到方法论转型,体现了对证悟方便法门的重视,强调的正是"道成肉身"的宗教实践本身。而其中无意透露出的却是南宗那种奇特的元

---

① 道元:《景德传灯录》,成都古籍书店,2000,第170页。
② 南怀瑾:《金刚经说什么》,北京师范大学出版社,1993,第327页。
③ 分别见南怀瑾:《金刚经说什么》,北京师范大学出版社,1993,第112页、第148页、第131页、第148页、第203页。

逻辑思想。

在上述列举的例句中不难看出,《金刚经》中反映双遣双非证悟思想的一般句式可以归纳为如下形式:

  所名 A,即非 A,是名 A

我们把这种句式称之为禅悟三段论①。

禅悟三段论就是要通过对任意给定概念的这样双遣双非,让概念分别没有容身之地,从而显现出那个不二的真性,因此,这种双遣双非的禅悟三段论,也就是禅宗不二法门思想的体现。在《坛经》中,这种思想得到了进一步的强化:

  惠能曰:"佛言:善根有二,一者常,二者无常,佛性非常非无常,是故不断,名为不二;一者善,二者不善,佛性非善非不善,是名不二。蕴之与界,凡夫见二,智者了达,其性无二,无二之性即是佛性。"②

在具体的启发方式上,《坛经》与《金刚经》一样,也是强调对二元对立概念的双遣双非方法。《坛经·付嘱品》中描写惠能教授弟子们问法时说:"先须举三种法门,动用三十六对,出没即离两边,说一切法,莫离自性。忽有人问汝法,出语尽双,皆取对法,来去相因。究竟三法尽除,更无去处。"③在列举了二元对立的三十六对概念后,继续举例说明:"问有将无对,问无将有对,问凡以圣对,问圣以凡对,二道相因,生中道义。"④当然,这段引语实际不是惠能所说,而是借惠能之口反映神会禅法思想的内容,但其确实反映了禅宗那种从互因性悖论来强调双遣双非之方法的。

《金刚经》与《坛经》中所体现出来的这些证悟方法论思想,其实已经构成了较为系统的禅宗元逻辑思想方法。于是,在"般若性空"本体确立之后,广开方便法门接引后学,自然就成为后来禅宗宗教实践发展的主流,于是,后期禅宗各种接机方式的涌现,如棒喝机锋、四照用、四料简、偏正五位、参话头、破三关、默照法等等,从而形成不同的家风,甚至出现五家七派,也就成为十分自然的事。从逻辑表述角度看,禅师采用的各种接机方式或语言形式,大抵都是通过呈现"悖论"之疑来启悟后学,使参禅者体悟到自心的真性。具体的逻辑悖论形式,归纳起来大致有这样一些类型,即自指式悖论、回互式悖论、常识性悖论、三关式悖论、离四句悖论等。

---

① 周昌乐:《无心的机器》,湖南科学技术出版社,2000,第 133 页。
② 河北禅学研究所编:《禅宗七经》,宗教文化出版社,1997,第 329 页。
③ 河北禅学研究所编:《禅宗七经》,宗教文化出版社,1997,第 360 页。
④ 河北禅学研究所编:《禅宗七经》,宗教文化出版社,1997,第 361 页。

自指式悖论的一般格式为:命题 A 即是命题 A→X,读作"本命题蕴涵任意命题 X"。我们知道,允许使用这样的陈述形式,本身就已经蕴涵着任意命题 X 均为真,于是导致悖论。由此也可以得出,正因为有这样的悖论结果,才可以揭示"一真一切真"的结论,说明的正是一切无分别的禅境。当然,这种自指式悖论的语言陈述,在禅师们的具体运用中有丰富的表现方式。例如:

(1)曰:"请师不返之言。"(怀恽禅师)师曰:"即无返句。"
(2)僧问:"如何是西来意?"(马祖)师云:"即今是什么意?"
(3)问:"如何是和尚家风?"(广利容禅师)师曰:"谢阇黎道破。"
(4)帝乃问:"何者是佛性?"师对曰:"不离陛下所问。"
(5)问:"如何是声前句?"(香严智闲)师曰:"大德未问时即答。"
(6)赵州问:"般若以何为体?"(大慈山寰中禅师)师云:"般若以何为体。"赵州大笑而出。①

在上述的这些对话中,回答者均把问题解答的指向,返回给问题本身,因此都是一些不同形式的自指性悖论。再有像:

(1)问:"如何是西来意?"答:"如何不是西来意?"②
(2)问:"如何是学人自己?"(九峰)师曰:"更问阿谁?"
(3)问:"如何是佛?"(风穴延沼)师曰:"如何不是佛?"
(4)问:"父母未生时,鼻孔在什么处?"(普愿)师云:"父母已生了,鼻孔在什么处?"③

跟前面有所不同,上述这些对话,回答者通过反向设问,将问题返回给提问者,所以是一种反问式自指。此外,还有隐含性的自指,就是从意义上隐含地返回到提问本身,来体现自指性,比如:

(1)问:"如何是和尚家风?"(九峰普满大师)师曰:"即今是什么?"
(2)问:"如何是学人著力处?"(牟和尚)师曰:"正是著力。"
(3)问:"省要处,请师一接。"(梦笔)师曰:"甚是省要。"
(4)问:"如何是声前句?"(香严智闲)师曰:"大德未问时即答。"……。问:

---

① 以上引文依次见道元:《景德传灯录》,成都古籍书店,2000,第 111 页、第 94 页、第 398 页、第 112 页、第 190 页、第 147 页。
② 静、筠:《祖堂集》,中州古籍出版社,2001,第 357 页。
③ 以上引文依次见道元:《景德传灯录》,成都古籍书店,2000,第 308 页、第 239 页、第 127 页。

"离四句,绝百非,请和尚道。"师曰:"猎师前不得说本师戒。"①

这些自指性问答,都是试图通过悖论的显现,来暗示那个不可言说的真性,或者说来显现超越逻辑思维和语言描述的佛性、自性、禅道,如此等等。

在禅宗典籍中,回互式悖论主要有两种形式。第一种形式属于肯定性回互,形如:问:什么是A? 答:B。再问:什么是B? 答:A。例如:

(1)闽师问:"寿山年多少?"师曰:"与虚空齐年。"曰:"虚空多少年?"师曰:"与寿山齐年。"

(2)问:"如何是然灯前?"(行钦)师曰:"然灯后。"曰:"如何是然灯后?"师曰:"然灯前。"曰:"如何是正然灯?"师曰:"吃茶去。"②

(3)问:"柏树子还有佛性也无?"师曰:"有。"曰:"几时成佛?"师曰:"待虚空落地时。"曰:"虚空几时落地?"师曰:"待柏树子成佛时。"③

第二种形式则是否定性回互:问:什么是A? 答:B。再问:什么是B? 答:不是A。例如:

(1)问:"如何是学人自己?"师曰:"是我自己。"曰:"为什么却是和尚自己?"师曰:"是汝自己。"④

(2)僧问和尚为什么说即心即佛?(马祖)师云:"为止小儿啼。"僧云:"啼止时如何?"师云:"非心非佛。"⑤

(3)(师彦)问:"如何是本常理?"(岩头)答:"动也。"问:"动时如何?"答:"不是本常理。"⑥

回互式悖论格式在禅师们的运用中常常有许多变式,如:"有官人谓师曰:'见说江西不立宗。'师曰:'遇缘即立。'曰:'遇缘立个什么?'师曰:'江西不立宗。'"⑦等等。

实际上,由于互指性,这种回互句本质也是一种自指句。因此,据此同样可以得出一切事物概无分别的结论。

对于禅师们使用的常识性悖论,往往是预设事实A为真的前提下,唐突地断言违反事实的命题:非A。于是对于任意命题X根据"非A"可以导出"非A或

---

① 以上引文依次见道元:《景德传灯录》,成都古籍书店,2000,第331页、第344页、第383页、第190页。
② 以上引文依次见道元:《景德传灯录》,成都古籍书店,2000,第196页、第496—497页。
③ 普济:《五灯会元》,中华书局,1984,第206页。
④ 道元:《景德传灯录》,成都古籍书店,2000,第195页。
⑤ 道元:《景德传灯录》,成都古籍书店,2000,第94页。
⑥ 普济:《五灯会元》,中华书局,1984,第387页。
⑦ 道元:《景德传灯录》,成都古籍书店,2000,第222页。

X",进而有"A→X"为真。此时由于A事实为真,因此对于任意X,命题总为真,说明的还是一切无分别的境况。这也就是禅师们运用常识性悖论陈述的语言目的:暗示那个不可言说的真性。例如下面两个引语都是常识性悖论的例子:

(善慧大士)乃说一偈曰:"空手把锄头,步行骑水牛,人从桥上过,桥流水不流。"①

(长须旷禅师)一日随石头游山次,石头曰:"汝与我砍却面前头树子碍我。"师曰:"不将刀来。"石头乃抽刀倒与师。师云:"不过那头来!"石头曰:"你用那头作什么?"师即大悟。②

反常识正是破常识,说的就是常识性悖论。同样,对于三关式或离四句语言陈述,也都是不同的悖论形式描述。比如所谓的"三关",就是指"初关"破世俗有而说无,是一非;"重关"破出世无而说有,是再非;"牢关"破有又破无,是双遣。实际上就是双遣双非法,前面《金刚经》中的句式"所名A,即非A,是名A"也就是一种"三关"模式,比如像:

异日上法堂次,(西院思明禅师)师召从漪。漪举首,师曰:"错。"漪进三两步,师又曰:"错。"漪复近前。师曰:"适来两错是上座错,是西院错?"曰:"是从漪错。"师曰:"错。"③

离四句也类似,所描述的形式是:说了"无"再说"有",说了"非有非无",再说"亦有亦无"。例如含珠禅师就有法语:"有亦不是,无亦不是,不有不无亦不是。"④说到底,这些无不是通过悖论的呈现,来揭示一切概无分别的真性。

最后,禅师们有时还喜欢用绝对否定(否定一切也就是肯定一切)或绝对肯定(肯定一切也就是否定一切)的方式来接引后学。从本质上讲,这实际也是一种悖论式的陈述。因为否定一切就意味着A与非A均被否定,这必然得出一切为真而无分别的结果。肯定一切也一样。特别是,沉默是对使用语言的否定,是一种元否定,蕴涵着否定一切的绝对,其蕴意是一样的。从这个意义上讲,那些棒喝、默照、答非所问等,其理也然,都是断绝心路,摈弃概念分别的。例如:

问:"古人瞬视接人,师如何接人?"(玄沙)师云:"我不瞬视接人。"进曰:"师如何接人?"师视之。问:"古人拈槌竖拂,还当宗乘中事也无?"师云:"不当。"进曰:"古人意作摩生?"师竖起拂子。⑤

---

① 道元:《景德传灯录》,成都古籍书店,2000,第571页。
② 道元:《景德传灯录》,成都古籍书店,2000,第274页。
③ 道元:《景德传灯录》,成都古籍书店,2000,第229页。
④ 普济:《五灯会元》,中华书局,1984,第846页。
⑤ 静、筠:《祖堂集》,中州古籍出版社,2001,第334页。

禅悟的实证 >>>

  这里玄沙禅师明白说"我不瞬视接人",却又"师视之"接人;以及既反对"竖拂"来表达宗乘中事,却又自己"竖起拂子"来表达宗乘中事,就是要彻底震断学人心路、摈弃一切概念分别的。再比如:
  问:"如何是随色摩尼珠?"(师郁和尚)师曰:"青、黄、赤、白。"曰:"如何不是随色摩尼珠?"师曰:"青、黄、赤、白。"①
  不管学人正向问还是反向问,禅师问答都一样,就是希望通过绝对肯定来摈弃概念分别。而:
  (1)僧问如何得合道?(马祖道一)师云:"我早不合道。"僧问如何是西来意?师便打,乃云:"我若不打汝,诸方笑我也。"②
  (2)僧问:"如何是佛?"(景通)师打之。僧亦打师。师曰:"汝打我有道理,我打汝无道理。"僧无对。师乃打趁。③
  (3)(德山宣鉴)师上堂曰:"问即有过,不问又乖。"有僧出礼拜,师便打。僧曰:"某甲始礼拜,为什么便打?"师曰:"待汝开口堪作什么?"④
  就是要通过打,通过不讲道理的打,甚至胡打乱打,打掉概念分别之心。甚至还有:
  僧问:"如何是道?"(清让禅师)师良久曰:"会么?"僧曰:"学人不会。"师曰:"话道语下无声,举扬奥旨,丁宁禅要,如今会取,不须别后消停。"⑤
  所谓"良久"就是沉默不言,然后追问"会么",就是要通过沉默来暗示不可言说,从而超越概念分别。
  总之,仔细玩味,上述举例均是跳出语言的圈圈,从悖论逻辑的揭示来显现终极真性。可以说,禅师们的机锋对话,其要旨无不如此。
  归纳起来,禅宗的"逻辑陈述"实践是一种建立在双遣双非逻辑思想之上的机锋(博弈)对话。对话的前提是:甲方暂疑 A 为真,乙方否定 A 而主张非 A。然后在博弈中,运用双遣双非法否定对方的 A 和非 A 的分别,从而达成对真性的直觉体悟。
  日本学者永井成男曾指出:"毫无疑问,无论是对 A 还是对非 A,都还没有达到真理的认识。……。在预示了包含着应该被放弃的部分和应该被保留的部分的基础上,通过对话的开展可以更接近这样的目标:以真理的认识为目标,通过部

---

① 道元:《景德传灯录》,成都古籍书店,2000,第362—363页。
② 道元:《景德传灯录》,成都古籍书店,2000,第94—95页。
③ 道元:《景德传灯录》,成都古籍书店,2000,第215页。
④ 道元:《景德传灯录》,成都古籍书店,2000,第279—280页。
⑤ 道元:《景德传灯录》,成都古籍书店,2000,第237—238页。

分否定(放弃)和肯定(保留)来重构综合的程序。这就是在包含着否定的、抗争的方面和肯定的、协调的方面基础上,处于相辅相成关系中的对话。"①比如比较典型地反映禅宗这种对话性机锋博弈的实例,有如下这则:

六祖迁化时,(石头)师问:"百年后某甲依什摩人?"六祖曰:"寻思去。"六祖迁化后,便去清凉山靖居行思处。礼拜侍立,和尚便问:"从什摩处来?"对曰:"从曹溪来。"和尚拈起和痒子曰:"彼中还有这个也无?"对曰:"非但彼中,西天亦无。"和尚曰:"你应到西天也无?"对曰:"若到即有也。"和尚曰:"未在,更道。"对曰:"和尚也须道取一半,为什摩独考专甲?"和尚曰:"不辞向你道,恐已后无人承当。"和尚又问:"你到曹溪得个什摩物来?"对曰:"未到曹溪,亦不曾失。"师却问和尚:"在曹溪时还识和尚不?"思曰:"你只今识吾不?"对曰:"识又争能识得?"又问:"和尚自从岭南出后,在此间多少时?"思曰:"我亦不知汝早晚离曹溪。"对曰:"某甲不从曹溪来。"思曰:"我也知你来处。"对曰:"和尚幸是大人,莫造次。"②

正如南怀瑾所说:"禅宗之有机锋转语,为宗门勘验见地造诣,问答辩论之特别作风。虽有时引用俗语村言,或风马牛不相及之语;乃至扬眉瞬目,行棒行喝,皆有深意存焉。且皆深合因明论理之学,非无根妄作。"③

这里"因明论理之学"是指源自印度正理派的一种思维和推理方法,强调宗(结论)、因(前提)和喻(举例喻之)的三支推理步骤。南怀瑾有此见解,可谓独具慧眼,即便是"言思即错,拟议即乖"也同样深合逻辑。

应该说,禅宗的机锋对话就是具有这种性质的一种对话,具有机锋博弈的特点。不同的是,禅宗的机锋对话所要揭示的是万法归一的绝对真性④。因此,从

---

① 大洼德行等:《电脑时代的理性》,中国社会科学出版社,1998,第18页。
② 静、筠:《祖堂集》,中州古籍出版社,2001,第136页。
③ 南怀瑾:《禅海蠡测》,中国世界语出版社,1996,第26页。
④ 我以为可以建立一种禅宗的机锋逻辑(跟因明无关),主要借鉴对话逻辑和博弈语义学,考虑悖论逻辑的思想,通过分析禅师们机锋对答,解决通过对话显现真性(或称佛性)的逻辑描述问题,说不定因此可以解决(超越)逻辑在悖论描述方面的局限性,也未可知。注意,这里的博弈论语义学是将每个合式的句子 S 都跟一场二人零和博弈 G(S) 联系起来。具体的 G(S) 定义如下:(1)如果 S 是原子句 A,则 A 为真时 G(A) 中我胜敌负;反之,敌胜我负。(2)如果 S 是否定句非 T,则 T 为假时 G(S) 中我胜敌负;反之,敌胜我负。(3)如果 S 是合取句 S1 与 S2,则 G(S1 与 S2)始于敌选择 S1 或 S2,博弈的剩余分别是 G(S1) 或 G(S2)。(4)如果 S 是析取句 S1 或 S2,则 G(S1 或 S2)始于我选择 S1 或 S2,博弈的剩余分别是 G(S1) 或 G(S2)。(5)如果 S 是全称句 S(x),则 G(全称 S(x))始于敌选择 D 的一个元素 b,博弈的剩余分别是 G(S(b))。(6)如果 S 是存在句 S(x),则 G(存在 S(x))始于我选择 D 的一个元素 b,博弈的剩余分别是 G(S(b))。这样,一旦有了禅宗机锋博弈,就可以利用元胞自动机来进行计算机模拟各种禅机策略,刻画禅悟动态过程的复杂性,参见第八章。

逻辑角度看,同一律的绝对化是禅宗逻辑思想的最大特点,并因此否定了排中律和矛盾律,通过不一致的悖论来达成完备性的顿悟,因而只承认顿悟的直觉能力,摈弃一切概念分别,否定一切的语言运用。

## 第三节　禅宗思想的现代意义

悖论的本质是事物的自因性,而悖论的逻辑表现则是真假同显。禅宗通过显现悖论来达成对真性的体悟,所采用的措施大致有两类:一是不予理会,如良久,甚至干脆采用默照法来修行;另一是将矛盾推至极致并超越之,如各种双遣双非法。从这个意义上讲,禅宗的逻辑思想就是一种元逻辑思想,采用的思维方式是一种元逻辑思维,是对理性逻辑思维的一种反动。禅师们除了在接引后学中广泛实践这种元逻辑思维外,同时还留下有不少元逻辑思想的精辟论述。

比如,就是在讲释迦牟尼成道经历,也有双遣双非之运用。在《祖堂集》中就有如下描述:

尔时太子在于山中勇猛精进,修无上道。又诣阿蓝迦蓝处,三年学不用处定,知非便舍。复至郁头蓝弗处,三年学非想非非想定,知非亦舍。①

其实,后来二十八祖的付法偈,大体都是体现了这种双遣双非中观之用(当然,少量也有体现缘起性空般若之理的,而东土六祖的付法偈则是强调禅宗传承因缘的),尽管这些付法偈可能出自后世禅宗门人之手,但起码也反映了禅宗所重视的那种启发后学修道的方法论思想。

这种思想的要点就是摈弃一切是非分别,因为真性不是靠是非分别所能把握的。正如梁朝宝志和尚在《大乘赞十首》中指出的:"若欲存一舍一,永与真理相疏。"②

于是,正像从悖论中可以推出一切为真,而从一切为真中又可推出一切为假一样,禅师们也早就认识了这一点,请看:

洞山遣人问(仰山)师:"作摩生即是,作摩生则不是?"师云:"是则一切皆是,不是则一切不是。"洞山自云:"是则一切不是,不是则一切是。"③

这样一来,为了体悟真性,就必须摈弃一切概念分别,也就是不但要摆脱一切

---

① 静、筠:《祖堂集》,中州古籍出版社,2001,第18页。
② 道元:《景德传灯录》,成都古籍书店,2000,第84页。
③ 道元:《景德传灯录》,成都古籍书店,2000,第617页。

言说，而且要摆脱一切思维活动，从而使概念分别没有立锥之地。下面的这则对话，讲的就是这样"非思量"的问题：

（药山惟俨）师坐次，有僧问："兀兀地思量什么？"师曰："思量个不思量底。"曰："不思量底如何思量？"师曰："非思量。"①

因为禅师们看到任何思维都只会背离真性的体悟。如，"石霜曰：'拟着即差，是着即乖，不拟不是，亦莫作个会，除非知有，莫能知之。好去好去。'"②天皇道悟也有曰："见则直下便见，拟思即差。"③值得注意的是，这种非思维是直达元层次的彻底非思维，因为"非思维"本身也是一种"思维"，因此也要非掉。当有僧问："'拟岂不是类？'（曹山本寂）师曰：'直是不拟亦是类。'"④说的就是这层意思。这样的思想论述，也体现在三善的论述之中，比如《古尊宿语录》中就有说：

既不爱取，依住不爱取将为是，是初善，是住调优心，是声闻人，恋筏不舍人，是二乘道，是禅那果。既不爱取，亦不依住不爱取，是中善，是半字教，犹是无色界，免堕二乘道，免堕魔民道，犹是禅那病，是菩萨缚。既不依住不爱取，亦不作不依住知解，是后善，是满字教，免堕无色界，免堕禅那病，免堕菩萨乘，免堕魔王位。⑤

这样构成的初、中、后之"三善"说，与"三句"说、"三关"说，其实都是相互对应的。具体展开有：

说道修行得佛，有修有证，是心是佛，即心即佛，是佛说，是不了义教语，是不遮语，是总语，是升合担语，是拣秽法边语，是顺喻语，是死语，是凡夫前语。不许修行得佛，无修无证，非心非佛，亦是佛说，是了义教语，是庶语，是别语，是百石担语，是三乘教外语，是逆喻语，是拣净边语，是生语，是地位人前语。……了义教是持，不了义教是犯。佛地无持犯，了义不了义教尽不许也。……。始欲不说，众生无解脱之期；始欲说之，众生又随语生解，益少损多。……夫教语皆三句相连，初、中、后善。初直须教渠发善心，中破善心，后始名好善。菩萨即非菩萨，是名菩萨，法非法非非法，总与么也。若只说一句，令众生入地狱。若三句一时说，渠自入地狱，不干教主事。说到如今鉴觉是自己佛，是初善。不守住如今鉴觉，是中善。亦不作不守住知解，是后善。⑥

---

① 道元：《景德传灯录》，成都古籍书店，2000，第263页。
② 道元：《景德传灯录》，成都古籍书店，2000，第223页。
③ 道元：《景德传灯录》，成都古籍书店，2000，第268页。
④ 道元：《景德传灯录》，成都古籍书店，2000，第326页。
⑤ 赜藏主：《古尊宿语录》，中华书局，1994，第11页。
⑥ 赜藏主：《古尊宿语录》，中华书局，1994，第12—18页。

由上可见,"三善""三句"或"三关"皆禅悟三段论的不同说法,关键是双遣双非思想。禅经常被认为是一种反理性、反逻辑、反语言的,但事实上,它不但拥有一种深奥的哲学思想,而且同样也拥有一种深奥的逻辑基础——这就是后来被哥德尔用显明方式所揭示的完备性与一致性的悖论逻辑规律——在禅那里却得到了完美的解决:顿悟思维逻辑。日本学者阿部正雄认为:"这是一种基于超越思量与不思量的'非思量'的哲学,以'自我觉悟'为基础,由智慧和慈悲所引发。"①其所揭示的便是一切盖无分别。从而达到禅师所言的境地:"只如今念念及一切见闻觉知,及一切尘垢祛得尽,但是一尘一色总是一佛,但起一念总是一佛。"②

这样,为了达成超逻辑的禅境,就不能首肯任何名相。因为正像有禅师所云:"此土初祖云:心有所是,必有所非。若贵一物则被一物惑,若重一物则被一物惑。信被信惑,不信又成谤。莫贵莫不贵,莫信莫不信。"③所以,只有"明暗都遣,莫取无取,亦无无取"④,这样的双遣双非,才能够使名相无立足之处。这也就是所谓"三善""三句"或"三关"的用意之所在:"但是一句各有三句,个个透过三句外。"⑤

于是,一经双遣双非,必然一切皆有"佛性",因为矛盾命题可以推出一切为真的缘故。正如黄檗希运所说的那样:"所以一切色是佛色,一切声是佛声。举一理,一切理皆然。见一事,见一切事。见一心,见一切心。"⑥这样的境地,就超越了所有的语言描述,意味着对其可以有任意语言描述,但又正是通过双遣双非的语言描述,才使之达成了语言所不能企及的彼岸。对此,杜继文先生虽然看出其中的一个方面:"《祖堂集》记,慧寂的原则是:'是则一切皆是,不是则一切不是。'洞山良价的原则是:'是则一切不是,不是则一切是。'……,都是把语言看成可以任意设施,而不足以达'理'证'体'的东西。"⑦但却忽略了语言双遣双非的作用。依我看,则正好相反,正是因为这种"肯定"与"否定"的语言运用,才从根本上体现了禅宗旨趣并足以达"理"证"体"。因为一方面从矛盾命题可以推出一切,而另一方面从"一切"(完备性)也可以推出矛盾。

其实,进一步可以说,一切事物=概念分别(空),即有"定律":

---

① 阿部正雄:《禅与西方思想》,上海译文出版社,1989,第1页(作者序)。
② 赜藏主:《古尊宿语录》,中华书局,1994,第25页。
③ 赜藏主:《古尊宿语录》,中华书局,1994,第32页。
④ 赜藏主:《古尊宿语录》,中华书局,1994,第29页。
⑤ 赜藏主:《古尊宿语录》,中华书局,1994,第30页。
⑥ 赜藏主:《古尊宿语录》,中华书局,1994,第47页。
⑦ 杜继文、魏道儒:《中国禅宗通史》,江苏古籍出版社,1993,第330页。

<<< 第二章 禅宗的逻辑思想

$$E = f(空)$$

其中 E 表示宇宙万物,f 表示概念分别作用算子,即作用在"空"之上的概念分别导致了万物的存在。作用者又是万物之一的"我",所谓一切唯心识,"心"也"空"之作用物,于是就有了矛盾:心既是作用,又是作用之产物。比如,令 $\varphi = \{\}$ 表示空,于是 $\{\varphi\}$ 就构成了 1 集,而 $\{\varphi,\{\varphi\}\}$ 构成了 2 集,以此类推,万物由空而生,根源在于概念分别(测量)。

确实,禅法颇不合逻辑,但如从跨层次上看,一层次的矛盾,往往蕴涵着另一层次的意念,推至终极,便是了悟的那个不可言说的佛性。所以说,禅法是一种跨层次的逻辑思维,而逻辑三段论只是同层次中的逻辑思维。跨层次必须迫使跳出思量层次,通过自缠结式的悖论,发人猛醒,从而进入非思量而"悟"在其中也!这便是禅悟的逻辑,是一种地道的元思维式的逻辑,如果可以称其为逻辑的话。

阿部正雄指出:"禅并非建立在思量或不思量的基础上,更确切地说,它建立在非思量的基础上,这超越了思量与不思量。"[1]禅宗就是要通过"非思量"来破除一切妄执,包括要破除"要破除一切妄执"这一妄执,因此,自指(包括互指)、矛盾(悖论)是免不了的,也是重要方法,这一点哥德尔的不完备性定理给出了逻辑上最有力的证明。[2]

总之,禅师们所有这些精辟论述的核心思想就是强调,只有摒弃一切概念分别,通过双遣双非,才能道成肉身,达成真性的体悟。所以,说到底,禅宗提倡的这种元思维方式是一种超越逻辑思维的顿悟性元逻辑思维方式,而禅宗的这种元逻辑思想及其广泛的"逻辑"实践,为反思当代逻辑学,乃至科学方法论的困境,留下了十分宝贵的智慧财富。因此,这里挖掘禅宗逻辑思想及其语言陈述实践,对于推动当代逻辑研究的发展,有着极其重要的意义。[3]

---

[1] 阿部正雄:《禅与西方思想》,上海译文出版社,1989,第 30 页。
[2] 周昌乐:从哥德尔定理看禅宗的元逻辑思想,《重庆大学学报》(哲学社会科学版),2005,第 4 期,第 59—62 页。
[3] 当然,禅师事迹多有不实之嫌,盖后人附会说教而造者,不可全信。但如果只是把握其根本用意,即使是附会说教,也是用心良苦,其中暗藏"双遣双非"禅机的。所以,对待这些言行、事迹,只能带草看去,以"公案"待之,从中探索禅机信息即可,不可死执。至于那些神化、美化色彩浓处,均可弃之不顾。

### 第三章

# 哥德尔定理的蕴意

心不是有,心不是无,心不非有,心不非无。是有是无,即堕是;非有非无,即堕非。如是只是是非之非,未是非是非非之是。今以双非破两是,是破非是犹是非。又以双非破两非,非破非非即是是。如是只是非是非非之是,未是不非不不非、不是不不是。是非之惑,绵微难见。

(唐)玄觉①

上面这段章首语摘自唐朝永嘉玄觉禅师《永嘉集》中的"观心十门",是一篇最上乘的"是非"之论。也许你一时难以弄清这其中的"是是非非",但如果你能够明白哥德尔的"真真假假"定理,那么我想你一定也会如临一场浑梦初醒的顿悟,是是非非一时皆了。

## 第一节 哥德尔及其两个定理

说起禅宗,少不了谈论禅师,还有他们留下的公案。当然,禅师多是举止言谈有点怪异的东方和尚。你有没有听说过西方科学界的"禅师"?就我所知,西方起码有这样两位著名的禅学大师,他们是"以心传心"的师徒,师傅叫哥德尔(K. Gödel),徒儿是侯世达(R. Hofstadter)。

哥德尔1906年出生于现在捷克的Brno(当时是奥匈帝国的一部分)。1923年进入维也纳大学并在Hans Hahn(1879—1934)的指导之下于1929年取得了博士学位。其后,哥德尔在维也纳大学工作,并且成为著名的实证主义哲学小组的一员,直至1938年。在此期间,哥德尔的思想在很大程度上受到莱布尼茨著作的影响,并做出了人类思想史上最重要的贡献之一。可以这么说,不了解哥德尔及

---

① 道元:《景德传灯录》,成都古籍书店,2000,第83—85页。

其成就,就不了解人类已达到的智力水平与人类智力奋斗的历程。哥德尔于1940年移居美国,并且在1953年加入了普林斯顿高等研究院,直到1978年去世。

据哥德尔晚年的密友王浩讲:"(哥德尔)这个人有他的特殊性,是个遁世者,是个深奥的思想家,却一样要照应凡人概莫能外的七情六欲。"[1]由此来看,即使其为人也有禅者气象。

侯世达教授是哥德尔思想最有力的推广者,哥德尔可以称得上是他的精神导师。师傅留下有两则精短的小公案(世俗称之为哥德尔定理),徒儿留下了迄今为止世上规模最大的公案,那就是获得美国普利策文学奖的《哥德尔、艾舍尔、巴赫——集异璧之大成》这部巨著[2]。你还真别说,现今东方的和尚们,可能还真没有这两位师徒彻悟呢!

我们知道,禅宗是一种无的宗教,是宗教之上的宗教,可以称之为元宗教。哥德尔研究的是数学之上的数学,当然就是元数学。用先哲的话讲,可谓是"殊途同归"了。那么,到底如何"殊途同归"呢?这还得从哥德尔的两个定理说起。

19世纪末20世纪初,确切地说是1900年8月6日这一天,在巴黎召开的国际数学家代表大会上,年方38岁的德国数学家希尔伯特(David Hilbert,1862—1943)走上讲台,提出了影响整个20世纪数学发展的23个数学问题,其中第二个就是"算术公理的无矛盾性"问题。这个问题的本质是希望一劳永逸地解决数学的逻辑基础问题。希尔伯特曾经提出用形式主义计划的证明论方法加以证明。但当哥德尔证明了一阶谓词逻辑系统的无矛盾性之后,却在1931年发表了一篇题为《论数学原理中的形式不可判定命题及有关系统》的论文[3],给出了否定证明,这就是著名的哥德尔不完备性定理。

在这篇论文中,哥德尔给出了两个惊世骇俗的定理,指出了逻辑形式系统不可克服的局限性。

如果我们记"皮亚诺(Peano)算术"为PA,就是以一阶谓词逻辑的形式语言陈述皮亚诺公理(自然数定义+数学归纳法)而得到的形式算术理论,那么,哥德尔的两个定理可表述如下:

**哥德尔第一不完备性定理**  存在一个PA句子p,使得:如果PA是一致的,则p在PA中不可证;如果PA是$\omega$-一致的(后来在1936年罗塞证明可以去掉$\omega$),

---

[1] 王浩:《哥德尔》,上海译文出版社,1997,第3页。
[2] 侯世达:《哥德尔、艾舍尔、巴赫》,商务印书馆,1997。
[3] Gödel, K.: Über Formal Unentscheidbare Sätze der Principia Mathematica und Verwandter Systeme, I. Monatshefte für Math. Und Phys. 1931, 173—189.

则非 p 在 PA 中不可证。因此,PA 是不完备的。

**哥德尔第二不完备性定理** 如果 PA 是一致的,那么 PA 的一致性不能在 PA 内部证明。

很明显,对于第一个定理,只要具体构造出满足要求的这样一个 p 句子即可。哥德尔当年找到的句子是:

号码为 λ 的公式的自代入是不可证的

由于采用哥德尔创造的一种编码方法可以对任意 PA 中的公式进行能行可判定且唯一性编码,因此,上面的句子可以表示为一个 PA 公式:

$\alpha(x/\lambda)$

其中 $\alpha(x)$ 就是 ∀y 非 $A(x,y)$,意思是"任何公式序列 y 都不是公式 x 的自代入的证明",当然,这也是哥德尔可编码的,其编码就是 λ。由于 λ 又自代入到 $\alpha(x)$ 中,因此,$\alpha(x/\lambda)$ 又表示"号码为 λ 的公式的自代入"本身。于是找到的 p 句子实际上就是一个自指句,这样就很容易证明其正是满足第一定理的句子。后来,罗塞为了去掉 ω 的限制,构造了一个更地道的自指句:

如果 q 的自代入有个证明,则其否定有个号码更小的证明

更完美地证实了哥德尔第一定理。

第二定理的证明思路稍微要直接一些,因为利用第一定理我们有:

如果"PA 一致",则"λ 的自代入是不可证的"

此时由于上述陈述用 PA 可以表达为:

$\text{Consis}(PA) \to \alpha(x/\lambda)$

这里,$\text{Consis}(PA)$ 表示 PA 一致。因此,如果我们能够在 PA 内部完成对上式的证明(一致性的要求),即得到(其中 ⊢ 表示可推导出):

PA ⊢ $\text{Consis}(PA) \to \alpha(x/\lambda)$

那么,我们从 PA 一致($\text{Consis}(PA)$),就能推出 PA ⊢ $\alpha(x/\lambda)$,显然这与 $\alpha(x/\lambda)$ 在 PA 中不可证是矛盾的。因此,我们必然得出哥德尔第二定理。

从上述两个定理的证明思路(完整的证明要长达 40 多页)中可以看出,哥德尔的这两个定理并不局限于 PA 系统。事实上,只要一个形式系统包含了 PA 系统(因此其描述能力比 PA 强,同样具备自指能力,能够构造自指句),那么哥德尔的这两个定理同样对其有效,即如果该系统是一致的,那么该系统不完备,且该系统的一致性不能在该系统内部证明。

这就是为什么说哥德尔的这两个结论都是毁灭性的,因为这实际上是宣告了公理化方法的局限性。更为糟糕的是,由于一致性的不可证明性,根本就无法保证整个数学体系中不会出现一个矛盾,而一旦真的发生了这种情况,而且矛盾又

是无法消除,那么全部数学都将变得毫无终结意义。

哥德尔定理的另一个意义就是从根本上否定了排中律的有效性。以前我们坚信一个命题非真即假,但哥德尔定理指出,有些命题既不能被证明,又不能被证伪。也就是说,对任何足够复杂的形式系统都存在着不可判定的命题。

由于是逻辑的最底层洞见了理性思维的局限性,因此,哥德尔定理有着极其广泛的普适意义。实际上,在不同的情景中,我们可以给出各种不同的哥德尔定理的版本。

首先,哥德尔定理的非形式化版本指出:算术是不可完全形式化的。这是从形式化角度对哥德尔定理作的陈述。说的是即便是算术(更不用说是比算术更强大的事物了),也是不可完全形式化的。特别是算术中的"真性",就是不可形式化的一个概念,也就是说,我们无法用算术的语言来描述算术中的真。

接着,哥德尔定理的形式逻辑版本是:对于算术的任何一致的形式化,都存在着在该形式系统内不可证明的算术真理。这是对逻辑系统而言的哥德尔定理,指出的正是逻辑形式化系统的局限性,存在着逻辑形式系统不可证的命题,而不管你的逻辑系统有多么强大。

哥德尔定理的第三个版本是关于复杂性的:存在具有高度复杂性的、不能由计算机程序生成的数。这是因为,根据哥德尔编码,任何一个命题都可对应到一个数,而计算机程序的计算能力受到与逻辑系统不可证性一样的不可计算性限制,因此,这样的数必然存在。

再有,哥德尔定理的计算机程序版本是:存在一个计算机程序 Q,使得如果 P 是一个正确的程序,那么当应用于 P 时,Q 产生一个被 P 遗漏的真理。这里隐含着元层次无穷回归也无法挽救形式系统局限性的思想。

第五个哥德尔定理版本指向整个数学理论:存在一个没有解的丢番图方程,但没有数学理论能够证明这一点。

最后是哥德尔定理的概率版本:存在一个不可计算数 M,其二进制数对应于无穷多个能行随机的算术事实。这实际上宣告了真正的随机性的不可计算。

当然,你尽可以提出你所需要的哥德尔定理新版本,只要你描述的领域足够复杂。这就是为什么说,哥德尔定理是毁灭性的了。通过哥德尔定理,我们发现了理性思维局限性的真正根源所在。

## 第二节　从哥德尔定理看禅宗公案

通过上述论述,我们不难看到,哥德尔定理的内在蕴意就是揭示了事物的真性,即本质上的自因性,是远远超越了可形式化证明的范围。哥德尔定理中的不可证性正是体现了"非真非假"或者"又真又假"的"三性":除了真与假二元对立之外,尚有真假同显的"不可证性",其根本不可能用所谓的概念分别的逻辑手段把握。

就这一点,后来的侯世达教授了悟得十分彻底。在他著述并获得美国普利策文学奖的那部《哥德尔、艾舍尔、巴赫——集异璧之大成》巨著里,就在更为广阔的领域,对哥德尔定理的蕴意作了淋漓透彻的阐释。

在这部书中,侯世达教授不但将巴赫音乐作品中的自指及各个层次之间的互指,以及艾舍尔悖论式的绘画作品,与哥德尔定理中的自因性建立了对应关系,更重要的是,通过哥德尔定理,指出了物质世界、生命世界、心灵世界及其折射出的语言、文化、艺术世界等一切事物的自因性本质。

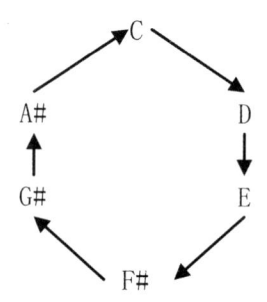

图 3.1　巴赫"无穷升高的卡农"的六角形示意图①

图 3.1 给出的是音乐中无穷升高音阶的怪圈,反映的正是音乐中的自因性。当然,自因性有许多别名,如自指性、自组织、自复制、互指性、无穷回归、自觉性、自我缠结、自反映、自涌现等等,侯世达教授不为境迷,一一与哥德尔定理建立了"同构"。特别令人惊奇的是,作为一位西方的科学家,侯世达教授独具慧眼,一眼看到了哥德尔定理与禅宗思想的同构,在禅宗公案和定理与非定理、真与假之间建立了通达无阻的桥梁。

---

① 侯世达:《哥德尔、艾舍尔、巴赫》,商务印书馆,1997,第 948 页。

实际上,自指引发悖论,从而有了哥德尔心中的觉悟,远不如禅师们最元层次的"(以心)观心"自指的悖论觉悟来得更直接。我们可以借助于侯世达教授的思想洞见,进一步运用禅宗公案,来彻底看清逻辑二元对立思维是如何落入禅境的。

首先,在侯世达教授的《哥德尔、艾舍尔、巴赫——集异璧之大成》中有众多的自指性悖论,就连其整部书本身,也构成了一个巨大的自指圈。也就是说,言说自指本身也落入了自指,这已经说明了自指的禅性:其说不得、不能说、说了反掉陷阱,正如禅道一样不可说。请看:"问:如何是法法无差?(栖贤怀祐)师曰:雪上更加霜。"①因此,哥德尔定理所反映的自指性,正是通达真性,也就是禅之境界的必然结果。

或许这样说来太抽象,我们还是通过一些具象的隐喻,再来更好地看清侯世达教授的思想洞见吧。试想有两面镜子对照,很明显,这两面镜子必然是互为映像,产生典型的互指,此时你是否可以知道两面镜子谁照谁的判断?显然这里面存在一种不可言说的无穷回归,于是就有了悖论,怎么对待?请看禅师们超越悖论的大智慧:

僧问:"两镜对看,为什么中间无像?"(守钦圆照)师曰:"自己亦须隐。"曰:"镜破台亡时如何?"师竖起拳。②

是啊,两镜中间为什么"无像"?圆照禅师竖起拳头又是什么意思?如果还不能明了其中的底蕴,那干脆来一个更加决绝的举措,"打破镜来相见":

曰:"向上更有事否?"(灵云志勤)师曰:"有。"曰:"如何是向上事?"师曰:"打破镜来相见。"③

最后,我们来看自因性的另一种具象表现实例,就是侯世达教授多次举到的莫比乌斯带。该带的制作方法很简单:取一长长的纸条,将一头转动180度后对齐粘到另一头上,即成。这是一条无头无尾、无背无面的封闭曲面,你可以从任意一点起步,沿着曲面中轴线向一个方向前进,无须翻越曲面,你总可以返回原点之背,这里隐喻了什么真性呢?请看禅宗六祖的解答:

一日,师告众曰:"吾有一物,无头无尾,无名无字,无背无面,诸人还识否?"④

其实无须多说,哥德尔定理本来就有禅宗公案版本,请看安国和尚如下的"哥德尔定理"版本:

---

① 道元:《景德传灯录》,成都古籍书店,2000,第308页。
② 道元:《景德传灯录》,成都古籍书店,2000,第483页。
③ 道元:《景德传灯录》,成都古籍书店,2000,第185页。
④ 道元:《景德传灯录》,成都古籍书店,2000,第308页。

（安国和尚）师拈问僧："一语之中须具得失两意，作摩生道？"僧提起拳头云："不可唤作拳头。"师不肯，自拈起拳头曰："只为唤作拳头。"①

按哥德尔定理的说法，就是找出的"一个描述句"一定须具"得失"两意，于是经过如下追问就有了这样不一致"乖"的哥德尔第一定理：

僧问："如何是玄旨？"（智常）师云："无人能会。"僧云："向者如何？"师云："有向即乖。"僧云："不向者如何？"师云："谁求玄旨？"又云："去？无汝用心处。"②

有趣的是，上述公案里最后还附加指出了"一致性"的不可证，也即哥德尔第二定理："去？无汝用心处。"

或许考虑到哥德尔定理要晚于上述公案一千多年，以及毕竟是哥德尔定理落入了禅境而不是禅境落入哥德尔定理，因此，与其说上述公案是哥德尔定理的公案版本，倒不如说哥德尔定理才是上述公案的一种哥德尔版本更为妥当。

当然，哥德尔的最大功劳在于，其是运用严格数学工具，证明出来的数学定理。从这个意义上讲，哥德尔所做出的数学真理性贡献，超越了从庄子以来，包括历代禅师在内的、中国古代所有的思想家们！因为中国古代先哲们还仅仅停留在思想和涉身体悟层面之上，还没有从数学理论高度给出严密的证明！

如果说佛教的法相唯识理论尚有因明学作为其逻辑基础，那么禅宗似乎从来就没有什么逻辑基础，其倡导的直指人心的顿悟要旨，是从根本上超逻辑的。但现代西方逻辑学的发展，特别是哥德尔、斯科伦和塔尔斯基的逻辑思想，无疑为禅宗提供了坚实的逻辑哲学基础。

## 第三节　真的自明性证悟

于是，真陷于悖论，其是不可能依靠形式逻辑方法所能描述的。正如贾题韬在《中论》的"绪论"中指出的："有些问题，形式逻辑解决不了，……。就是说世间上所用的一套逻辑，要谈最高的境界——无相，就要失去效用，因为我们的理性有所限制，最严重的是我们的理性本身有内在的矛盾，自身的矛盾，自己很难解决。"③

---

① 河北禅学研究所编：《禅宗七经》，宗教文化出版社，1997，第358页。
② 道元：《景德传灯录》，成都古籍书店，2000，第119页。
③ 龙树：《中论》，四川省新闻出版局，1994，第3页。

这样一来,对于真的把握,只有通过禅悟式的自明性体悟,而别无他法。五祖弘忍有言:"无上菩提,须得言下识自本心,见自本性,不生不灭。于一切时中,念念自见,万法无滞,一真一切真,万境自如如。如如之心,即是真实。"①六祖惠能也强调指出:"故知一切万法,尽在自身中,何不从于自心顿现真如本性。"②这就是禅宗顿悟真性所强调的"观心"之论。

禅宗的"观心",解开来讲就是"以心观心",也就是说"观心"本身也是被蕴涵于"心"的,即有"心→观心",而此即为"心"。于是,"观心"必然构成一种"自指",并可无穷递推下去,以至无穷:心 = 心→观心 = (心→(……(心→观心)……))。这对于所"观"之"心"的任意方面均成立。就是说,不管"观心"指的是什么,均有自指式成立。于是,根据逻辑三段论,又均可推知这"观"的心,不管是什么具体内容,其均为真,所谓禅师们所说的"平等无二"。

正如白居易在《八渐偈》中论及"观"时所说的:"以心中眼,观心外相。从何而有?从何而丧?观之又观,则辨真妄。"③因此,所观之"心"和观心之"心",无有分别。在《大佛顶首楞严经》中也有言曰:"常言觉知分别心性,既不在内,亦不在外,不在中间,俱无所在,一切无著,名之为心。"④正因为心与观心之心,其无所分别,所以,通过以心观心,才能揭示真性。

二祖慧可(神光)求法于达摩,有段对话如下:"光曰:'我心未宁,乞师与安!'师曰:'将心来,与汝安。'曰:'觅心了不可得。'师曰:'我与汝安心竟。'"⑤讲的就是这种境况。其他如四祖道信与牛头一世法融的对话:"祖问曰:'在此作什么?'师曰:'观心。'祖曰:'观是何人?心是何物?'师无对,便起作礼。"⑥也应作如是"观",是"以心观心,以至于无心",方能体悟"真性"之道。这便是真的自明性证悟途径,比如下面这则公案反映的即是禅师们以心观心的证悟实践:

(仰山慧寂)寂问:"如何是真佛住处?"(沩山灵佑)曰:"以思无思之妙返思灵焰之无穷,思尽还源,性相常住,事理不二,真佛如如。"师于言下顿悟。⑦

以心观心所企求的便是洛京荷泽神会大师示众所曰:"夫学道者,须达自源。……。不思一物即是自心。非智所知,更无别行。……。心归法界,万象

---

① 河北禅学研究所编:《禅宗七经》,宗教文化出版社,1997,第325页。
② 郭朋:《坛经校释》,中华书局,1983,第30页。
③ 道元:《景德传灯录》,成都古籍书店,2000,第633页。
④ 河北禅学研究所编:《禅宗七经》,宗教文化出版社,1997,第148页。
⑤ 道元:《景德传灯录》,成都古籍书店,2000,第35页。
⑥ 道元:《景德传灯录》,成都古籍书店,2000,第48页。
⑦ 道元:《景德传灯录》,成都古籍书店,2000,第185页。

一如。"①

对于这种"万象一如"之"真"的这种自明性证悟,实际上就是对精神本体的自我展示,也是对万物终极本体的自我展示,因为"性含万法是大,万法尽是自性见"②。一切事物都是自性的显现,而自性包容万法、显现万法、运作万法,无非一心而已,所谓:"一切万法,本无不有,故知万法本因人兴。"③

这样,如果将这种绝对的"真"看作是"上帝",那么就可以引用西方学者的话来说明这种自明性证悟了:"既然人是精神对毕竟在、因而也是对绝对在的绝对开放,因此,只有当人直接瞥见绝对上帝自己本身的时候,启示的种种可能性方才通过所要启示的东西的自我展示而被彻底了解。"④

上述的"上帝"对应到禅宗话语里,就是"真如本性"。问题是,对于禅宗而言,通过观心是如何能够动态地、富有成效地重构自我真如本性的呢?很明显,由于自我意识的自指性,任何分析实验的手段对于这个自我的把握都是无济于事的,所谓"觅心不可得",就隐含着这层意思。

那么通过"观心"(即以心观心)又如何达到顿悟,从而解决这一问题的呢?为了"了然于心",你必须"息心",为了"自我",你必须"忘我",禅悟就是要让你"舍",通过"舍去"来"达成",包括舍去这"通过'舍去'来'达成'"的执着,你才会"明心见性",达成"自由心境"。

显然,提到自我,免不了会掉入自我缠结之中,当问及"我是谁"时,必然会问:"是谁在问'我是谁'"或者说"问'我是谁'的是谁",这实际上就是一种自指,会陷入无穷的诘问之中。于是,否定"自我"的存在而承认"无我"就成为一种见解合理性的理由,但此时又有了"有我"和"无我"的分别,依然原于"自我"见识,最后,只有连"无我"(及"有我")也否定了,才会最终解脱诘难。这便是禅宗自明性证悟"真性"的逻辑:"不可得本身就是真我"(不一致性是必然的)。注意,"不可得本身就是真我"地地道道是一个自指命题,其本身也是必然不一致的,或显现了命题本身所要说的一切。

注意,"以心观心"对于意识活动而言,就是要意识去意识"意识",于是就会导致逻辑上的无穷回归。也就是布伦坦诺所说的:"如果在任何这一类的情况下存在两个行为,他指出,那么笛卡尔的假定就将导致精神行为的无穷增殖。这就

---

① 道元:《景德传灯录》,成都古籍书店,2000,第594页。
② 郭朋:《坛经校释》,中华书局,1983,第25页。
③ 郭朋:《坛经校释》,中华书局,1983,第30页。
④ 拉纳:《圣言的倾听者》,三联书店,1994,第127页。

意味着,意识到一个声音是意识到意识到一个声音,并且同样地,意识到意识到一个声音将包含意识到这种意识,如此无穷地进行下去。"①

这里,笛卡尔的假设是:当意识到一个"表象"时,我们同时也就意识到把这个表象反映给我们自身的那个行为。解决这种悖论式现象陈述的途径"就是要否认意识到我们意识到一个声音的行为是不同于意识到一个声音的行为的"②。原因就是,一旦用到"观察"就暗喻着有"观察者"和"被观察对象"的区别,而一落入这种概念分别的泥潭,就毫无例外地会招致悖论,如果作无尽深究的话! 因此,对于心脑活动,只有"自反映""自涌现"等论述才是合理的,而那些诉诸"观察""自省"的描述,必然会落入概念分别之中。

意识,乃至整个心理活动,是自觉自知的,这就有一个两难问题。你要证明或证伪物质或某一生物具有意识,你就必须是该物质或该生物,但当你真的成为该物质或该生物时,你就无法具备人的所有属性,也就不能用人的思维方式、语言方式来报告这一点,所以,生物有没有意识是无法证实和证伪的。同样,由于自己说自己有意识活动也是无法证实和证伪的,所以,从思辨哲学上讲,人也无法证实和证伪人具有意识。

但从科学上看,如果将意识(或者整个心)仅仅看作是活动的脑,是脑活动的一种反映,那么只要具备神经组织(神经细胞及其联接),就可以肯定都是有意识的,尽管这种意识不一定是自我反映性的。美国学者詹奇称这种意识为机体意识,认为:"机体意识不能反映,它是纯粹的自我表现。……。反映意识则完全不同,它反映内心世界重构的外部实在。这种镜像不是简单地从外部进入内部,它产生于交换过程,即产生于感觉印象的拼镶与反映意识向外投映的试验模型之间的交换过程。反映意识的最重要特征是统觉,即形成代替现实的模型的能力。"③

显然,禅宗的观心之心,涉及的起码包括这自反映意识能力在内的那种"心"。因为"自反映意识的作用又有所不同。它主动地设计一种环境的模型,其中也表达了最初的系统本身。这样,原初系统——我们也可以称之为自我,就包含在表象的创造性表达和进化中了。与环境的关系成为完全可塑的,它属于创造性设计"④。在禅宗看来,代表意识之觉的"觉"有三义:自觉、觉他、觉行圆满,后者是佛教修行的最高果位。而禅是佛教修持的重要方法之一,通过静坐敛心,专注一

---

① 巴斯摩尔:《哲学百年·新近哲学家》,商务印书馆,1996,第198—199页。
② 巴斯摩尔:《哲学百年·新近哲学家》,商务印书馆,1996,第199页。
③ 詹奇:《自组织的宇宙观》,中国社会科学出版社,1992,第182页。
④ 詹奇:《自组织的宇宙观》,中国社会科学出版社,1992,第183页。

境,以使身心轻安,观照明净,进而获得精神解脱。因此,禅宗的觉行圆满,一定是一种自明性的"觉"。

从动态自组织的观点看,"机体的精神活动属于复杂有机体的自维生层次,在那里它遇到了表达整个有机体的代谢意识的过程。……。由于机体精神活动着重于自我表现,可以假定它在艺术中起着主要的作用。……。与机体精神活动相比,反映精神活动开拓了一个全新的自维生层次,这个层次并不与有机体层次相重叠。……。最后,自反映的精神活动也形成了一种新的自维生层次。它所带来的对称破缺涉及经验的时间序。"①

因此,从这样的立场看,意识从根本上讲是时间性的②,当代物理学家戴维斯详尽解释了时间这种意识属性:"时间以单向方式流逝这一概念是我们意识中的一个特性。这是一种主观现象,而且这种特性根本不能在自然世界中得到证实。这无疑是从现代科学中得出的教训。……。流逝的时间属于我们的心,而不属于自然。"③而对真性的觉悟则一定是超越了时间性,否则又会落入前后的概念分别的陷阱。

"念念不住,前念今念后念,念念相续,无有断绝,若一念断绝,法身即是离色身。念念时中,于一切法上无住,一念若住,念念即住,名系缚。于一切上,念念不住,即无缚也,此是以无住为本。"④《金刚经》也云:"过去心不可得,现在心不可得,未来心不可得。"⑤如推及终极之"心"、推及自明性之"心",那么意识的时间性将无立足之地。于是也就没有了前见与后见之分别,关于这一点,百丈怀海在如下的对话中就讲述得非常清楚明白了:

(百丈怀海)师垂语云:"见河能漂香象。"僧便问:"师见不?"师云:"见。"僧云:"见后如何?"师云:"见见无二。"僧云:"既言见见无二,不以见见于见。若见更见,为前见为后见?"师云:"见见之时,见非是见。见犹离见,见不能及。"⑥

百丈怀海的这样的见解,牛头山初祖法融禅师的《心铭》中也有类似明确论述:"念起念灭,前后无别。后念不生,前念自绝。……。灵知自照,万法归如。"⑦这其中的原因是,自明性证悟的是终极自在之物,这样的终极本体超越了一切概

---

① 詹奇:《自组织的宇宙观》,中国社会科学出版社,1992,第190—192页。
② Libet, Benjamin: Mind Time – The Temporal Factor in Consciousness, Harvard University Press, 2004.
③ 转引自格里芬:《后现代科学》,中央编译出版社,1995,第6—7页。
④ 郭朋:《坛经校释》,中华书局,1983,第9—10页。
⑤ 河北禅学研究所编:《禅宗七经》,宗教文化出版社,1997,第12页。
⑥ 静、筠:《祖堂集》,中州古籍出版社,2001,第488页。
⑦ 道元:《景德传灯录》,成都古籍书店,2000,第642页。

念分别,当然也超越了时间分别。"因此,凡'在'时间上存在的,都不'存在';可以谈论过去存在或未来存在的某物,然而这种说法也只有在暗指一个有感受力的主体时才有意义。"①

在佛教经论中,也有类似的这种"在时间上存在的,却不存在"的论述,如《维摩诘经》中就有:"若过去生,过去生已灭,若未来生,未来生未至;若现在生,现在生无住。"②以及大珠慧海和尚上堂曰:"过去心已过去,未来心未至,现在心无住。于其中间更用何心起观?"③等等,讲的都是这层意思。这就是为什么禅师们既用自明性表述又用违背逻辑性表述的原因。

也许,从逻辑概念分别上讲,"内省揭示,经验着的主体只是一个难于捉摸、不可定义的'参照点',不论我们把我们的反思如何狭隘地限制在'我们自己'身上,在进行反思的'我'和受到反思的'我'仍旧是在逻辑上不同的。"④可以将观心之心与被观之心加以分别,或者像神学家希克那样:"我把经验理解为意识的表现形式。只要我们是有意识的,我们就在经验。而基本的差异是下面两种经验之间的差异:对除了自己的精神状态之外的事物的经验,和仅仅是自己精神状态的反身意识这样一种经验。"⑤这实际就是将感觉意识与反映意识加以分别,于是便可以进一步强调这样一个自明性体悟的论断:"人的认识,即人在进入自己过程之中的自觉,只能是承纳性的,即通过走出自己进入另一个作为第一个被认识者而被当作对象加以领悟的他者。"⑥人便这样进入了物质、进入了世界,从而成为作为物质性存在的人,从而便可以与人的精神加以分别。

但问题是,从观心之心到被观之心、从感觉意识到反映意识,以及从在者的觉在之人到承纳性觉他之人,这条鸿沟是如何跨越的呢?也就是说,认识是自我反省的觉悟,这种觉悟既然是自我的,又如何可以他移呢?显然,这里涉及一种自涉性的困境,是逻辑概念分别所无法明了的。因为对于真性的证悟,所要求的"证明"是需要人自身参与的,所谓道成肉身。意识(自反映意识)和他心知问题一样,归根结底是不可分析的,你只能无条件地接受这种事实而不必去为其寻找理由,更不必去分析隐藏在其底下的"实在"是否坚实或确切,因为这"坚实"或"确切"的实在也仅是一种"意识"的东西。

---

① 柯拉柯夫斯基:《宗教:如果没有上帝…》,三联书店,1997,第109页。
② 幼存、道生:《维摩诘经今译》,中国社会科学出版社,1994,第137页。
③ 道元:《景德传灯录》,成都古籍书店,2000,第600页。
④ 沃克迈斯特:《科学的哲学》,商务印书馆,1996,第85页。
⑤ 希克:《第五维度》,四川人民出版社,2000,第129页。
⑥ 拉纳:《圣言的倾听者》,三联书店,1994,第137页。

总之,对于像"真"的证悟,只能通过心的自明性能力来把握,正如宋代心学家杨简所论:"人心自明,人心自灵。……。夫人皆有至灵至明广大圣智之性,不假外求,不由外得,自本自根,自神自明。"[①]可谓至理名言。

---

[①] 杨简:《慈湖遗书》卷二《绝四记》,转引自刘宗贤,《陆王心学研究》,山东人民出版社,1997,第168页。

# 第四章

# 数学根基中的裂痕

一个令人惊奇的悖论,我们可以知道哪些是我们不可能知道的东西。这是人类意识中最引人注目的一个推论。

(美)巴罗[1]

哥德尔定理无情地指出了逻辑思维方法的局限性。正像我国数学史家张奠宙所说的那样:"必须清醒地看到数学大厦的基础上确实存在着裂缝,数学思维并不如想象的那样完美与和谐。"[2]逻辑失效的根源在于逻辑对一致性的要求,但事实上,即使是在数学这样绝对严格的科学领域中,照样到处存在着不一致的悖论。

## 第一节 普遍存在的数学悖论

1902年,英国的数学家、逻辑学家和哲学家罗素(B. A. W. Russell,1872—1970)提出了一个集合论上的悖论,世称罗素悖论。这个悖论是这样陈述的:如果把集合分成这样两类,自己为自己元素者作为A类,自己不是自己元素者作为B类,那么,对于任意集合,其要么属于A类,要么属于B类,二者必居其一且仅居其一。现在问:B类集合的全体也是一个集合,那么它属于哪一类呢?如果说B属于A,那么按A的定义应该有B属于B,这导致矛盾,不可能;如果说B属于B,那么按B的定义,B应该有B属于A,这也矛盾。这里真正产生了一个无法消除的悖论。由于这个悖论完全是基于严密而清晰的数学概念提出的,因而其动摇了的是整个数学大厦的基础。

我们知道,集合论可以看作为全部数学的基础,集合论的目标就是要建立严

---

[1] 巴罗:《不论——科学的极限与极限的科学》,上海科学技术出版社,2000,第4页。
[2] 张奠宙:《20世纪数学经纬》,华东师范大学出版社,2002,第233页。

格的集合论公理系统,从而为全部数学建立坚实的逻辑基础。由于从本质上讲,尽管有外延与内涵微妙的区别,一个集合总可以看作是与一个概念相对应的。因此,集合论的这种努力无疑就是要严格区分概念,从而为概念体系建立可靠一致的逻辑基础。而现在,罗素悖论的发现却宣告这种努力的无效性。由于每个数本身也是概念,因而当数学家们要证明建立在整数之上的算术公理系统一致性的时候,必然会遇到同样的窘境,那就是哥德尔定理。

其实,集合上的悖论远不止罗素悖论一个,具有灾难性的悖论还有康托尔悖论,是著名数学家康托尔在建立集合无穷基数理论时发现的,即所谓"所有集合之集合的基数与该集合之幂集的基数谁更大"?由于幂集的基数大于原集的基数,但另一方面,所有集合之集合的幂集也是一个集合,因此,其基数应该不大于所归属集合的基数,于是就产生了一个悖论。

悖论(paradox)一词是两个希腊词的复合,para 意味着超越,dox 意指相信。英国的巴罗在《不论——科学的极限与极限的科学》一书中对此有详细的论述。巴罗认为:"(悖论一词)它有许多不同的含义:如某些看起来是矛盾的,但实际上是不矛盾的(似非而是);某些看起来是正确的,但实际上是不正确的(似是而非);或由一个自明的出发点经严格的推理链导出矛盾(逻辑悖论)。"[①]当然,数学上的悖论主要是指"逻辑悖论"这第三种情况。

逻辑上的悖论往往是平庸的,如简单自指句悖论:这个句子不是真的;奎因自指句:"依附自身引号时得假"依附自身引号时得假;测试命题悖论:谁都不知道本命题是真的;断言悖论:毫无例外,世上一切事物的规律性都有例外。但它们却反映了我们思维方式的深刻性。正像哥德尔定理所揭示的那样,悖论已经在人类思维的许多方面发挥着极其重要的作用。这不仅在逻辑和数学上是如此,即使在科学发展中也是如此。

迄今为止,在科学中遭遇的悖论涉及了各个领域,美国系统哲学家拉兹洛在《微漪之塘》一书中列举的科学中的悖论包括:(1)物理世界的悖论,(2)生命世界的悖论,(3)人类心灵的悖论,(4)具体的谜团。[②]

比如我们有相对论的"双生子佯谬"、量子理论中的"薛定谔猫佯谬"、"EPR 佯谬"、量子场论中的"克莱因佯谬"、生命起源中"蛋白质与基因佯谬"、脑科学中的"他心知佯谬"和"意识觉知悖论"等等。这些悖论都说明了这样一个事实,那就是人类理性认知手段的局限性。

---

[①] 巴罗:《不论——科学的极限与极限的科学》,上海科学技术出版社,2000,第 17 页。
[②] 拉兹洛:《微漪之塘》,社会科学文献出版社,2001,第 160—162 页。

举例来说,量子理论中的"薛定谔猫佯谬"一般是这样描述的:"'一只猫关在一钢盒内,盒中有下述极残忍的装置(必须保证此装置不受猫的直接干扰):在盖革计数器中有一小块辐射物质,它非常小,或许在 1 小时内只有一个原子衰变。在相同的几率下或许没有一个原子衰变。如果发生衰变,计数管便放电并通过继电器释放一锤,击碎一个小的氢氰酸瓶。如果人们使这整个系统自在 1 个小时,那么人们会说,如果在此期间没有原子衰变,这猫就是活的。第一次原子衰变必定会毒杀了猫'。我们自己心里十分清楚,那只猫是非死即活,两者必居其一。可是,按照量子力学规则,盒内整个系统处于两种态的迭加之中,一态中有活猫,另一态中有死猫。但是,一个又活又死的猫,是什么意思呢?据推测,猫自己知道它是活还是死。然而,按照冯·诺伊曼的回归推理,我们不得不做出结论:不幸的动物继续处于一种悬而未决的死活状态之中,直到某人窥视盒内看个究竟为止。"①

按照常规的逻辑,我们大家都知道,一只猫非死即活,没有其他可能。但正像逻辑命题并非都是非真即假还存在不可证一样,按照量子理论,物理实在的存在也不必处在理想的某个本征态,而是表现为全部可能本征态的迭加之中的,不是可以靠逻辑概念分析所能把握的。这就是逻辑悖论所以揭示的深刻底蕴。

哥德尔指出的:"在算术化的元逻辑中有些普通概念不可定义。证明这一点的办法是假定该概念能到手,再由此推出矛盾;在论证中我们必须默认算术的一致性。"②很明显,其也是建立在矛盾律之上的。矛盾律是概念分别的伴随性定律,但如果追根寻底,那么除非承认局限性(概念分别的局限性,比如概念的不可定义性的存在),否则必然会导致不一致性(悖论)。

逻辑上,悖论往往分为三个不同的层面来被考察,即语形的、语义的和语用的。

语形悖论,也常常称为集合论悖论。罗素悖论、布拉里－弗蒂悖论和康托尔悖论等均属于这一类。凡是只要根据命题形式上的描述,就可以从逻辑上推导出矛盾的悖论,都属于这类逻辑悖论。

语义悖论,比如理发师悖论("一个小镇上有一位理发师,他给所有不给别人理发的人理发,那么谁给理发师理发?")就是一个典型的语义悖论。类似这样的悖论还有很多,如说谎者悖论、拜里悖论(不能用少于十八个字定义的最小整数)、"本命题为假"等等,都属于语义悖论。因为这类悖论的逻辑矛盾的导出涉及命题的语义分析,所以称为语义悖论。

---

① 戴维斯:《原子中的幽灵》,湖南科学技术出版社,1992,第 26—27 页。
② 王浩:《哥德尔》,上海译文出版社,1997,第 75 页。

语用悖论则是语义悖论的一种特定子类，往往涉及语用要素的背景知识，比如认知性悖论、行为性悖论等等。其中"突然演习问题"就是一个经典的语用悖论，即第二次世界大战期间，瑞典广播公司播出一则通告："下周内将进行一次防空演习，为验证备战是否充分，事先将没有任何人知道这次演习的具体日子，因此，这是一次突然演习。"①

再比如，在《罗马假日》的电影中，将手伸进怪兽嘴里时，如果伸手人预测结果正确，则怪兽不会咬住其手，否则会咬住其手不放。现伸手人预测怪兽会咬住其手不放，怪兽该怎么办？这也是一则语用悖论。

其实，除了上述普遍存在的这些悖论外，哲学上著名的二律背反问题，也都说明了悖论的普遍性和深刻性。而二律背反问题纯属是由纯粹理性能力之滥用于经验领域之结果，其关键之处有两点：①认定理性为无限制者；②认定理性为综合统一者。一个一致性，一个无限性，必然会导致自相矛盾，也就是逻辑系统中完备性与一致性所揭示的根本问题。正像罗素所总结的那样："在上述所有的矛盾中有一个共同的特点，我们可以将此特点描述为自我指称或自返性。"②

确实，滥用全称性、自指性，加上事物本质上的不可命名性、不可定义性等，是产生悖论的根本原因。这不但是一切理性思维领域产生种种悖论的原因所在，也是数学中会普遍存在悖论的原因所在。

## 第二节　悖论是无法从根本上消除的

为了消除这些悖论，数学家提出了许多解决方案，如罗素的类型论、塔尔斯基(A. Tarski)的语言层次理论、克里普克(S. A. Kripke)的有据性原则以及部分学的分举和合举区分原则。但这些方法都是不彻底的，不过是对逻辑思维和语言加以限制来摆脱悖论，因此，与其说是解决悖论，还不如说是回避悖论，根本没有真正解决悖论问题。于是，数学家们开始重新审视全部数学的基础，其中策梅洛(E-. Zermelo)提出并经弗伦克尔(A. A. Fraenkel)改进形成的集合论公理系统 ZF，就是一个不会产生悖论的集合理论。但结果再一次面临两难困境：为了确保数学基础的一致性，必须将数学局限在一定的范围内；若要把握万物的真性，那么就必须容纳悖论的不一致性。此时，甚至连选择公理和连续统假设的合理性也很快遭到

---

① 张建军：《逻辑悖论引论》，南京大学出版社，2002，第193页。
② 罗素：《逻辑与知识》，商务印书馆，1996，第74页。

怀疑。

我们知道,如果没有实无穷存在性的理论保证,那么就根本谈不上现代数学的完整性。那么,实无穷存在性是合理的吗?当年康托尔(G. Cantor)的实数存在性证明用的是反证法,但如果排中律无效(哥德尔定理),那么,这种反证法得出的结论是无效的,除非你可以给出实数存在的构造性证明。为此,如果能够证明自然数集的幂集与实数集等势,也即所谓康托尔提出的"连续统假设"是成立的,那么,由于自然数集的幂集的可构造,实数存在性也就有了保证。但遗憾的是,迄今为止,这一问题始终没有肯定的回答。

同样,选择公理也一样,我们不能想象,如果数学中没有了选择公理,那么真不知数学如何能够称其为数学。所谓选择公理是指:对于任意的非空集合 S,都存在一个选择函数 f,使得对于任意非空的 S 中的子集 x,都有:f(x)属于 x。意思是说从 S 个子集中选择一个元素总是成立的,而不管 S 的子集是不是无限多。应该说,这条公理在数学中是非常有用的,如果不允许使用这条公理,那么许多目前认为正确的数学结论就不再是正确的了。有趣的是,1924 年,波兰数学家巴拿赫(A. Banach)运用选择公理却证出了一个分球怪论:一个球可以做成与原球全等的两个球,于是这样经过 n 次分裂就一直能做成 $2^n$ 个与原球一样大小的球。这说明选择公理并不令人信服。

实际上,不管是连续统假设也好,是选择公理也好,我们都无法保证它们的正确可靠性。虽然哥德尔在 1940 年的《选择公理和广义连续统假设二者与集合论公理的一致性》论文中证明了连续统假设和选择公理相对于 ZF 公理系统是一致的,但却又指出它们的正确性却很有可能是不可证。而事实上,1963 年,斯坦福大学的数学家柯恩(P. J. Cohen)证明了连续统假设和选择公理都是独立于 ZF 公理的,从而确确实实指出了在 ZF 公理系统中,连续统假设和选择公理都是不可证的。

此时,我们就会明白为什么说,即使有了无矛盾的 ZF 公理系统后,其结果依然会再次面临两难困境了。因为对于 ZF 公理系统而言,其可靠性是建立在实无穷连续统假设和选择公理之上的,但这两者在现实中却都缺乏逻辑可靠性的。且不说实无穷给物理学带来的两难困境:量子理论刻画的物理世界明显不能支持实无穷的合理性,但广义相对论的宇宙时空却又离不开实无穷;就是选择公理也同样给抽象的数学带来了两难困境:承认选择公理将导致分球怪论,这明显与常识相悖;不承认选择公理也好不到哪里:"自 1963 年以来,在没有选择公理的模型中,平均每年会产生一个怪定理,例如连续函数变得不连续,一个空间会有两个维数,不可测集成了可测集,现行的大量定理都靠不住了。"①

数学基础上的这种裂缝,并非是任何数学手段的修正所能解决的,而是数学思维本性与数学所企图刻画真理的目标不一致的必然结果。克莱因在《数学:确定性的丧失》一书中,借用了一个非常有趣的比喻来讽刺那些视数学为真理化身的虚幻性:"在莱茵河畔,一座美丽的城堡已经矗立了许多个世纪。在城堡的地下室中生活着一群蜘蛛,突然一阵大风吹散了它们辛辛苦苦编织的一张繁复的蛛网,于是,它们慌乱地加以修补,因为它们认为,正是蛛网支撑着整个城堡。"②

其实,问题并不在于象征数学体系的这些蛛网,而是数学城堡本身的地基出现了裂缝,这种裂缝是根本无法通过"城堡"上层的结构所能修补的。必须清楚,任何高层的结构都是依赖于低层的,而不是相反。这一点,创立协同学理论的物理学家哈肯教授看得最为清楚:"现在我们面临来自协同学精义的重要认识:在很多情况下根本不存在有助于作出决定的更高层次的帮助。事实上,即使经过旷日持久的考虑,我们也不可能一劳永逸地解决矛盾。"③因为这些矛盾的根源,正像我们一再强调的,是源自事物本质上的自因性、源自事物从根本上是自我生成的循环本性。于是,当人们分析研究这种本性时,必然就会遭遇悖论,就一点也不奇怪了。就像瓦雷拉的研究所描述的那样:"为了研究自生成思想的循环特性,我提出了几个自参照的数学小概念,以便找出自举(即本体制造其自身的边界)的意义。自参照的数学概念涉及形式化的产生过程,反映了某物产生 A,A 产生 B,而 B 又产生 A 这种奇怪的局面。"④

很显然,任何终极事物或概念,都既具有他为性,同时又具有自为性,否则必存在着另一个事物或概念支配着它或它还依赖于另一个事物或概念的解释,于是就不可能是终极的。从语言学上讲,就是终极的必定是自指句式的。当数学要描述终极的真性的时候,自然就会遇到同样的处境。这其中的道理,切斯特顿(G. H. Cherton)用生动的语言讲述得非常直接明了:诗人只要求让他的脑袋进入天堂。逻辑学家却企图让天堂进入他的脑袋,于是他的脑袋裂开了。

事实上,如果数学依然要祈求完备性的"真",那么悖论就必定是不可避免的,

---

① 张奠宙:《20 世纪数学经纬》,华东师范大学出版社,2002,第 233 页。
② 克莱因:《数学:确定性的丧失》,湖南科学技术出版社,1997,第 283—284 页。
③ 哈肯:《协同学》,上海译文出版社,1995,第 105 页。
④ 布罗克曼:《第三种文化》,海南出版社,2003,第 204 页。

也是无法消除的。因为这样的"真"不但会涉及严肃的哲学问题,而且会涉及到人类生活的方方面面。而事情一旦涉及了哲学,悖论就会迎面而来。麦克塔加特在《存在的本质》中就明确指出:"任何哲学都不曾能够避免悖论,因为任何哲学,无论它可能显示出什么样的意图,都不曾能够把宇宙处理为它看起来所是的东西。"①"所以,雅斯贝尔斯告诉我们,一个企图摆脱循环论证和自相矛盾的哲学,'就其外表来说将流于平庸并且变得完全空虚。'唯一的问题是,它内部的预先和循环是否'有意义'。"②同样,当"真"涉及了人类的处境,那么悖论也是不可避免的。因为"如基尔凯郭尔所理解的,人的处境就其本质而言是悖论性的;因为一个暂时的'存在'仍属于永恒性"③。

说到底,我们对事物的一切认识,源自我们的大脑,而大脑本身就是一个自为的主体,悖论的不可消除,根源便在于这里,在于我们思维方式上的自为性和局限性。于是,一方面,论述任何不利于思维、心智、意识活动的存在的理论,必然都具有自毁性质,因为这些理论本身就是思维、心智或意识活动的结果。另一方面,我们又只能靠我们的心脑来认识事物(包括心脑本身),因此必定受制于心脑能力的局限,并且任何一致性的理论也必定是以心脑为根本支点的理论。我们可以否定客观世界的存在,但不能否定心灵的存在,这就是全部哲学的共同特点,否则必定产生自相矛盾的理论陈述或具有自毁性的命题陈述。当然,如果我们允许不一致性,那么我们可以随心所欲地建立各种异端邪说,并使其具有完备性,比如像宗教理论。它们能解释一切,又一切都不能解释,就看你如何去运用了,因为一切为"真"同一切为"假"是没有差别的。反之,如果我们不允许不一致,那么你就什么也不能说,正像西班牙作家、哲学家、语言学家乌那木诺(Miguel de Unamuno,1864—1938)指出的:"如果一个人从不自相矛盾的话,一定是因为他从来什么也不说。"④这样就根本无法刻画无处不在的真性。

情况之所以这样,就在于悖论从根本上讲是不可消除的。这是追求任何大一统理论的必然,不管是数学、科学,还是哲学,都是无法摆脱的境况。

---

① 巴斯摩尔:《哲学百年·新近哲学家》,商务印书馆,1996,第90—91页。
② 巴斯摩尔:《哲学百年·新近哲学家》,商务印书馆,1996,第533页。
③ 巴斯摩尔:《哲学百年·新近哲学家》,商务印书馆,1996,第527页。
④ 薛定谔:《生命是什么》,湖南科学技术出版社,2003,第75页。

## 第三节　数学悖论背后的蕴意

其实,从禅宗的观点看,数学基础所导致的这种结局是显而易见的。因为,就概念分别而言,如果又要把握终极真性(放之四海而皆准),那么"拟向即乖"是必然的,除了产生无法消除的悖论之外,别无可能。遗憾的是,就这样一个显明的道理,崇尚理性的数学家们却直到20世纪才幡然醒悟过来!问题出在哪里?问题就在于无限选择性:真性的周遍性需要无限的手段,但数学的手段又离不开选择分别,于是悖论就来了。

当然,真性是不可描述的,如果一定要说的话,那么真性一定与悖论结伴而来。假如数学要将"悖论"排除在外,那么同时也一定抛弃了"真性",结果必定是像哥德尔感慨的那样:"世界的意义就是事与愿违。"①自然,一旦有了这样的感悟,也就不难理解数学基础的裂缝,理解数学只要不放弃对真理的追求,那么必定会陷入二律背反的两难境地,并终于丧失了其绝对的确定性及其完备性。

导致数学这种最终结局的是万物的自因性本质,一旦数学企图用分析的方式去揭示万物的自因性时,就会呈现悖论。因此,从这个意义上讲,悖论也是语言拥有自指性的必然结果,说到底是语言所要描述事物自因性的结果。这也就是为什么所有的悖论都具有自指性的原因。比如一个著名的数学悖论是理查德悖论:所有描述自然数函数的语句由于其可列性,因此可以列举为 $f_i(i=1,2,3,\cdots,)$,现令 $g(i)=f_i(i)+1$,那么显然这也是一个可以用语句描述的自然数函数,但却不在上述列举的序列中,于是形成悖论。用更简单的陈述来刻画这种情况的是拜里悖论:"不能用少于十八个汉字定义的最小整数"却恰恰用了十七个汉字定义了该整数,你可以明显地看出其中的自指性。

这种自因性,禅师们看得很清楚。《祖堂集》中有这样一段描写:"有人于(马祖)师前作四划,上一划长,下三划短,云:'不得道一长,不得道三短,离此四句外,请师答某甲。'师乃作一划云:'不得道长,不得道短。答汝了也。'"②这里的底蕴与"不能用不多于十五个字定义的整数"却用十五个字定义了该整数,完全是一样意思,说的都是自因性。不同的是,禅师们不但明了这里的自因性,而且还超越了自因性。

---

① 王浩:《哥德尔》,上海译文出版社,1997,第331页。
② 静、筠:《祖堂集》,中州古籍出版社,2001,第470—471页。

自因性加上概念分别就会导致"自相反驳",于是,"自相反驳"也就成为广泛存在的一种现象,只要系统或理论所刻画的事物足够复杂。比如(逻辑)实证主义哲学因其是一种"不容纳合理哲学活动"的哲学,因此,其是"自相反驳"的。同样,无政府主义也是"自相反驳"的。推而广之,唯物主义也是"自相反驳"的,禅宗的不立文字也是"自相反驳"的,等等。凡对形而上终极的形而下(语言的)讨论,都将是"自相反驳"的,因为说"不可言说"本身就是"自相反驳"的。当然,相对主义也是"自相反驳"的。对于"自相反驳"的理论,我想说的是:并不要因为其从根本上不满足一致性要求,就否认其合理性或有用性,任何完善的理性(特别是包罗万象的理论)一定是"自相反驳"的,这是由完备性与一致性的根本性矛盾所规定的:要么接受一个有限的一致性理论,要么容纳"自相反驳"而使之放之四海而皆准。因此,某种主张或理论是"自相反驳"的并非一定是什么坏事,更不应因此而受到攻击。像普特南所做的那样,持"自相反驳"的尚方宝剑(一致性要求)到处"说三道四",是要令人厌恶的,况且,这种攻击往往是混淆基层与元层关系的结果。

理论抽象概括确实能够通过干练的规则和定律来给出丰富多彩的经验事实之描述,但同时也会把非经验事实引入到该理论覆盖的范围之中。这就是每一次高度抽象,在更概括、更完美的描述经验事实的同时,也引起了更多的虚幻事实或矛盾结果。比如引进自然数概念的同时,我们也引进了无限概念;在引进整数概念的同时,我们引进了负数的概念;引进实数的概念就意味着经验世界必须是连续性的;而引进了复数概念(纯粹是为了理论上的"完美性"),我们不得不接受不合常理的虚数概念。如果我们的宇宙根本就是有限闭合的(广义相对论)、不连续的(量子理论)、不可证的(哥德尔定理)等,那么这些概念的引入,就只能是纯思维概念游戏的结果,覆盖的只能是非经验事实领域。也许我们一厢情愿地去概括抽象以形成所谓的大一统理论,本身就是不足取的,我们只是应该"吃饭睡觉"非思量地生存在这个生存环境中,顺应自然而不是与自然对立,融入自然环境中而不是总要去研究自然,甚至狂妄地要改造自然——到头来"改造"的恐怕只会是我们自己。因为自然是浑然一体的,我们只是其中的有机部分而已。

总而言之,建立在通过局部事实而归纳出的理论之上,来想当然地类推到全局中去的这种思维虚幻,是导致人类狂妄自大的根源。局部的成功并不能说明超出人类把握能力的全局适用性。实际上,一致性和完备性两者不可皆得的所谓矛盾,充斥着我们的生活以及对真、善、美的追求之中。"人类生活就是这样奇特地充满着自相矛盾,当我们似乎以直觉彻底解决了这些矛盾时,就不存在区分矛盾的需要了。"①

于是,倘若我们真的要超越悖论的话,除了直觉体悟之外,没有其他途径。艺术和禅悟就是这种直觉的两种解决方式:艺术依靠直觉美感来解决矛盾,而禅悟则依靠空观来空掉矛盾。总之,我们不需要分别矛盾,需要的是直觉人生,率性为道。这也是对待生活的原则。因为"柏格森坚持认为,倘若我们真正想要理解'生命'的话,那么我们就必须放弃逻辑的那些明确的区分,而直觉地去追随生命的整体轮廓,并且切不要尝试去把生命硬塞入理智所欣赏的那些刻板的框框之中"②。

这里,放弃概念分别而后关注生命,就有点禅宗不立文字、直指人心的味道了。其实,概念完全是人为制造的东西,是为了方便对事物的研究而人为设立的。"人类思维所使用的概念,就其性质而言,无非是竭力认识处于无可挽回的自相矛盾状态中的有限事物。……(例如),在断定物质具有固有属性时,要么作错误的假设,认为物质及其性质是独立的;要么作毫无意义的假设,认为物质与其性质是同一的。……。再拿性质与关系来说,它们各自的意义要靠对方决定,但在一方获得独立意义之前,任何一方不能获得意义。……。类似的考虑推翻了人们除整体之外所有关于时间、空间、原因、变化、自我等普通概念。"③

因此,当涉及事物的自因本性时,就不存在可以分别描述的概念了。因为这样的概念如果有的话也只能以整体关联的形式存在于一个密不可分的整体中,对任一"概念"的分析都会动一牵百,无法独立进行。比如概念的具体分析,离不开时间和空间的参与,而时空概念本身,又反过来是知觉对象概念基础上产生的。或者这样说,所有我们朦胧感觉到的分别概念,实际上却只能是一个浑然整体,不可分别。因此,任何概念分析要么是同义反复、循环论述,要么就是归于悖论——总之,都是不可能的。而对事物共性和个性的讨论,其基础便是预先承认概念分别是合理的这一前提,并且反过来强调事物共性和个性又无疑会加强这一前提的合理性,因此,任何作这样的分析都顶多是一些靠不住的自圆其说罢了。

很明显,这一切均源于概念分别之上,应该看到任何概念分别必然都会导致自相矛盾。至于感觉,尽管不包含关系(因而有概念分别),但却缺乏整体性。于是,为了要描述具有自因性事物的能力,足够强大的语言,不管是自然的还是形

---

① 燕卜荪:《朦胧的七种类型》,中国美术学院出版社,1996,第384页。
② 巴斯摩尔:《哲学百年·新近哲学家》,商务印书馆,1996,第119页。
③ 希尔:《现代知识论》,中国人民大学出版社,1989,第16—17页。

的,必须要求具有自指能力,而语言有了这种自指性也就无法避免落入悖论的结局。

总之,基于概念分别(这是一切语言的根本属性),又妄想企及终极真性,那么,除了落入悖论外,别无其他可能。反过来也说明,对真性的体悟也只有通过揭示悖论才能达成。或者说,科学方法的终极追求,一定会落入禅境的遭遇之中。

# 第五章

# 禅悟的超元思维

要划定思维的界限,我们必须能从这两个界限的两个方面来思考(因此,我们必须能够思考不能思考的事情)。

(奥)维特根斯坦[1]

《祖堂集》在讲述赵州从谂禅师事迹时有这么一段记载:"师有一日向七岁儿子云:'老僧尽日来心造,与你相共论义。你若输,则买糊饼与老僧;老僧若输,则老僧买糊饼与你。'儿子云:'请师立义。'师云:'以劣为宗,不得诤胜。老僧是一头驴。'儿子云:'某甲是驴粪。'师云:'是你与我买糊饼。'儿子云:'不得,和尚,和尚须与某甲买糊饼始得。'师与弟子相争,断不得。师云:'者个事,军国事一般,官家若判不得,须唤村公断。这里有三百来众,于中不可无人。大众与老僧断:宾主二家,阿那个是有路?'大众断不得。师云:'须是具眼禅师始得。'三日以后,沙弥觉察,买糊饼供养和尚矣。"[2]

这则公案讲的是一种元"争胜"的问题,也就是讲,"争劣"本身,就是一种"争胜",因此违反了"不得诤胜"的初衷。推至终极,涉及的便是禅宗的元模式转绎的超元思维机制,代表的是一种彻底超越逻辑概念分别的顿悟心法。

## 第一节 禅悟是一种超元思维

我们知道,禅宗的根本宗旨可以概括为:教外别传,不立文字;直指人心,见性成佛。禅悟的启发方式基本上是一种"以心观心"具有"元"操作意味的顿悟思维方式。让我们从如下的例子中先来感悟这种元思维特质:

---

[1] 维特根斯坦:《逻辑哲学论》,商务印书馆,1962,第20页。
[2] 静、筠:《祖堂集》,中州古籍出版社,2001,第592页。

(1)问:"凡有言句,尽属不了义。如何是了义?"(招庆)师云:"若向阇梨道,还是不了义。"进曰:"为什摩如此?"师云:"阇梨适来问什摩?"①

(2)问:"如何是学人本来心?"(招庆)师云:"即今是什摩心?"学云:"争奈学人不识何?"师云:"不识识取好。"②

(3)问:"环丹一颗,点铁成金;妙理一言,点凡成圣。请师点。"(招庆)师云:"不点。"学云:"为什摩不点?"师云:"不欲得抑良为贱。"进曰:"与摩则不欺于学人去也?"师云:"莫闲言语。"③

其中,(1)讲的是"言句都是不了义"本身也是不了义,是元不了义;(2)讲的是"不识"是元识;(3)不点之点,是元点。均是通过元思维模式来启发后学。

前文我们说过,禅宗的这种思维方式,有时经常被认为是一种反理性、反逻辑、反语言的。但事实上,它不但拥有一种深奥的哲理,而且同样也拥有一种深奥的逻辑基础——这就是后来被哥德尔用显明方式所揭示的完备性与一致性的悖论逻辑规律——在禅悟的实践那里得到了完美体现。

我国学者杜继文认为:"这种置逻辑矛盾于不顾,或模糊矛盾的现象,说明禅宗在哲学的理性思考之外,还存在另一种思维方式,按法国人列维-布留尔的说法,也可以叫作'原逻辑的思维',即属于不合逻辑推理,而往往导向神秘主义的一种思维模式。"④依我们看,禅宗的这种思维方式,是一种超越逻辑推理的元思维模式,禅宗建立了这种超逻辑的逻辑思想体系,或可称为超元思维的逻辑思想体系:不但允许矛盾的表述,更重要的是通过层次跳跃(跃阶)来化解言语矛盾。只是每一次跃阶,使用的"元"操作多一层,逻辑本体也跟着退一步,直至体验最终的"真如"本体;那个无限"元"的极限,即真如佛性。请再看这种元思维启发的一些例子:

(4)问:"大庾岭头趁得及,为什摩提不起?"(投子)师提起衲衣。僧云:"不问这个。"师云:"看你提不起。"⑤

(5)问:"如何得不犯目前机?"(投子)师曰:"犯也。"僧曰:"什摩处是犯?"师曰:"适来道什摩?"⑥

---

① 静、筠:《祖堂集》,中州古籍出版社,2001,第438页。
② 静、筠:《祖堂集》,中州古籍出版社,2001,第439页。
③ 静、筠:《祖堂集》,中州古籍出版社,2001,第439页。
④ 杜继文:《中国禅宗通史》,江苏古籍出版社,1993,第13页。
⑤ 静、筠:《祖堂集》,中州古籍出版社,2001,第205页。
⑥ 静、筠:《祖堂集》,中州古籍出版社,2001,第205页。

(6)云岩问:"一句子如何言说?"(药山)师曰:"非言说。"道吾曰:"早说了也。"①

其中,(4)讲的不是衲衣提不提起的问题,而是对"提不起"本身提不起的问题,是元提不起;(5)讲的是"不犯目前机"之问正是犯了目前机,是元犯;(6)讲的是"非言说"本身就是一种言说,是元言说。

如果说对象思维活动属于佛教中所指的现识与分别识,那么这超元思维转绎机制就是指佛教中的"真识"。在《楞伽阿跋多罗宝经·一切佛语心品之一》中称(借佛之口):"大慧,诸识有三种相,谓转相、业相、真相。大慧,略说有三种识,广说有八相。何等为三,谓真识、现识及分别事识。……。大慧,现识及分别事识,此二坏不坏,相展转因。……。大慧,若覆彼真识,种种不实诸虚妄灭,则一切根灭,是名相灭。大慧,相续灭者,相续所因灭,则相续灭。所以灭及所缘灭,则相续灭。如是,大慧,转识藏识,真相若异者,藏识非因。若不异者,转识灭,藏识亦应灭,而自真相识不灭。是故大慧,非自真相识灭,但业相灭。若自真相识灭者,藏识则灭。"②

这里"分别事识"即逻辑思维之识,"现识"则为"感知觉",因此说这两识是相互依存的("相展转因"),至于真识,则为藏识的代表。只有一切转相、业相、真相之识均断言到达了非思量的状态,才会断灭。此时得"自觉之境界"或"自心现境界"。大凡对于不可思议终极本体的体悟,无不如此。因为我们人类思维的特点,就是具有一种层层转识的机制,按照侯世达教授的分析,那就是:"思维的每一个方面,都可以看成是从较高的层次上描述的一个位于较低层、受某些简单的乃至形式的规则支配的系统。"③而"要想了解像大脑这样的复杂系统,唯一的方法是越来越高的层次上对之组块,因而每一步都要损失一些严格性。出现在最顶层上的,是一个'非形式系统',它要服从许多复杂到我们找不到合适的词汇去思考的规律"④。这个"非形式系统"就是禅悟的超元思维机制。

当然,心灵的元思维不仅仅在禅师们实践中可以见到,其实,在其他场合也一样可以遇到。比如,量子理论中的泡利不相容原理是针对波动力学对粒子态而言的,由于存在着符合和不符合该原理的粒子种类,而精确地同时肯定这符合与不符合也是不可能的。因此,在某种意义上就有元测不准关系的问题,就像有语言

---

① 静、筠:《祖堂集》,中州古籍出版社,2001,第159页。
② 河北禅学研究所编:《禅宗七经》,宗教文化出版社,1997,第60页。
③ 侯世达:《哥德尔、艾舍尔、巴赫》,商务印书馆,1997,第735页。
④ 侯世达:《哥德尔、艾舍尔、巴赫》,商务印书馆,1997,第736页。

和元语言一样,对量子力学而言,也有一个元测不准关系,指对测不准关系的测不准。因此,理解量子理论,也用得着这种元思维模式。但凡涉及对终极意义的领悟问题,我们都会面临这样的场景。

唐代禅师们的一些机锋问答可以说明这样的一种超元思维模式。比如:"僧问:拟即第二头,不拟即第三首,如何是第一头?(师浩传心大师)师曰:收。"①这里不拟也是拟,是"不拟"之拟,所谓"雪上加霜,头上安头"故是"元拟",要了此等"元拟",只收心即可。

也许,从上述论述中你也可以理解这样的一则公案了:"(药山)师书一'佛'字,问道吾:是什摩字?'吾曰:是'佛'字。师曰:咄!这多口阿师。"②很显然,对于像"佛"这样喻指无限的概念,如果不是用元思维操作的层层转绎,是不可能真正体悟"佛"字底下的喻指本义的。

因为,所有的概念分别都是虚妄不实的,是缘起性空的,更不用说相互依存的有限与无限的概念了。"因此,关于无限存在的观念必须是由另一种更为强大的智慧植入人的智慧之中的;考虑到效果应该和原因符合,那么如果真实存在的无限智慧没有被放置在那里,则这样的一个概念就不会形成。……。我们智慧关于无限的观念,必定是一位真正无限的作者在原因上造成的。……。(因为)在逻辑上不存在从有限世界通向无限的途径。"③于是就需要顿悟性的超元思维来应对不可分别的终极概念。"之所以不能划定明确的概念范围,不是因为我们缺乏逻辑推理的能力,而是因为被分析的现实具有特有的性质。"④

就像不可计算问题一样,是问题本身性质所决定的,并不依赖于计算装置和方法。概念分别也一样,从根本上讲是受人类认识能力局限性所限定的,或者说是受逻辑分析思维方式本身的特性所限定的——追求精确的概念分别必将适得其反,导致一致性的崩溃,即所谓"物极必反,否极泰来"。

从逻辑上讲,这样的超元思维就是要从概念分别的此岸,"顿悟"到真如佛性的彼岸。也就是禅宗中所说的,从指月之"指"到指月之"月"的达成。唐朝丹霞天然禅师在其《玩珠吟》中指出的:"演教非为教,闻名不认名。二边俱不立,中道不须行。见月休看指,归家罢问程。识心岂测佛,何佛更堪成?"⑤讲的就是这层意思。对于终极本体的体悟而言,唯此才有实现的可能。或者说,最终,这样的

---

① 道元:《景德传灯录》,成都古籍书店,2000,第431页。
② 静、筠:《祖堂集》,中州古籍出版社,2001,第160页。
③ 柯拉柯夫斯基:《宗教:如果没有上帝…》,三联书店,1997,第56页。
④ 柯拉柯夫斯基:《宗教:如果没有上帝…》,三联书店,1997,第2页。
⑤ 静、筠:《祖堂集》,中州古籍出版社,2001,第149页。

"禅悟逻辑"也必须依赖于"顿悟",而不是依赖于经验的概括和分析。

具体在这种超元思维的运用时,禅师们有着不同的表现形式,其大致可以按照四料简归纳来分类,即:"有时夺人不夺境,有时夺境不夺人,有时人境俱夺,有时人境俱不夺。"①这些夺境、夺法、夺人之说,当作手段解,在当下层次上生出悖论,非夺去其生境不能出其层次,此乃夺境法;知夺境而执于夺境法,又生出高层次悖论,则非夺去其境法不能出其层次,此则为夺法法……,层层缠结无穷尽,万般思量皆源人,故夺人是究竟法。请看:

(7)(百丈):"但是一切言教,只明如今鉴觉性,自己但不被一切有无诸境转,是故导师,能照破一切有无境,法是金刚,即有自由独立分。"②

(8)有人问:"如何是第二月?"(岑和尚)师云:"正是第二月。"又云:"恰是。"③

(9)问:"如何是玄?"(大同)师云:"返去。""如何是玄中又玄?"师云:"不返去。"④

其中,(7)是正说,要不被一切诸境转,突破一切言语概念有无之境,方能得自在觉性;(8)这里第二月是相对第一月而言的,喻之对第一义根本之道的言说。所以,讲的询问"第二月"本身正是"第二月",是元言说;(9)点明"玄"是不可言是否的,所以,既肯定又否定。

的确,这样的禅法颇不合逻辑,但如从跨层次上看,一层次的矛盾,往往蕴涵着另一层次的意念,推及终极,便是了悟的那个不可言说的佛性。所以说,禅法是一种跨层次的逻辑思维,而逻辑三段论只是同层次中的逻辑思维。跨层次必须迫使跳出思量层次,通过自缠结式的悖论,发人猛醒,从而进入非思量而"悟"在其中也!这便是禅悟的超元思维。"这类活动与艺术地表现自我有许多相通之处,它们大都不需要逻辑思维的直接参与,甚至可以与逻辑思维完全对立,而并不影响它们获得完美的实现。"⑤不是与逻辑思维对立,而是跨越单层面的逻辑思维,是在不同层面的"逻辑思维"之间跃阶。逻辑思维是指在确定的逻辑层面(体系)内进行运演,而顿悟超元思维则是在不同的逻辑体系(层面)之间进行运演,所以自然比逻辑思维更丰富和完美。

---

① 杜继文:《中国禅宗通史》,江苏古籍出版社,1993,第316页。
② 静、筠:《祖堂集》,中州古籍出版社,2001,第490页。
③ 静、筠:《祖堂集》,中州古籍出版社,2001,第579页。
④ 静、筠:《祖堂集》,中州古籍出版社,2001,第522页。
⑤ 杜继文:《中国禅宗通史》,江苏古籍出版社,1993,第14页。

## 第二节　超元机制的形式刻画

如上所言,禅悟是一种超元思维,主要特点是通过层次跳跃(跃阶)来化解言语矛盾。只是每一次跃阶,使用的"元"操作多一层,逻辑本体也跟退一步,直至体验最终的"真如"本体;那个无限"元"的极限,即真如佛性。如果我们将逻辑的逻辑称为元逻辑并将"元"作为一种算子,便可以实现逻辑层次之间的跃阶运算,经无限次"元"运算的结果就是本源极限(其中无限次元逻辑的真值)。逻辑层上的命题进行了"元"操作,就跃阶到元逻辑层上的命题。建立这种命题逻辑,大概就可以作为禅悟这种超元思维机制的一种"形式"描述吧!

我们知道,"按照通常的观点,'X'的矛盾命题是'非X',后者在本质上是与X相对立的;那么,任何绝对,无论它是多么慷慨地大包大揽,也不能把'X'和'非X'一起拥进它一致的怀抱。"[①]因此,为了避免悖论并保持至关重要的逻辑一致性,哲学家和科学家们宁愿承认存在不可判定问题,也不会丢掉概念分别这一基本预设。但禅悟的超元思维则完全不同,认为导致二律背反的终极原因就是预设的概念分别,要消除二律背反,归根结底就要摒弃概念分别。因此,对于禅悟而言,其所把握的性空则是超越了"X"和"非X"。

这样,首先我们设"□"为一种元否定算子,称为"顿悟算子",这一算子的主要目的就是要撤走全部西方哲学和科学的立足点。当然,这必定导致价值中的所有差别都消失殆尽,以摒除概念分别为前提。于是,禅师所说的"思量个非思量"就可以表示为:非思量 = □(思量∧不思量)。同样,白居易一语道破了禅悟天机的"不离妄有,而得真空",也可表示为□(A∧非A)。注意,这里A是有,非A是空,而真空或空空并非是非非A,而是不离妄有的否定,即A同时非A并加□算子,即□(A∧非A),这才是元思维的否定思想。因此,□算子是一种特殊的双重否定,用通常的逻辑比较,其表示的不是∽(∽A),而是□(A∧∽A),这才是真实有意义的否定之否定,是带有一种飞跃的再否定而不是简单地回到原地A。

类似的禅机还有:"法本不有,莫作无见;法本不无,莫作有见。""佛法在世间,不离世间觉,离世觅菩提,恰如求兔角。""空不自空,因有故空。"等等都是从不同的角度阐述这同一义理:"色不异空,空不异色,色即是空,空即是色。"为了"真空"必须"色""空"同存,相互缠结,去其一端便入分别,都归入"有"观。因此,真

---

① 巴斯摩尔:《哲学百年·新近哲学家》,商务印书馆,1996,第76页。

正的"空"观,一定是"中道"的"空观"、是相互缠结的"空观"、是双遣双非法的"空观",等等,也均可以如是表示。

□(迷∧悟)→真悟,对于这个超元思维公式,其本身就隐含着自指,即对开悟本身的开悟,恐怕这是禅悟思维中回避不了的自我缠结,是对□的一种自定义。另外,从矛盾命题∽A∧A可以推出一切为真,也就意味着可以推出一切为假,因为对任意命题Q,∽Q也为一命题且为真,故Q为假。这正是禅宗所要的结果:无真假之分别。因此,禅宗特别采用反常识、自指、矛盾说教来启发参禅者,其中隐含的逻辑基础不言而喻。南怀瑾在《禅海蠡测》一书中有:"灵山会上,佛告迦叶:'吾有正法眼藏、涅槃妙心、实相无相法门。'此之数语,即为心宗禅门之宗旨。……。悟之者,是则全是,非则全非。"①讲的就是这种不落边见的中观之道。

日本学者阿部正雄甚至指出:"'有'与'无'或肯定与否定之间的对立是内在于人的,从存在上说它就是所谓'人的痛苦'。不是人有这样一种二律背反,而是人就是这种二律背反。因此,这种否定之否定并不表示一种客观或外在式否定的逻辑发展,而是表示一种严肃的内部斗争和对内在于人的存在的二律背反的最终突破。"②

类似,西方神学家也有这样的认识:"最接近神之不可言说意义的方法是'否定方法'(Via egationis)。通过否定其具有包含在有限之物或被造之物中的各属性,无限的或超验的存在才能得以描述。在某种意义上'否定方法'是一位反对那些谈论或思考上帝之方式的伟大卫士,那些谈论或思考上帝的方式把上帝降格为可操纵的实体。所以,这种方法也是反对偶像崇拜的伟大卫士。"③

不过,单纯的□算子作用还会在作用后的层次上落入元概念分别的信念之中,因为"对我们试图证明的每个信念来说,总有一个进一步的信念,第一个信念的证明就依赖于这个信念的证明。而且,既然这种回归是无穷的,任何信念就都是被有条件地证明的"④。这样分别的无穷递进,就免不了会落入无穷回归之中,而禅悟的超元思维就是为了摆脱这种回归的。因此,在我们的形式描述中,还必须考虑这里"超元"机制,即指"元"的无穷回归,也即通过"元"算子的无穷回归来超越分别的无穷回归。

就简单情况来说,把□算子取为否定本身,那么就有:

---

① 南怀瑾:《禅海蠡测》,中国世界语出版社,1996,第11页。
② 阿部正雄:《禅与西方思想》,上海译文出版社,1989,第188页。
③ 麦奎利:《谈论上帝》,四川人民出版社,1997,第16页。
④ 丹西:《当代认识论导论》,中国人民大学出版社,1990,第62页。

$$□(A∧\sim A) = \sim(A∧\sim A)→\sim A ∨ A→T$$

也即不管 A 命题为何,对 A 的否定和肯定的共同否定,必然导致永真。这一结论同承认矛盾 A∧∼A,可以推出任意命题为真是一样的,因此,□(A∧∼A)意义上的永真便不是通常取真值 T 的意义,而是一种超越 T 和 F 层面意义上的永真,可记之为 T(1)。并且依次类推,我们可以有一层套一层的永真 T(i),并直至 T(∞),这便是顿悟算子□(而不能归结为∼)的意义所在,因为□(A∧∼A)不是简单意义上的 T,而是包含了任意意义上永真的真,当然,这个永真是相对于 T 和 F 构成的推理层次而言的。

实际上,从 A∧∼A 可以推出任意命题为真的事实来看,A∧∼A 也确实不同于一般的真。另外,从自指句 A: A→B 同样也可以推出任意命题 B 为真,因此,自指与矛盾一样,都是反映了顿悟本质上的规律。这也就是为什么哥德尔与禅师们会殊途同归的原因,也是禅宗公案中充斥着反常识、矛盾、自指的原因。这里永真相当于绝对的无,是对"有"和"无"的否定或者说顿悟。这样的分析同样适用于冤亲词构成分析,如"大智若愚"可表示为大智 = □(智∧愚),"大直若曲"同样可表示为大直 = □(直∧曲),如此等等,不一而足。

总之,禅悟超元思维逻辑化设想要点是引入顿悟算子并定义不同逻辑层次的逻辑真值及其语义解释模型。系统地看,其逻辑真值和顿悟算子定义为:

(1)平凡层次的逻辑真假定义为:真,假,记为 T(0),F(0)

(2)i 级层次的逻辑真假定义为:T(i) = □(T(i−1)∧F(i−1)),F(i) = ∼T(i),其中□为顿悟算子。注意,由于当推理容许矛盾时,可以推得任意命题为真,因此,定义□(T(i−1)∧F(i−1)) = T(i)是合理的。

此时注意,当你执着于"真""假"之别时,禅宗就要否定"真""假",混同"矛盾"("真"且"假"),并称认识到这一点所隐含的真义,便称为"真如"(见性)。于是顿悟,可表示为□(T(0)∧F(0))→T(1),因为在 T(0)层面上 T(1)表示"一切众生皆有佛性"之说,但当你执着于这"真(1)"时,禅宗又要否定这"真(1)"与"假(1)"(∼"真(1)")之分别,认为□(T(1)∧F(1))→T(2)这一混同"真(1)"与"假(1)"的结果才是"明心见性"之真见,这样以至无穷。这也就是禅宗借助于言语分别又要摈除言语分别的困难所在和晓以禅悟的手段。

应该清楚,在任意一次运算□中,目的都是要从中悟解本根"真如",一旦执着者误以为这"真如"也有"有""无"时(分别之念起),则禅师不得不再加以否定。这也就是为什么在禅宗的发展史中有那许多"说法""讲道",并且多有相互抵触之处(表面上)的原因。所以,"真如"若用逻辑的话讲,就是"真如"可"真",非常"真",有如老子的"道可道,非常道,名可名,非常名"一样意思。也是释迦在《金刚经》中所说的"所言法相者,即非法相,是名法相"一样的意思。通过否定之否定来借假"分别之言"示"无分别之旨"。例如赵州从谂与普愿的对答:

从谂:如何是道?

普愿:平常心是道。

从谂:还可趣向否?

普愿:拟向即乖。

其中"拟向即乖"对应到 $\Box(T(0) \wedge F(0)) \to T(1)$ 上。同样,如果认起 $T(1)$ 来,则马上就要得出 $F(1) = \sim T(1)$(拟向即乖),于是"如何是道"也就成为 $\Box(T(1) \wedge F(1)) \to T(2)$ 了,如此等等,因此,只有"无拟向"的平常心才是道($T(\infty)$)。或者如《中庸》里所说的那样:"率性之为道。"也就是说:"平常心无造作,无是非,无取舍,不断常,无凡无圣。……。只如今行住坐卧,应机接物尽是道。"①对"平常心"的这种解释,几乎可以为禅宗的一切禅师所承认,也确实反映了禅宗思想的核心。

哲学上的不断重建,也和禅悟中的不断否定一样,一理论或禅语变成了仅仅是字面的教条,就需要重建新的理论或禅语,以便揭示原本理论或禅悟深层所喻指的真理,而不是被真理化身的文字概念的表层所蒙蔽。因此,对于顿悟逻辑算子而言,不断升级的推演也只是为了喻指其不能用符号所表达的至极底蕴,即有:

$T(1) = \Box(T(0) \wedge F(0))$ 　　　　　　　　　　　了悟(1)

$F(1) = \sim T(1)$ 　　　　　　　　　　　　　分别又起→教条(1)

$T(2) = \Box(T(1) \wedge F(1))$ 　　　　　　　　　　　了悟(2)

……

$T(\infty)$ 　　　　　　　　　　　　　　　　终极了悟→真如

这便是禅语所隐藏的逻辑!

例如,对于《古尊宿语录》的一则语录:"触恶住恶,名众生觉。触善住善,名声闻觉。不住善恶二边,不依住将为是者,名二乘觉,亦名辟支佛觉。既不依住善恶二边,亦不作不依住知解,名菩萨觉。既不依住,亦不作无依住知解,始得名为佛觉。"②就可以描述为:不住善($A$)且恶($\sim A$)二边,即($\sim(A \vee \sim A) = \sim A \wedge A$)为二乘觉;$\Box(\infty)(\sim A \wedge A)$便是佛觉。

这就是我们对禅悟超元思维的形式化描述的说明,为刻画禅悟获得真如佛性过程,做一些逻辑上的解说,或有助于读者了解禅悟超元思维的特点,从而觉悟那如如之心。

---

① 道元:《景德传灯录》,成都古籍书店,2000,第595页。
② 绩藏主:《古尊宿语录》,中华书局,1994,第20页。

## 第三节 禅悟,万法了然于一心

如上所言,禅悟是以"心"观"心"以至无念之"心"的一种超元思维过程。这里观心之"心"是"心"之用,所观之"心"是"心"之体,此两"心"实为一"心",而禅悟就是要使体用合一,了见这合一的无念之"心",即"本心"。根据上面对超元思维作用的分析,所达"本心"就是概无分别之心:一真则一切真,一有则万法有。因此,禅悟之心,便是万法归一之心。禅悟的目的,不是要了然禅悟之过程,而是要体悟这万法归一的本心,从而使万法了然于一心。这一点,宗密在其《禅源诸诠集都序》中论述的比较全面:"若直论本性,即非真非妄无背无合无定无乱,谁言禅乎?况此真性非唯是禅门之源,亦是万法之源,故名法性;亦是众生迷悟之源,故名有如来藏藏识;亦是诸佛万德之源,故名佛性;亦是菩萨万行之源,故名心地。"[1]

因此,这样的禅悟之心必定是超越了概念分别的。佛言:"汝心若在根尘之中,此之心体,为复兼二,为不兼二?若兼二者,物体杂乱。物非体知,成敌两位,云何为中?兼二不成,非知不知,即无体性,中何为相?是故应知,当在中间,无有是处。"[2]及"常言觉知分别心性,既不在内,亦不在外,不在中间,俱无所在,一切无著,名之为心"[3],讲的就是这层意思。然又因其是不可分别的,所以,万法除从此一心而生,便无他途了。于是言说"心生种种法生,心灭种种法灭",就成为禅宗心性学的主旨。比如下面罗列的语录,都是表达这一主旨的:

(1)(怀让禅师)又曰:"一切法皆从心生,心无所生,法无所住。若达心地,所作无碍。非遇上根,宜慎辞哉!"[4]

(2)师于是为说法要,曰:"夫百千妙门,同归方寸;恒沙妙德,尽在心源。一切定门,一切慧门,悉自具足。……。境缘无好丑,好丑起于心。心若不强名,妄情从何起?妄心既不起,真心任遍知。"[5]

(3)起信论云:"三界虚伪,唯心所作,离心则无六尘境界,乃至一切无分别。

---

[1] 道元:《景德传灯录》,成都古籍书店,2000,第248页。
[2] 河北禅学研究所编:《禅宗七经》,宗教文化出版社,1997,第148页。
[3] 河北禅学研究所编:《禅宗七经》,宗教文化出版社,1997,第148页。
[4] 道元:《景德传灯录》,成都古籍书店,2000,第81页。
[5] 静、筠:《祖堂集》,中州古籍出版社,2001,第94页。

即分别自心,心不见心,无相可得,故一切法如镜中相。"①

值得注意的是,禅宗所讲的"心",有不同层次的多种含义。宗密在《禅源诸诠集都序》中指出:"泛言心者,略有四种,梵语各别,翻译亦殊。一、纥利陀耶,此云肉团心,此是身中五藏心也。二、缘虑心,此是八识,俱能缘虑自分境故(色是眼识境,乃至根身种子器世界,是阿赖耶识之境。各缘一分,故云自分)。此八识各有心所善恶之殊。诸经之中,目诸心所,总名心也,谓善心恶心等。三、质多耶,此云集起心,唯第八识,积集种子生起现行故。四、乾栗陀耶,此云坚实心,亦云贞实心,此是真心也。然第八识无别自体,但是真心,以不觉故,与诸妄想有和合不和合义。和合义者,能含染净,目为藏识;不和合者,体常不变,目为真如,都是如来藏。……。前三是相,后一是性,依性其相,盖有因由;会相归性,非无所以,性相无碍,都是一心。迷之即触面向墙,悟之即万法临境,若空寻文句,或信胸襟,于此一心性相,如何了会?"②

因此,佛教的"心"大致是指:(1)肉团心,即物质的心,对应到物质脑;(2)缘虑心,具有思考作用的心,也就是视、听、嗅、味、触、意之六识;(3)集起心,积集种子生起现行的第七识,也称末那识,对应到自觉意识;(4)如来心,即众生乃至宇宙万物中具有真实本性的真心,也称阿赖耶识,对应到神经动力系统的混沌不动点,超稳定状态。③

而万法归一之心,是指最后的如来心,有时也称:(1)菩提心:求无上菩提之心;(2)如来藏:如来赤子之心;(3)佛性:清净心性、万物体性、真实本性、空性、智慧、殊脱禅定、佛果境界,无上果位正等正觉之心;(4)阿赖耶识:种子心,万物的本源。这个种子心,在《楞伽师资记》则又有其他别称(体用方面):"当知佛都是心,心外更无别佛也。略而言之,凡有五种:一者,知心体,体性清净,体与佛同。二者,知心用,用生法宝,起作恒寂,万惑皆如。三者,常觉不停,觉心在前,觉法无相。四者,常观身空寂,内外通用,入身于法界之中,未曾有碍。五者,守一不移,动静常住,能令学者,明见佛性,早入定门。"④

其实,不管如何称名,作为这万法归一的"真心",就是终极本体的心,是梵我

---

① 宗密:《禅源诸诠集都序》,载石峻,《中国佛教思想资料选编》,中华书局,1981,第二卷第二册,第439页。
② 宗密:《禅源诸诠集都序》,载石峻,《中国佛教思想资料选编》,中华书局,1981,第二卷第二册,第429页。
③ 阿赖耶识,指达到无记之态,即善恶迭加或不分善恶之态。
④ 石峻:《中国佛教思想资料选编》,中华书局,1981,第二卷第四册,第164页。关于心性范畴及其关系参见方立天,《中国佛教哲学要义》,中国人民大学出版社,2002,第281页中的图解。

一如的心。因此,在禅宗文献中,讲"识"、讲"性"、讲"佛",甚至讲"空",都可以指此一心,概无分别。如大法眼禅师文益的《三界唯心》颂曰:"三界唯心,万法唯识。唯识唯心,眼声耳色。色不到耳,声何触眼。眼色耳声,万法成办。万法匪缘,岂观如幻。大地山河,谁坚谁变。"①讲的也是一样的意思。

但对于万法从心而生,我们必须注意的是,其本意不应该说一切事物皆从心而生,而应该说一切客观现象皆从心而生的。所以,真如缘起论只是强调了真如是主观世界的本源。对于客观,佛教一味强调要达到"视而不见"以便能"明心见性"。可见,外界事物的主观存在性,佛教还是默许承认的。正像我国学者高振农理解的那样:"以一切法皆从心起妄念而生。一切分别即分别自心,心不见心,无相可得。当知世间一切境界,皆依众生无明妄心而得住持。是故一切法,如镜中像,无体可得,唯心虚妄。以心生则种种法生,心灭则种种法灭故。"②讲的也正是这个意思。

从这个意义上讲,根据后现代科学观点而提出的宇宙意识论,这"心"或意识的确是第一性的,正像我们在第一章引论中所看到的,物质/能量,从某种意义上讲产生于主观测量之"心",而每个人的"心"又都不是相分离的(尽管每个人的大脑看上去是相分离的);它们在某种层面上下意识地产生联系(整体性使然)。这样就如美国学者哈曼在《后现代的异端:作为原因的意识》一文中指出的:"物质世界对于较大的'心'与梦想对于个人的'心'有着相似之处。从根本上讲,我们不是通过有形的感官,而是通过深层直觉才触及现实。意识不是物质进化的最终产物,还必须有待于人类大脑皮层中复杂的神经中枢系统的进一步发展。因此,意识在此是第一位的。"③

于是,万法唯心识,万物无非一心而已就可以成为一种科学观点,因为"意识是宇宙间最根本的东西"④,而"物质宇宙的进化产生于宇宙的意识。生命形式的进化是由'适者生存'的自然选择法则'推动'的,但这种进化也被'牵引向'某些适当的方向(如不断增长的意识、自由和复杂性)"⑤。

从微观个体的心来说也一样,"大脑和神经系统以及我们自己的概念框架的过滤功能,筛除了始终在我们周围流动的实质上无限的信息。"⑥使得我们所能感

---

① 道元:《景德传灯录》,成都古籍书店,2000,第631页。
② 高振农:《大乘起信论校释》,中华书局,1994,第59页。
③ 格里芬:《后现代科学》,中央编译出版社,1995,第156页。
④ 格里芬:《后现代科学》,中央编译出版社,1995,第157页。
⑤ 格里芬:《后现代科学》,中央编译出版社,1995,第158页。
⑥ 希克:《第五维度》,四川人民出版社,2000,第131页。

知的就是我们所能把握的全部客观现象。"所以,有无可争辩的证据表明,大脑状态的变化直接反映在意识的变化中。同样有证据表明,意识事件会引起大脑事件。无论在思想、言说时,还是有意活动我们的躯体时,都会发生大脑事件。"①这样,就其结果而言,感知基本上是一种主观体验,而所谓外界的事物,也只有通过感知通道才能被我们所意识,从而进一步依赖我们的主观能力,这样万法也只有通过意识才能显现。"因为,我们能认识什么以及我们能以何种方式认识它这样的问题,取决于我们自己的认知范围与功能。"②正如马吉(Brian Magee)给出的比喻那样:"如果我们以隐喻来思考在经验的网络中捕捉事物这回事,那么(思想范畴)就是网眼。只有能为网眼所捕捉的,才可以为我们所获得。任何一无所触地通过网眼的就不会为我们所知道,处于我们网眼之外的任何内容也不被我们所知。"③

总之,万法的存在,在于心识。"他(格林)论述说,当我们在知时,我们作为个体逐渐意识到总是作为永恒意识的对象而存在的东西。这就是为何在我们看来我们所知道的东西是客观的、独立于心灵的;它是独立于我们的心灵的,我们并没有创造它。……(而实际上),全部实在都处于关系之中;唯有对于能思的意识来说,关系才是存在;所以,实在世界必定完完全全是心灵的创造。"④

禅宗所强调的"法"不但是指现象,而且更重要的是指规律。就我们所能把握的现象和认识的规律而言,显然无一不是源自我们的心灵。反之,我们的心灵活动本身,也都是外在现象感知的反映,是所谓"触境"而生的,因此,从这个意义上讲,心即是法,法即是心。唐代禅师马祖道一的"一切法皆是心法,一切名皆是心名,万法皆从心生,心为万法之根本"⑤、"凡所见色,皆是见心,心不自心,因色故有心。汝但随时言说,即事即理,都无所碍,菩提道果,亦复如是。于心所生,即名为色,知色空故,生即不生"⑥,以及"此法即心,心外无法;此心即法,法外无心"⑦,讲的都是这个道理。

说到底,万象万法的发生,在于观测的拥有心灵思维能力的人,倘若没有了这有灵性的主观观测者,就根本谈不上这万象万法。因此,六祖惠能有:"若无世人,

---

① 希克:《第五维度》,四川人民出版社,2000,第132页。
② 希克:《第五维度》,四川人民出版社,2000,第42页。
③ Brian Magee:Confessions of a Philosopher,London:Weidenfeld & Nicolson,1997,182.
④ 巴斯摩尔:《哲学百年·新近哲学家》,商务印书馆,1996,第64页。
⑤ 道元:《景德传灯录》,成都古籍书店,2000,第595页。
⑥ 道元:《景德传灯录》,成都古籍书店,2000,第94页。
⑦ 道元:《景德传灯录》,成都古籍书店,2000,第157页。

一切万法,本元不有,故知万法本因人兴,一切经书,因人说有,缘在人中有愚有智。"①进一步推知,即使对万物规律的表述,也一样皆源于人心;因为我们能有的只是表述,至于万物本来是空的,是无中生有的,印度诗人泰戈尔指出:"这个世界就是人的世界。关于世界的科学观念就是科学家的观念。因此,独立于我们之外的世界是不存在的。"②

《坛经》中有一则有关"幡动风动"之争的故事最能说明这个道理:"时有风吹幡动,一僧曰风动,一僧曰幡动,议论不已。惠能进曰:'不是风动,不是幡动,仁者心动。'一众骇然。"③因此,最最真实的是那个万法归一的"心"。唐朝布袋和尚有歌曰:"只个心心心是佛,十方世界最灵物,纵横妙用可怜生,一切不如心真实。"④

其实,我们对实在的认识无不是通过心灵的感知与认知来证实的,因此,如果实在是真实的,前提就是我们对实在的感知与认知是真实的。请看如下禅师的对话:

僧问:"古人道见色便见心。禅床是色,请和尚离色指学人心。"(仰山)师曰:"那个是禅床,指出来。"僧无语。⑤

这个僧为什么无语?因为离开了心识,根本就谈不上实在的半点现象(色)。从而从逻辑上讲,心识的真实性必须先于实在的真实性。就这方面,中国禅师们的认识是非常清楚的:

因沩山与(仰山)师游山,说话次,云:"见色便见心。"仰山云:"承和尚有言:'见色便见心。'树子是色,阿那个是和尚色上见底心?"沩山云:"汝若见心,云何见色?见色即是汝心。"仰山云:"若与摩,但言先见心,然后见色。"云:"何见色了见心?"⑥

见心是意识,见色是感知,但感知者必伴随意识,故见色便见心;反之亦然。所谓回互同显也。

(清耸禅师)又云:"见色便见心,且唤作什么作心?山河大地、万象森罗、青黄赤白、男女等相,是心不是心?若是心,为什么却成物象去?若不是心,又道见色便见心,还会么?只为迷此而成颠倒,种种不同,于无同异中强生同异。且如今直下承当,顿豁本心,皎然无一物可作见闻。若离心别求解脱者,古人唤作迷波讨源

---

① 郭朋:《坛经校释》,中华书局,1983,第15页。
② 爱因斯坦:《爱因斯坦文集》,商务印书馆,1976,第269页。
③ 河北禅学研究所编:《禅宗七经》,宗教文化出版社,1997,第328页。
④ 道元:《景德传灯录》,成都古籍书店,2000,第581页。
⑤ 道元:《景德传灯录》,成都古籍书店,2000,第188页。
⑥ 静、筠:《祖堂集》,中州古籍出版社,2001,第602页。

## 禅悟的实证 >>>

辛难晓悟。"①

　　清耸禅师这里讲的都是色(实在现象)与"心"的因果关系,是"见色便见心",也即色的存在是取决于心的。"色、痛痒、思想、生死、识,谓之五阴。凡一切外物,有形可见者为色。失之则忧恼,为痛;得之则欢喜,为痒。未至逆念,为思;过去追忆,为想。心念始起,为生;想过意识灭,为死。曾关于心,戢而不忘,为识。识者,经历累劫。犹萌之于怀,虽昧其所由,而滞于根。潜结始自毫厘,终成渊岳,是以学者务慎所习。……。六情,一名六衰,亦曰六欲。谓目受色,耳受声,鼻受香,舌受味,身受细滑,心受识。识者,即上所谓识阴者也。五阴六欲,盖生死之原本,罪苦之所由,消御之方,皆具载众经。经云:心作天,心作人,心作地狱,心作畜生,乃至得道者也,亦心也。"②则详细论述了"心"与"色"的这种因果关系。

　　"原子论者认为实在在于物质,而不在于心灵;反对的学派认为感官传达的关于实在的信息显然是可疑的,但是感觉的确存在,因此,感觉才是唯一的实在。……。苏格拉底认为心灵是唯一值得研究的对象,并且认为真正的自我不是肉体,而是灵魂和内心生活。"③

　　当然,强调"(客观)色的存在是取决于(主观)的心",并不是说实在不存在,而是主观无法证实实在的独立于主观的存在,我们对于实在的存在证明,都是一些根据虚幻的景象而给出的描述理论——但理论毕竟是理论,不是实在,尽管它好像是描述实在的。因此,我们能够确定的是主观的实在描述理论本身,实在存在性证明则是建立在这种主观确认之上的,是第二性的。因此,物质是否客观存在,通过这种主观性的努力都是无法证实或否证的,他们能够给出的都只是对"实在"的各种描述,或者是描述的描述。

　　(罗汉元珪)师上堂曰:"禅德!佛法宗乘原来由汝口里安立名字,作取说取便是也。斯须向这里说平、说实、说圆、说常。禅德!汝唤什么作平实?把什么作圆常?傍家行脚,理须甄别,莫相埋没,得些声色名字在心头,道我会解,善能拣辨。汝且会个什么?拣个什么?记持得底是名字。拣辨得底是声色。若不是声色名字,汝又作么生记持拣辨?风吹松树也是声,虾蟆老鸦也是声,何不那里听取拣辨?若那里有个意度模样,只如老师口里又有多少意度与上座?"④

　　罗汉元珪上堂讲述这一番话的大意,与量子论的观点大约一样意思,我们只

---

① 道元:《景德传灯录》,成都古籍书店,2000,第527页。
② 石峻:《中国佛教思想资料选编》,中华书局,1981,第二卷第二册,第18页。
③ 丹皮尔:《科学史》,商务印书馆,1995,第65页。
④ 道元:《景德传灯录》,成都古籍书店,2000,第415页。

能有对世界万物的描述,但绝不会是世界万物本身。正因为这样,禅宗也把"心性"与"性空"相互关联起来,因为禅宗讲性空,并不是"物无"的无物存在。僧肇在《不真空论》中就有:"心无者,无心于万物。万物未尝无,此得在于神静,失在于物虚。即色者,明色不自色,故虽色而非色也。夫言色者,但当色即色。岂待色色而后为色哉。此直语色不自色,未领色之非色也。"①关于这一点,马克思的反映论同样也道出了其中的奥秘:"的确,把马克思主义者通常所理解的'唯物论'叫作反映论——即'我们头脑中的概念'是'真实事物的映像'这样一种观点,也许更合乎习惯。……。于是,我们就不得不回答贝克莱提出的那些批评,即倘若物质本身不是感觉而是'引起感觉'的东西,那么我们就没有任何证据去说存在着这样一种物质。"②

正如我们在第一章"归空之境"中论述的,物质的存在并不是不依赖主观的,而恰恰相反,根据量子物理学的波函数和实验可以获知其与主观是密不可分的。正因为这样,才会有测不准原理,因为精神是无法把握精神本身的。于是,禅家就有:"心境互依,空而似有故也。且心不孤起,托境方生;境不自生,由心故现。心空即境谢,境灭即心空。未有无境之心,曾无无心之境。如梦见物,似能见所见之殊,其实同一虚妄,都无所有。诸识诸境,亦复如是。以皆假托众缘,无自性故。'未曾有一法,不从因缘生,是故一切法,无不是空者。'"③以及牛头山初祖法融在《心铭》中也指出的:"莫灭凡情,唯教息意。意无心灭,心无形绝。不用论空,自然明彻。灭尽生死,冥心入理。开目见相,心随境起。心处无境,境处无心。将心灭境,彼此由侵。心寂境如,不遣不拘。境随心灭,心随境无。两处不生,寂静虚明。"④

物质表现的现象("色")都是源于主观的认识,这一点已经毫无疑问了,但即使是"规律性的定律"也一样是心识的结果,我们只能有对"实在"的描述,而不可能有"实在"本身的确认。定律只是对所谓"实在"的一种表征,而不是实在本身。进一步讲,任何"证明"实在的存在,其本身也是一种"心识"活动,因此,所作出的"证明"本身,也不是实在的,因此并不可靠。科学史家丹皮尔强调:"即使我们把经验的观测当作物理知识的唯一基础,我们也还是因而主观地选择了那种我们认为是物理的知识;这样发现的宇宙不能完全是客观的。认识论科学所研究的是知

---

① 僧肇:《肇论》,福建莆田广化寺,2000,第 7 页。
② 巴斯摩尔:《哲学百年·新近哲学家》,商务印书馆,1996,第 50 页。
③ 宗密:《禅源诸诠集都序》,载石峻《中国佛教思想资料选编》,中华书局,1981,第二卷第二册,第 434 页。
④ 道元:《景德传灯录》,成都古籍书店,2000,第 643 页。

识的意义,而不是假定的实体(外界),它的符号就代表了知识的要素。这样我们所达到的是一种有选择性的主观主义,在这里,自然的定律和常数完全是主观的。"①用美国科学家克拉默的话讲更为简捷:"在我看来常常是这样的。'实在'是纯粹精神的产物。"②因为"我们所知道的全部就是我们自己的感觉、观念和思想的存在"③。

总之,对于禅悟的"万法了然于一心"的全面论述,可以用黄檗希运禅师在《传心法要》中的语录来归纳:(1)"诸佛与一切众生,唯是一心,更无别法。此心无始已来,不会生,不会灭,……,超过一切限量名言、踪迹对待,当体便是,动念即差,犹如虚空,无有边际,不可测度。"(2)"凡人皆逐境生心,心随欣厌。若欲无境,当忘其心。心忘则境空,境空则心灭。不忘心而除境,境不可除,只益纷扰耳。故万法唯心。"(3)"故菩萨心如虚空,一切俱舍,过去心不可得,是过去舍。现在心不可得,是现在舍。未来心不可得,是未来舍。所谓三世俱舍。"④这样就可以达到禅悟的超元思维之境界。

---

① 丹皮尔:《科学史》,商务印书馆,1995,第632页。
② 克拉默:《混沌与秩序》,上海科技教育出版社,2000,第45页。
③ 克拉默:《混沌与秩序》,上海科技教育出版社,2000,第115页。
④ (1)、(2)和(3)分别引自道元:《景德传灯录》,成都古籍书店,2000,第155页,第159页,第160页。

# 第六章

# 真性的不可描述性

千疑万疑只是一疑,话头上疑破,则千疑万疑一时破。

(宋)大慧宗杲①

真性陷于悖论这种境况,不仅仅是指一切形式符号系统一致完备性的努力,同样也指对形式符号系统真性意义把握的努力。也就是说,只要那个"真"是所谓的终极真理,那么,不但从形式角度讲真陷于悖论,而且从意义角度讲,同样真陷于悖论。

## 第一节 语义性真理的不可描述

波兰逻辑学家塔尔斯基(A. Tarski)发表《语义性真理概念》一文就从语义学角度对真性的描述问题进行了透彻的分析②,并指出了导致语义悖论的两个基本条件是:(1)语义封闭性:能够出现悖论的语言,其构成不仅包含了对象描述的表达式,也包含了这些表达式的名称,同时还包括了判断其语句真假的元判断描述。简单地说,一句话,对象语言意义与元语言意义可以在给定语言的表述中同显。(2)逻辑有效性:在给定的语言中,通常的逻辑律有效。

这样一来,起码可以得到这样两个基本的结论。第一个结论是日常语言不可能一致性地描述真性,因为在日常语言中普遍存在着对象语言与元语言意义同显现象。第二个结论是,即使要描述局部真性,其描述之语言的对象语言与元语言必须分离,这样就要求任何形式语言不得强大到具有意义的自我反映能力(即元

---

① 大慧宗杲:《答吕舍人》,转引自洪修平:《禅宗思想的形成与发展》,江苏古籍出版社,2000,第366页。
② 马蒂尼奇:《语言哲学》,商务印书馆,1998,第81—126页。

描述能力)。也就是说,能够描述"真性"的语言,如果存在,其所描述的真性不但是有限的,而且这种语言还必须分离为相互独立的两部分:对象语言部分和元语言部分,不能混同使用。

由此可见,自然语言与形式系统有着本质的不同,因此,其所描述意义的区分也就变得十分重要了。正像侯世达指出的:"形式系统中的意义与(自然)语言中的意义的区别是非常重要的。这区别是:在语言中,当我们知道了一个记号的意义,我们就能基于这个记号做出新的陈述。从某种意义上说,语言中的意义是'主动的',因为它为创造句子带来了一条新规则。……。另一方面,在形式系统中,定理都是运用产生式规则事先定义了的,我们可以选择以定理与真陈述之间的同构(假如可以找到的话)为基础的'意义'。但是,不是说这样就准许我们在已建立的定理之外增加新的定理。"①

于是,形式系统的局限性就在于它是用熟悉的事物系统去解释形式系统,就是对给定的形式系统来找出与之同构的一个熟悉的事物系统并用该事物系统中的对应部分来给出形式系统中相应部分的解释意义。"在一个形式系统中,意义一定是'被动的'。我们可以根据其组成符号的意义来读每个符号串,但是我们没有权力只根据我们给符号指定的意义而创造出新的定理。经过解释的形式系统是横跨在没有意义的系统与有意义的系统之间的。可以认为,它们的符号串是'表达'事物的,但这也必定是系统的形式性质的产物。"②

此时,尽管形式系统是一致清晰表述的,但却不可能刻画任何超出形式系统意料之外的意义,更不用说是对绝对真性的描述了。所以,首先我们可知形式系统的描述能力是有着根本的局限性的,真性不可能依靠形式语言来描述。

那么,自然语言呢?从塔尔斯基的定理可知,对于自然语言而言,其对真性的不可描述性,主要在于元语言与对象语言的混同使用,这样就会导致不一致。因为对于真性的一致性刻画而言,"真正造成混乱的是这样一种情况:同一个系统允许两种以上不同层次的描述,而这些描述在某些方面又是彼此相似的。那时我们会发现,在考虑这种系统时,我们难以避免把层次搞混,很容易完全迷失方向。"③而自然语言系统正是这种情况最典型的例子。

在自然语言系统中存在着盘根错节的元语言与对象语言层次间的混淆,这种混淆直接引起语形与语义、语义与语用层次间的混乱;同一层次中部分与整体之

---

① 侯世达:《哥德尔、艾舍尔、巴赫》,商务印书馆,1997,第70页。
② 侯世达:《哥德尔、艾舍尔、巴赫》,商务印书馆,1997,第70页。
③ 侯世达:《哥德尔、艾舍尔、巴赫》,商务印书馆,1997,第373页。

间跨层次的相互作用,以及显明意义与隐含意义、隐含意义与终极指的等层次间的混同。这些情况的极致便是自我缠结结构,乱作一团的相互纠缠不清,于是必然要引发逻辑上的不一致。

更复杂的是,我们是用重叠的同一语言在所有这些层次上描述语言本身,即使没有层次的混同问题,意义发生与语境的相互作用,也是一个超越逻辑描述的现象。很明显,意义是客体与客体所处环境相互作用的结果,而环境由小及大是没有限制的,就看你如何看待一个客体的环境以及客体本身了。比如考虑到层层叠叠环境之间的错综关系:

A0）A1）A2）A3）……）An）……

此时,既可以说 A0 是客体,A1 是环境;也可以说 A0 与 A1 一起是客体,A2 是环境;甚至可以说 A0 是客体,所有的 $A_i(i \neq 0)$ 一起构成了环境。不论你怎样看,只要是有穷地去分析,那么总有意义在有些方面还未被发现。"于是,要刻画'句法'性质和'语义'性质之间的差别就还有一条路子,即:句法性质毫不含糊地存在于所考虑的客体之内,而语义性质则依赖于它与潜在地无穷多的客体类之间的关系,因而不是完全可以定位的。"[1]因此,"从本质上说,抽出一个符号串的意义的行为,涉及建立它与其他所有符号串之间相关联时的全部意味,而这当然就导致一个无尽头的征途。所以,语义性质就与无终止的搜索联系在一起了。因为,在一个很重要的意义上,一个客体的意义并不局限于该客体自身之内。"[2]

就上述情况而言,语言作为意义显明的媒介,其所表述的对象代表着隐含意义,是一种多层次刻画的意义,就看你如何选择适当的同构。如果自身的结构同构于其所描述的事件,那么就产生了间接自指,这也将成为自我缠结的渊薮。

于是,靠语言来描述真性,必然陷入这样的两难境地:为了避免语义悖论,要么放弃语义封闭性,要么放弃逻辑有效性。如果放弃语义封闭性,那么必然导致语言与其元语言分离,结果不可能用这样的语言来描述事物的真性。因为,即使可能,真性也只能是一种元语言描述的属性。反之,如果放弃逻辑有效性,那等于接受语义悖论,这与避免悖论的初衷相抵牾。

有时,我们经常会认同这样的真性说明:如果一个命题要描述的实在与其所描述的相符合,即所涉及的事物具备所述性质,或处于所述的关系中,这个命题就是真的。但深入分析会发现,这不过是一种同义反复的说明:一命题为真当且仅当该命题为真。塔尔斯基的分析指出的无非就是,即使对于严格的逻辑和数学真

---

[1] 侯世达:《哥德尔、艾舍尔、巴赫》,商务印书馆,1997,第 766 页。
[2] 侯世达:《哥德尔、艾舍尔、巴赫》,商务印书馆,1997,第 765 页。

理,也同样无法回避这种悖论式的同义反复,于是不得不放弃语言与元语言的这种同显性,以确保一致性。反过来,如果必须保留语言的这种同显性,那么就必然丧失语言的逻辑一致性要求作为不可避免的代价。

总之,根据塔尔斯基对日常语言的分析可以得出,用日常语言不可能为真句子做出令人满意的定义,更不可能在逻辑律一致性约束下使用真性概念。而对于形式语言,则可以将它们分为"较贫乏的"和"较丰富的"两类,贫乏者不足以描述周遍的真性,丰富者与日常语言同样,不可能建立无矛盾的真性定义。因此,是语言的普遍适用性和我们逻辑一致性的要求导致了语义悖论的产生。这也反过来说明,真性是语言不可一致描述的。

其实,由于终极性,这不可语言一致描述的真性,代表着一切我们所不能言说的东西,也是不能思考的东西。关于这一点,维特根斯坦在《逻辑哲学论》中讲得十分明白透彻:"我们不能思考的东西,我们就不能思考;因此,我们不能说我们不能思考的东西。……。世界是我的世界这个事实,表现于此:语言(我所理解的唯一的语言)的界限,意味着我的世界的界限。"①

据此,以描述实在为例,我们便可以得知,终极的实在的意义也同样不可能用语言加以精确表达。当代新道家的代表人物卡普拉就指出:"由于言辞总是关于实在的一幅抽象而近似的图画,所以用言辞来解释科学实验或神秘主义的洞察,必然是不精确和不全面的。近代物理学家和东方神秘主义者都同样地深知这一事实。"②尽管物理学家不得不依靠某种言辞来描述他们洞察的实在,但从根本上讲,实在的本性不是能够依靠语言所能描述的。这其中的原因,就是关于语言的运用问题,也就是说,对于表达实在概念不可分割的相互联系方面,超越了我们所使用的数学符号及普通语言。对此我们无章可循,所以,量子物理学家从一开始就知道无法把日常的概念用到原子结构上去。这里的问题恰恰就是日常语言的描述能力。因为"有关物质这一层次上的知识不再来自直接的感官知觉,而我们通常的语言是从感知的世界中获得概念的,因此,这种语言也就不再适于描述所观察到的现象,随着我们越来越深入地研究自然界,我们不得不越来越抛弃日常语言的形象和概念"③。而且"决定性的一点在于认识到这一事实:实验装置的描述和观察结果的记录,必须通过用通常物理术语适当改进过的日常语言来给

---

① 维特根斯坦:《逻辑哲学论》,商务印书馆,1962,第79页。
② 卡普拉:《物理学之"道"》,北京出版社,1999,第27页。
③ 卡普拉:《物理学之"道"》,北京出版社,1999,第38页。

出"①。

问题的本质还不仅于此,我们知道,量子物理学刻画的量子实在有着根本性的不确定性和超越逻辑的纠缠性,且不说这超越逻辑的纠缠性不是语言可以一致性描述的,即使是量子不确定性,也是与语言描述能力的局限性有关。比如物理学家玻姆就指出过:"因此,在整个跃迁过程中,电子的潜在可能性是在连续变化着(波函数给出的),而这些潜在可能性得以实现的形式(即能量的确定本征值)则是分立的。所以,把量子过程描述为不连续的跃迁,这多少是由于我们日常语言不够用的结果,它不能清楚地说明这样一个事实:电子的性质总是有一部分潜在的,不完全确定的。"②而"出现量子不确定性这一困境的原因是:我们在努力用日常语言来表达量子思想,这就是玻尔强调实验中的难题和螺栓(纠缠)的原因"③。

这里正像禅境中的情况一样,日常语言在描述终极问题时必然会显示出其局限性。也就是说,从根本上讲,量子世界也是不可言说的世界,无法基于概念分别之上的语言来描述清楚的。很明显,量子世界是一个足够丰富复杂的世界,要建立一套完备又一致的理论描述(基于概念分别之上的,像逻辑体系那样)是不可能的!"所以,人类的语言可以描述实在者作用于我们而采取的各种形式,但不适用于实在者本身。"④

因此,回到维特根斯坦,我们就会认同:"世界的意思必定是世界之外。在世界中一切东西都如本来面目,所发生的一切都是实际上所发生的。其中没有任何价值——如果它有价值的话,它就没有价值了。"⑤

这便是语言的两难困境:一方面,我们需要借助于语言来描述我们研究、思考的对象;另一方面从根本上讲,所研究思考的终极对象不是能够用语言一致性描述的。特别值得注意的是,对于数学及科学而言,放弃逻辑定律是不可能的。于是,我们只好承认,真性是任何企求一致性的语言所不可描述的。不过,如果允许容纳悖论,那么就可以通过悖论的揭示来显现(注意不是描述,真性不可描述而可以显现)那个真性。此时,就涉及了禅宗的语言哲学观了。

---

① 玻尔:《尼耳斯·玻尔哲学文选》,商务印书馆,1999,第231页。
② 玻姆:《量子理论》,商务印书馆,1982,第738页。
③ 格里宾:《寻找薛定谔的猫》,海南出版社,2001,第173页。
④ 希克:《第五维度》,四川人民出版社,2000,第113页。
⑤ 维特根斯坦:《逻辑哲学论》,商务印书馆,1962,第95页。

## 第二节 禅宗的元语言哲学思想

惠洪在《临济宗旨》中指出:"心之妙不可以语言传,而可以语言见。盖语言者,心之源、道之标帜也。标帜审则心契,故学者每以语言为得道浅深之候。"①讲的就是这层意思。对于真性,不是靠一致性的概念分别的语言所能描述,而是需要运用悖论性的语言来显现悖论之真性。这就是为什么为了启发后学,禅师们既反对言语又不离言语的真正原因。

实际上,禅宗接引后学的方法,正是从"不立文字"到"不拘文字"再到"玄谈文字",最终越来越走向了禅语启悟的道路。这种对语言作用的重新认识,是从唐代省念的弟子善昭开始的。"他倡导公案代别和颂古,以复古主义的形式,将禅化解为文字玄谈;在解释古圣语言中,寓以禅境,为禅在士大夫中扩展,开辟了一条新路。……。因此,禅师以文字语言示禅,学徒通过文字语言解悟。文字语言成了禅可'示'可'悟'的中介;参究古人语录'公案',等于悟解禅的真谛,故亦名'参玄'。"②并提出了"三玄三要",提倡语言玄化,寓禅于言。一方面要求不能照字面去理解禅师语录,而是要在公案中别求古人意旨、体悟言不可及旨之妙;另一方面只能把语言作为中介,作为示现和悟解的符号和门径。关于这一点,杜继文先生归纳得非常精炼,就是:"道本无言,因言显道,见道即忘言。"③

《汾阳元德禅师语录》中(善昭曰):"夫参玄之士,与义学不同,顿开一性之门,直出万机之路;心明则言垂展示,智达则语必投机。了万法于一言,截众流于四海。"④于是,语言的运用和理解,成了禅宗僧人修行的头等大事。但问题的关键是,在语言的运用方面,尽管强调语言是必要的,但必须清楚的是禅机绝不会由语言中表达出来,因此不可执着于语言。

大慧宗杲就是针对运用语言的这种妙化之境,指出参禅者难以了悟禅机的时病,说道:"今时学道人,不问僧俗,皆有二种大病:一种多学言句,于是句中作奇特想;一种不能见月亡指,于言句悟入,而闻说佛法禅道不在言句上,便尽拨弃,一向闭眉合眼,做死模样,谓之静坐观心默照。……。去得此二种病,始有参学分。"⑤

---

① 转引自杜继文:《中国禅宗通史》,江苏古籍出版社,1993,第399页。
② 杜继文:《中国禅宗通史》,江苏古籍出版社,1993,第385—386页。
③ 杜继文:《中国禅宗通史》,江苏古籍出版社,1993,第428页。
④ 转引自张伯伟:《禅与诗学》,浙江人民出版社,1992,第65页。
⑤ 转引自张伯伟:《禅与诗学》,浙江人民出版社,1992,第65页。

确实,要体悟到语言的这种"不可以语言传,而可以语言见"的深刻见解,实属不易。因为依照我们日常的思维,一定会对于这种矛盾感到困惑:一方面我们必须用语言来交流自己内在的经验,而另一方面这种经验就其本质来说又是超越语言的,于是就带来了困惑。但如果能够超越日常思维,通过悖论困境的超越,就不难体悟到这其中的奥妙。请看《楞伽经》上就有:"言说别施行,真实离名字。分别应初业,修行示真实。真实自悟处,觉想所觉离。此为佛子说,愚者广分别。"[1]说的就是终极的真性非语言所能描述,必须摈弃分别,才能超越悖论的觉悟。因此,对于论述真性的话语,不能以逻辑分析的角度去解读,因为语言本身是不可能描述真性的。这一点存在主义思想的先驱、丹麦神学家克尔凯郭尔在《基督徒的激情》里谈到上帝的言词(显现真性的言语)时就明确指出:"想想上帝的言词,……。如果你以做学问的方式读上帝的言词,就是说,借助字典在拼读,那么你就不是在读上帝的言词。……。上帝说出言词,是为了让你照此行动,而不是为了让你练习思考不明之处。"[2]因为:"人只有在矛盾中才会获得自己所追求的,这是一切人性中的不完善性。"[3]

对于语言的真性不可言说性,应该说,中国古代的禅师们看得最为彻底。禅宗初期的向居士就对语言的名号和义理都做了否定:"故知迷悟一途,愚智非别。无名作名,因其名则是非生矣;无理作理,因其理则争论起矣。幻化非真,谁是谁非;虚妄无实,何空何有?将知得无所得,失无所失。"[4]

不仅如此,禅师们还进一步道破语言的能所对立和意义肢解都与悟达无处不遍之"真性"无关。比如天台山云居智禅师曰:"汝知否?妄计为有,即有能所,乃得名迷。随见生解,便堕生死。明见之人即不然。终日见未尝见,求见处体相不可得,能所俱绝,名为见性。"[5]这里的所谓"见性"即无处不遍之真性,语言的能所对立是"明心见性"的障碍。

就拿指月之"指"与所指之"月"来说,下面的一则公案无疑给出了最好的说明:

僧问:"指即不问,如何是月?"(文益禅师)师曰:"阿那个是汝不问底指?"又僧问:"月即不问,如何是指?"师曰:"月。"曰:"学人问指,和尚为什么对月?"师

---

[1] 河北禅学研究所编:《禅宗七经》,宗教文化出版社,1997,第60页。
[2] 克尔凯郭尔:《基督徒的激情》,辽宁人民出版社,1994,第12—13页。
[3] 克尔凯郭尔:《基督徒的激情》,辽宁人民出版社,1994,第56页。
[4] 道元:《景德传灯录》,成都古籍书店,2000,第40页。
[5] 道元:《景德传灯录》,成都古籍书店,2000,第58页。

曰:"为汝问指。"①

确然,"月"这个字正是一个"指",其指向对象就是天空中可以仰望的那个"月"。或许人们会被上述的颠倒言说所迷惑,弄得不知所措。应该指出,禅机不可言说之意的领悟,在于僧众求佛熏染日久之大前提,在于诸多经教言说之大语境。无此前提和语境,你竖个拂子,则无人会得个中有什么自性来。对于佛性之不可言说,也应该如此领会。或许我们来看看禅师们的正面回答更能对此了然。

据传,六祖惠能在给人解经时,就一语道破其中的奥妙,曰:"诸佛妙理,非关文字。"②为什么呢?正像后来的永嘉玄觉禅师所剖析的那样:"理明则言语道断,何言之能议?旨会则心行处灭,何观之能思?心言不能思议者,可谓妙契寰中矣。"③因此,从展禅师才会说出:"言多去道转远,直道'言语道断,心行处灭',犹未是在。"④这就是为什么禅师们为了启发后学,会极力反对语言文字的使用了。因为正如本净禅师所说的:"佛是虚名,道亦妄立,二俱不实,总是假名。"⑤所以,许多禅师甚至连"佛"字也一锅端,比如丹霞天然禅师上堂曰:"佛之一字,永不喜闻。"⑥就是例子。

不是不可言说,根本就是无法可说!任运顺世,便是法。为什么呢?因为:"道由悟达,不在语言。况见密密堂堂,曾无间隔,不劳心意,暂借回光,日用全功,迷徒自背。"⑦此时,必须注意的是,这种对语言描述真性能力的否定,包括元语言层次,这才是真正无关文字之说。就像下面这则公案所强调的那样:"石头有时垂语曰:言语动用勿交涉。(药山惟俨)师曰:不言语动用亦勿交涉。"⑧其实,不可言说的往往也就是"言说不可"的,所谓"时清休唱太平曲"便是这个意思,因为真正的"不可言说"实际上是"非关文字"的"不昧言说"。匡化大师垂语曰:"一句遍大地,一句才问便道,一句问亦不道。"⑨就是这个意思。

总之,禅家认为禅法微妙,不可言说,只有冲破语言、概念对人类思想的束缚,才能抵达真性的彼岸。因为"一切语言,只要是由词语构成的,就旨在传达观念或概念——这是语言的意义所在。一种语言在传达观念或概念时愈是清楚和没有

---

① 道元:《景德传灯录》,成都古籍书店,2000,第490页。
② 道元:《景德传灯录》,成都古籍书店,2000,第69页。
③ 道元:《景德传灯录》,成都古籍书店,2000,第85页。
④ 道元:《景德传灯录》,成都古籍书店,2000,第373页。
⑤ 道元:《景德传灯录》,成都古籍书店,2000,第86页。
⑥ 道元:《景德传灯录》,成都古籍书店,2000,第261页。
⑦ 道元:《景德传灯录》,成都古籍书店,2000,第189页。
⑧ 道元:《景德传灯录》,成都古籍书店,2000,第263页。
⑨ 道元:《景德传灯录》,成都古籍书店,2000,第399页。

歧义,此种语言便愈好。因此,用语言来探求宗教真理,便不可免地要倾向于强调上帝的'理性'特征"①。而"理性"无疑是有局限性的,推及极致,必然陷于悖论。

## 第三节 真性语言描述的局限性

也就是说,我们最关切的真性意义难以用言语来描述,如同宗教的核心一样,在于某些语言所不能表达之处,起码不能用日常的表达方式来言说。这就是为什么禅师们喜欢采用背离常识、违反逻辑、隐晦难懂、古怪离奇等异常的机锋对答来显现那个真性。因为"最接近神之不可言说意义的方法是'否定方法'"②。就这一点而言,禅师们的实践可谓最彻底:答非所问、双遣双非、呵佛骂祖,可谓淋漓尽致。毕竟,我们熟悉的言语适合于谈论日常经验,对于超验的终极本体,除了间接地指称、双遣双非的否定手段外,恐怕别无他法。于是,悖论式的论述和言说也就应运而生了,这也是哥德尔定理在真性描述上的必然推论。

荷兰哲学家斯宾诺莎就强调:"真理既显示自身,又显示谬误,因为真理是通过真理也就是通过其自身而得以清晰,而谬误也是通过真理而被显示出来,但是谬误永远不会通过其自身而显示自身,明显自己。"③在这里,如果推及极致,那么真性就具有明显的自显性,其十足的悖论性也就不言而喻了,只是斯宾诺莎说这句话的时候还没有直接意识到真性就是真与假的同显性罢了。

其实,从语言认知映射的角度看,意义的获取实际上经过了心灵双重投射,即世界投射到心灵,心灵产生的思想再投射到语言。遗憾的是,即使我们可以去探索这双重心灵投射的可能性,但这种探索活动本身也同样要经过这一双重心灵投射,因此根本就是没有说服力的:为了论证结论,我们不得不将结论用作前提。实际上,对于纯语言本身,同样也无法摆脱这样的困境:对语言指称能力的任何辩解都离不开语言,于是,这样的任何企图不过是用语言来说明语言,不可能指及语言指称的对象(特别是终极的真性)。

更何况,语义学是独立于认识论的,因为我们的认识能力是有界限的,如果还须要加上一致性要求,那么这样的界限就更加狭隘了。语义学的局限性在于解释上的循环悖论,除了同义反复,我们其实无法解释任何概念!

---

① 奥托:《论"神圣"》,四川人民出版社,1995,第2页。
② 麦奎利:《谈论上帝》,四川人民出版社,1997,第16页。
③ 斯宾诺莎:《神、人及其幸福简论》,商务印书馆,1987,第215页。

解释的无效性在于解释不但要以已有的某种理解为前提,以得到一种新的理解,这样解释过程就涉及某种循环,而且解释需要的表达模式往往不止一种,是不唯一的,其有效又与解释者的主观心灵映射(兴趣的共鸣或吸引)密切相关。而不管是言说还是拟心,都与真性无关。

创立云门宗的文偃禅师云:"都缘是汝自家无量劫来妄想浓厚,一期闻人说着,便生疑心,问祖问佛,向上向下求觅解会。转没交涉,拟心即差,况复有言!莫是不拟心是么?更有什么事?珍重。"①是的,任何言说,就真性揭示而言都是越阐释越是"转没交涉"的。对意义的阐释除了同义反复之外不可能有真正的解释,这就是阐释循环的真正困境。因此,除了直觉领悟之外,没有语言描述的立足之地。这对于真性尤其明显。所以,诗人格奥尔格在一首《词语》的诗中强调:"我于是哀伤地学会了弃绝:词语破碎时,无物存在。"②

英国神学家麦奎利强调:"无论我们打算从人类语言出发来谈论上帝,还是从上帝的真实性出发去讨论怎样用人类语言来表述上帝,我们都会陷入一种不可逾越的深渊。"③如果将这里的"上帝"替换为"科学的终极真理",那么上述的表述无疑是一样适用的。其实,J. V. Ruysbroeck(1293—1381)早就指出:"人类凭借知识和思辨,永远无法明白其中的真谛。因为就谈论真理而言,一切语言都是苍白无力的。"④

这正如用语言描述上帝是不可能的一样,引用奥特的话讲,也就是说:"给上帝下定义是不可能的。'定义'意味着'限定',而上帝是无法限定的。定义需要一个更高的类概念。但在上帝之上不存在任何更高的类概念。"⑤更重要的是,"限定"也意味着概念分别,但对于宗教的终极范畴是无法分别的,因而也是无法言说的。从这一点上讲,佛教中观派、禅宗等的处理方法是正确的,"不置边见"的中道方法可以解决这种悖论。说"上帝是那位全然围浸我们人的灵魂的[神]",显然也是无法摆脱言语分别的责难。正是由于上帝的不可言说性,所以,丹皮尔在其《科学史》中干脆写道:"我们无须,而实际也不能明定上帝的定义为何。凡认识上帝的人,也用不着定义。"⑥

"的确,神学的讨论和认识论的讨论,都几乎不可避免地要受到语言内在的、

---

① 道元:《景德传灯录》,成都古籍书店,2000,第377—378页。
② 海德格尔:《在通向语言的途中》,商务印书馆,1997,第130页。
③ 麦奎利:《谈论上帝》,四川人民出版社,1997,第25页。
④ Austin, James H., Zen and the Brain, The MIT Press, 1998,章首引语。
⑤ 奥特:《不可言说的言说》,三联书店,1994,第18页。
⑥ 丹皮尔:《科学史》,商务印书馆,1995,第637页。

能力不足的危害(柏格森已指出),语言不能够在描述非空间关系和品质的时候避开空间的表现方式和类型;的确,从这些模式中借用的用语——包括'在内''到''内部''外部''超越''固有''超验'——在用以指称上帝与世界或主体与客体的对立时,都显得笨拙或甚至毫无意义。"①

同真性一样,上帝也是一个不可思量、不可言说的"事物",因此,上帝必定超越了任何概念。"与其说上帝是某个事物,倒不如说他摆脱了任何概念。"②这样一来,我们又遭遇了无法概念分别的境遇:"上帝既非被称道,亦非不被称道,亦非既被称道又不被称道。由于他那超凡的无限性,凡是能够以选言的和联言方式借助赞同或者反对说出来的东西,都不适用于他,他是唯一的本原,先于任何关于他所能形成的思想。……。既不是二者(对或错)中的任何一个,也不是二者兼而有之。因为,当我们说这就是他的名称时,说的并不对,但说的也不错。因为,说这就是他的名称,也并没有说错。我们说的也不是既对又错,因为,它的单纯性超越于一切可称道的和不可称道的事物之先。"③

上述库萨的这段话语,无非是说:我说上帝,即非上帝,是名上帝,这同《金刚经》中的双遣双非中道"公式"如出一辙,也一如"离四句"的情况:"有,无,非有非无,亦有亦无"或"一,俱,异,不俱"。

由此可见,不管是真性、上帝,还是佛性,对于语言的表述而言,都应作如是观:它们超越是非概念,一真则一切真,无论如何进行表述,其归旨同一。普拉巴瓦难陀在论述真理的多样性表现时,就是这样说的:"真理有许多方面。无限的真理有无限的表达方式。尽管圣者以不同的方式说它,但他们都是表达同一的真理。"④

这样,在确定真理的某种有效概念时,我们就面临一个可怜的选择:或者是采用一种无限回归的表述,或者是采用一种随意方式的表述。在后一情况下,我们完全可以为所欲为地来描述真性,就像禅师所为的那样。不过,此时也会发现,哲学悖论或怪论的出现,也正往往是源于这种对语言的无节制滥用,而这种滥用的可能性又是深深根置于语言机制之中的,是语言的必然伴随物——无节制概念分别的产物。反过来,通过这样悖论式语言的使用,却又真的可以揭示那不可言说的真性。切记,语言是有用的,但过度滥用则必适得其反,产生负面效应。

---

① 柯拉柯夫斯基:《宗教:如果没有上帝…》,三联书店,1997,第97页。
② 库萨:《论隐秘的上帝》,三联书店,1996,第9页。
③ 库萨:《论隐秘的上帝》,三联书店,1996,第7—9页。
④ Prabhavananda, Swami:The Bhagavata Purana, PartⅤ, 1978, 2050—2051.

禅悟的实证 >>>

  当然,除了悖论性语言描述可以揭示真性外,语言的隐喻性使用,也能够使人们从语言的此岸,喻指真性的彼岸。"但当描述不可描述之物时,一个人很可能,事实上必然要使用隐喻语言而非字面意义上的语言。"①这是因为"如果这种语言是用于字面意义的,意指无差别的完全合一,那么准确地说,它就不可能指依然在世、有肉身的神秘主义者所处的状态,而是指今生之后的终极状态"②。因此,对于描述超越具体事物的终极本体,使用的语言表述,如果有,一定不是字面意义可以领会的,"这种语言通常应从隐喻意义去理解,神秘主义者要指的不是无差别的、字义上的和数值意义上的统一,而是自我的消除,一种对自我观的超越,以至一个人于永恒之善就如一个人的手于他自己一样。"③

  隐喻性语言之所以能够揭示真性,并非在于语言描述能力可以实现真性的表述,而是在于语言使用者心灵背景的投射作用,这一点务必明白。首先,"语言是在我们努力对付事物环境中发展起来的,当我们用它来指超越者时,它必定具有非字面的意义(即与这些词在词典上的意义不一致)。这时候它是暗示性的、隐喻性的、诗意的、指向性的而非定义性的。所以,我们必须不断努力研究语言所指向的对象而非这语言本身。"④这时,离开了心灵的体悟就变得毫无可能。其次,这种体悟还必须是建立在某种超验的信念之上的,或者说是建立在某种特定的"宗教"语境之上的。正如柯拉柯夫斯基指出的:"关于神圣物的语言之特殊构成成分,离开崇拜式的语境必定是不可理解或者简直就是毫无意义的。在日常言论和科学言论中,理解的行为和相信的行为是明显地分开的,但是在神圣的领域中不是这样;对语言的理解和参与语言所指的现实之感觉已合二为一。"⑤最后,对真性的描述之所以起作用,最终离不开人们心灵的自觉,"然而,人的心智从来也不只是一张白板;语言也从来不只是简单地、被动地跟随着他从他周围世界得来的印象序列。从最初起,人的心智就采取了一种独立自主得多的地位。心智区分着、选择着、评估着,从而创造着某些兴趣焦点和某些优先点,它又从这些优先点出发进而解释人类生活中多重的经验。"⑥要知道,语词永远不是具有孤立意义的事物,而是整个语言活用中千丝万缕联系中的有机组分,这其中的动力学中枢,便是一切唯之的心灵。

---

① 希克:《第五维度》,四川人民出版社,2000,第186页。
② 希克:《第五维度》,四川人民出版社,2000,第202页。
③ 希克:《第五维度》,四川人民出版社,2000,第207页。
④ 希克:《第五维度》,四川人民出版社,2000,第12—13页。
⑤ 柯拉柯夫斯基:《宗教:如果没有上帝…》,三联书店,1997,第155页。
⑥ 沃克迈斯特:《科学的哲学》,商务印书馆,1996,第115页。

  雅斯贝斯说过:"语言终止之处,阐释便到尽头。阐释在沉默中完成。然而,只有通过语言才可达到尽头。"①我们不可否认,无论是在最抽象的科学中、在最形象的艺术中,还是在最深奥的哲学中,都必须通过概念来陈述关于事物和事件的知识;我们也不可否认"富有想象力的科学家通过阅读会获得新观念的暗示;对逻辑的钻研会提高他对清晰性和严格性的标准;对语义分析的习惯会帮助他发现其理论的真正指称对象"②。甚至,我们完全可以赞同沃克迈斯特的陈述:"一切知识都以某种语言形式来表述和表达的;语言是用来完成一切对经验的解释的工具。不仅如此,语言还是从单纯的感官印象转变到观念和规律的世界去的手段;这里,在语言如此起作用中,我们遇见分析和综合这种普遍操作的最初形式,而这种操作的最高自觉形式则是科学思想的分析和综合。"③但对于描述终极的事物,语言本身确实存在难以逾越的局限性。尽管可以通过隐喻性、悖论式的语言运用,来显现"佛性",但这毕竟不是表述,其中的"佛性"却是要通过主体超越概念分别的洞察来体悟的。因为,作为语言和思维基本要素的名词概念都是对一定境相的表征,都有其约定俗成的特定的内涵和外延,而对于佛性,却是"说似一物即不中""拟议即差,动念即乖"的,不是人的语言及理性思维所能直接表达和把握的。

  实际上,如果我们将"语"字的"言"字旁撤掉,代之以"心"字旁,那么就会得到"悟"字,从"吾之言"到"吾之心",正是禅宗宗旨所强调本心具足,不立文字,明心见性("不立文字,教外别传,直指人心,见性成佛"),所以称之为是"不可思议"。从前面的论述中,我们无疑会得到如下的启示:

  不可思议就是指不能够思量和议论,而"思"是"议"的基础,因此,文字禅的发展,必然会回归到逻辑禅,因为破除文字执着的最彻底方法就是破除逻辑思维的执着,而参话头参出个究竟,也就是彻底摆脱概念分别,这只有达到哥德尔定理的认识水平才能真正达成。所谓"千疑万疑,话头上疑破,则千疑万疑一时破",不如直言"千疑万疑,逻辑上疑破,则千疑万疑一时破"。更进一步讲,逻辑思维是科学研究的基础,科学走进了不可言说的境地的根本原因,也正是逻辑思维的局限性所致,因此,逻辑禅也可以称为科学禅,逻辑上疑破则一切科学上疑破。

---

① 柯拉柯夫斯基:《宗教:如果没有上帝…》,三联书店,1997,第128页。
② 邦格:《物理学哲学》,河北科学技术出版社,2003,第27页。
③ 沃克迈斯特:《科学的哲学》,商务印书馆,1996,第108页。

第七章

# 事物多样性的本质

人类生活就是这样奇特地充满着自相矛盾,当我们似乎以直觉彻底解决了这些矛盾时,就不存在区分矛盾的需要了。

(英)燕卜荪①

世界的事物多样性缘于悖论,缘于真性的语言不可描述性。如果读者谙悉禅学,一定不难理解这样一种貌似矛盾的陈述:因为语言是不可描述真性的,因此,语言可以处处体现真性。为此,让我们从不同数学流派讲起。

## 第一节 斯科伦定理及其意义

在20世纪初,由于对数学基础的根基产生了怀疑,因此,看待数学真理性本身(真理的本质是什么、命题的意义在哪里、什么是有效的证明等等)成了重大的哲学问题,并形成了不同的派别,代表着不同的主张。当时主要的数学流派有:(1)逻辑主义流派,代表人物是英国数学家罗素和怀特海;(2)直觉主义流派,代表人物是荷兰数学家布劳维;(3)形式主义流派,代表人物是德国数学家希尔伯特。

逻辑主义的观点认为,数学是逻辑的一个分支,其概念须用逻辑的概念来定义,其定理须作为逻辑的定理来证明。逻辑主义就是要通过逻辑归约来讨论数学真理的性质,但忽略了意义与解释问题,没有在语义学层次来分析"真性",这显然是不够的。

形式主义数学家则把数学看作是一种形式符号及其关系组合的系统,并可以通过形式化约定的努力,给出基本的原始框架,然后推导整个系统的结论。而给

---

① 燕卜荪:《朦胧的七种类型》,中国美术学院出版社,1996年,第384页。

出的约定往往是通过递归定义给出的。这样一来,在形式主义者看来,数学就是一门研究形式系统的科学,而数学命题就是某一形式系统的命题。但结果不幸地发现哥德尔定理也成为某个形式系统的产物,于是,形式主义遭到了最致命的打击。

直觉主义数学家强调数学不过是人类精神的产物,正如布劳维强调的:"并不存在非经验的真理,逻辑也并非是发现真理的绝对可靠的工具。……。严格地依照这个观点来进行探讨,并且专用内省构造的方法来推演定理的数学,叫作直觉主义数学。"①直觉主义的主要观点是数学的构造主义,排斥使用反证法,不承认排中律。但由于哥德尔定理运用的就是构造性证明,因此,构造论者也同样无补于根本性基础裂痕的修补。实际上,就像形式主义与实无限关系密切一样,直觉主义承认与潜无限有着密切渊源关系,因此,直觉主义较之逻辑主义和形式主义而言,只是五十步笑百步而已。

从逻辑的角度看,数学不同流派争论的实质集中在对逻辑律有效性和适用范围之上,特别是当涉及数学真理本质问题时,逻辑律无疑面临着普遍失效的困境,这样的争论也就成为不可避免的了。我们知道,在传统的古典数学中,矛盾律(无矛盾性)、排中律(非真即假性)、同一律都是不可动摇的原则。但现在不同了,数学悖论的发现、哥德尔定理的给出,无疑彻底动摇了逻辑律,特别是矛盾律和排中律的普遍有效性。

于是,就普适性而言,如果还有普遍有效的逻辑律,那么只能是绝对的同一律。所谓绝对同一律,是指在不加任何限制的情况下,一切命题的真值概无分别。也就是说,除非限制逻辑系统的描述能力,否则在其中有效的逻辑律只有一个,就是一切命题皆为真(概无分别的真性)。这就是绝对的同一律。这样一来,逻辑也就走向了禅境。

其实,逻辑是妥当的思维方法,中心问题是推理方法或称为论证有效性的问题。在逻辑论证中,判断的语言表达称为陈述,因而如果一定也要把禅宗的元逻辑思维当作一种逻辑推理(说理)过程的话,那么禅宗公案、话头之类的语言可以看作是对禅理的陈述,属于一种机锋博弈性的对话"逻辑"陈述,目的是通过呈现悖论来揭示那个不可言说的真性。

过去将逻辑限于无矛盾性"分析"之内,因此,"妥当的陈述"也就是"分析的陈述"。不过,这只是从单重逻辑层次上去看问题的结论,如果跳出这一单重层次逻辑,从元逻辑层次去看"妥当性",那么就必须容许矛盾性,否则必将限制逻辑作

---

① 贝纳塞拉夫:《数学哲学》,商务印书馆,2003,第104页。

用的范围。这说明,论证的有效性固然是逻辑研究的中心问题,但在什么层次上强调论证的有效性,则是依赖于思维方法所服务的目标的。你完全可以从多重层次上(就像自然语言中对象语言与元语言混同使用那样)去看待论证的有效性,而不必局限于单层对象逻辑一个层次上。

实际上,当前西方逻辑研究中出现的各种新型逻辑分支,如部分否定矛盾律的弗协调逻辑、部分否定排中律的直觉主义逻辑、采用多重层次的类型论逻辑,以及处理悖论的 DELTA 逻辑[1],正是这种思想指导下的产物,也是哥德尔定理出现后逻辑学进一步发展的必然结果。而这种发展却无疑又是对东方逻辑思想的一种回归,特别是对禅宗思维方式的回归。

当然,之所以能够认识到这样的回归,是与斯科伦定理所刻画的结论有关。该定理指出,任意一个形式系统都存在可数多个语义解释方式。用禅师们的话讲,可以简要地概括为一句话,就是"触事即真"。

一般而言,一个形式系统通常刻画着某个语义模型,或者说我们可以用某个语义模型来解释给定的一个形式系统,比如形式系统 PA 就是为了刻画自然数模型 N 而建立起来的。如果语义模型中为真的事实都是该形式系统的定理,那么我们就称该形式系统是完备的;反之,形式系统中为真的句子(即定理)都是其语义模型中为真的事实,那么则称该形式系统是一致的。在哥德尔定理那里,我们已经知道了:对于足够强大的形式系统,不可能同时具备一致性和完备性。

但事情到此还没有完,指出形式系统局限性的不仅仅是哥德尔定理。事实上,自 1915 年勒文海姆(L. Löwenheim)开始,到 1920 年至 1933 年期间斯科伦(T. Skolem)发表的一系列论文为止,揭示了形式系统的又一个缺陷,这就是后来被简练提出的、著名的勒文海姆—斯科伦定理。

简言之,勒文海姆—斯科伦定理指出的是,企图用公理形式系统来描述一类唯一的模型对象根本上是不可能的。因为对于一组公理及其形式系统能够容许比人们预期多得多的语义解释,而这些解释具有本质上的不同。也就是说,用公理形式系统描述的事物对象既不可靠也不唯一,公理根本没有限制着解释模型。这就意味着数学真理性(由此推及客观真理性)不可能与公理化描述完全一致。

举个例子来说,对于如下定义的简单形式系统 pq 系统:

公理:x - qxp -

规则:如果 xyqxpy 则 xy - xpy -

其中 x、y 均为由"-"组成的符号串。当你将 q 解释为"="(等号),p 解释为

---

[1] Hellerstein: DELTA: A Paradox Logic, World Scientific Publishing, 1997.

"+"(加法运算符),而由"-"相连符号串中的"-"个数解释为其所代表的整数,那么系统描述的就是自然数加法模型;但如果你将 p 解释为"="(等号),q 解释为"-"(减法运算符),而其他不变,则系统描述的又是自然数减法模型。当然,你依次还可以给出各种其他解释,你会发现,它们同时居然都是合理的。

如果说哥德尔定理指出的是形式系统描述能力上的局限性,那么勒文海姆—斯科伦定理则是指出,即使形式系统的描述能力没有局限性,其对所要描述对象的可靠性也是不可能保证的。必须清楚地认识到,自然对象和对自然对象的描述是两个不同的东西,不能混为一谈。而现在我们看到,用形式系统给出的所谓自然对象的描述,根本就不可能真切地、唯一地反映自然对象本身。比如说,你设计了一份特征清单,并认为它可以且仅仅描述刻画了美国人,但令人不可思议地发现(根据勒文海姆—斯科伦定理这是必然的),有一种(甚至有好几种)动物,其满足清单上的全部特征,但却完全与美国人不同。

必须清楚,形式系统可以有不同的解释或模型的本质在于系统中基本概念往往没有直观的具体内容。因此,斯科伦真正指出的是,没有一个使人感兴趣的一阶理论能够本身或自行确定它自己的对象直到同构的地步。所以,理论即使加上操作约束也不能确定指称,任何所谓指称真性的陈述实际上都是不可能的,除非在语义上也放弃一致性约束。也就是说,数学语言只能局部地被一致性地解释,当然更不用说其他科学语言了。

勒文海姆—斯科伦定理对公理形式系统的毁灭性冲击并不亚于哥德尔定理的冲击,可谓是有过之而无不及。它是以一种更强硬和更根本的方式否定了无条件性,由勒文海姆—斯科伦定理必然会得出不完备性,否则的话,一个形式系统完全不同的解释是不可能的,而且,为了不被所有的解释所共同包容,关于某个解释的一些有意义的命题也必定是不可判定的。

有许多科学上的理论构建可以作为斯科伦定理的佐证例子,比如"牛顿的理论描述无限多个不同世界,每一个世界与理论的一个不同的解相联系,它通过开始于不同位置上的粒子而得到"[1]。同样,爱因斯坦的广义相对论也有无限多个解,道理是一样的。单单就宇宙起源的种种理论而言,就有多种理论,如大爆炸理论和脉动理论,均可以解释多普勒效应,即所谓的红移。再比如,"量子理论最为显著的特征之一就是存在着许多种关于这个理论'究竟意味着什么'的不同解释。……。量子理论看起来对许多相互之间相互排斥的解释都是允许的,就像在实验

---

[1] 斯莫林:《通向量子引力的三条途径》,上海科学技术出版社,2003,第 23 页。

中光子同时通过双孔一样。在某种意义上,所有这些解释都是正确的。"①

其实,这些都是斯科伦定理的必然。很显然,"解释只要精确地反映现实世界的某种同构,就是有意义的。当现实世界中的不同方面彼此同构时,一个形式系统可以与这两者都同构,因此可以有两种被动意义。"②于是一个形式系统也就可以建立起多种解释模型。反过来的问题是:现实世界的一切都可以变为形式系统吗? 回答显然是否定的。

从这样的逻辑困境的意义上看,在当今西方逻辑学走向多元化的情况下、在哥德尔定理和斯科伦定理所包含的真知灼见深入人心的人文氛围中、在逻辑排中律、矛盾律早已开始动摇的当今逻辑学发展趋势中,重新来审视禅宗的元逻辑思维方式,对于重建新型的逻辑体系,恐怕是有极其重要意义的。这不仅能够发现人类固有思维方式的多样性,而且更能够找到自哥德尔以来西方逻辑多元化发展的逻辑根源,有助于我们拂去西方传统固有的看待科学的框框,开拓认识科学发展全貌的新视野。

## 第二节 禅宗的触事即真观

由矛盾得出一切恒真,正是禅宗"一切众生皆有佛性"以及"青青翠竹尽是真如,郁郁黄花无非般若"的逻辑基础。所以,禅宗示人,常显反常识之言,所谓"一了百了"也有此意,至于以"自指"现象看也大抵如此。"一切皆有佛性"到了马祖道一那里就成为"触境皆如""随处任真"了。

首先,我们知道,禅宗的"触事即真"指的就是真性的周遍不二性,也就是一切皆有佛性的语义学解释。这种境况,就是道钦禅师上堂指出的:"道远乎哉! 触事而真。圣远乎哉! 体之则神。"③在下面的这则公案中,其实所要宣讲的也是佛性的周遍性:"有一行者随法师入佛殿。行者向佛而唾,法师曰:'行者少去就,何以唾佛?'行者曰:'将无佛处来与某甲唾。'无对。"④这位法师为什么"无对"呢? 因为周遍的真性源于悖论,而容纳悖论就意味一切为真而概无分别。这其中的道理正如江西大寂道一禅师(马祖)示众所说的:"若立真如,尽是真如。若立理,一切

---

① 格里宾:《寻找薛定谔的猫》,海南出版社,2001,第447页。
② 侯世达:《哥德尔、艾舍尔、巴赫集异璧之大成》,商务印书馆,1997,第71页。
③ 道元:《景德传灯录》,成都古籍书店,2000,第522页。
④ 道元:《景德传灯录》,成都古籍书店,2000,第584页。

法尽是理。若立事,一切法尽是事。举一千从,理事无别。"①其说明的就是绝对的同一律。

于是,对于万物的认识,就取决于我们的主观性"测量"了。按照西方神学家希克的说法,就是"因为,我们能认识什么以及我们能以何种方式认识它这样的问题,取决于我们自己的认知范围与功能"②。

对于这种境况,中国古代禅师宗密则用"摩尼宝珠"之喻,非常形象地说明了真性与万象显现主观性之间的关系。宗密在《中华传心地禅门师资承袭图》中论述道:"如一摩尼珠(一灵心也),唯圆净明(空寂知也),都无一切差别色相(知本无一切分别,亦无圣凡善恶)。以体明故,对外物时,能现一切差别色相(以体知故,对诸缘时,能分别一切是非好恶,乃至经营造作,世出世间种种事数。此是随缘义也)。色相自有差别,明珠不曾变易(愚智善恶自有差别,忧喜爱憎自有起灭,能知之心不曾间断,此是不变义也)。然珠所现色,虽百千般,今且取与明珠相违者之黑色,以况灵明知见,与黑暗无明,虽即相违,而是一体(法喻已具)。谓如珠现黑色时,彻体全黑,都不见明(灵知之心,在凡夫时,全是迷愚贪爱,都不见如来知见大圆镜智。故经云:'身心等性,皆是无明也。'),如痴孩子,或村野人见之,直是黑珠(迷人但见定见凡夫)。"③

宗密很有意思地将周遍的"真性"喻为"摩尼宝珠",而我们只能给出客观"真性"的某种主观作用描述,所以永远不可能呈现客观本质(真性)。菩提达摩弟子之一波罗提在强调"性在作用"后说偈曰:"在胎为身,处世名人,在眼曰见,在耳曰闻,在鼻辨香,在口谈论,在手执捉,在足运奔。遍现俱该沙界,收摄在一微尘。识者知是佛性,不识唤作精魂。"④讲的正是真性的这种周遍性。

显然,这种思想与玻尔的量子哲学观相合,也可作为观察者对实在的测量坍缩之喻。"《肇论·不真空论》说:'即色者,明色不自色,故虽色而非色也。'就是说,在认识论上所谓万物,并非万物之本身;所以,认识上虽然有色,客观上并不一定存在着那样的色。这种说法,就叫作'即色本空'。"⑤因此,所见之"色",那是主观观测作用下的实在之表现形式而已,都是强调一切"色有",均为"即景生情、触事而真"的结果,因此可以像雪峰禅师示众时所说的那样,是可以"明镜相似,胡来

---

① 道元:《景德传灯录》,成都古籍书店,2000,第595页。
② 希克:《第五维度》,四川人民出版社,2000,第42页。
③ 宗密:《中华传心地禅门师资承袭图》,载石峻,《中国佛教思想资料选编》,中华书局,1981,第二卷第二册,第467页。
④ 道元:《景德传灯录》,成都古籍书店,2000,第32—33页。
⑤ 吕澂:《中国佛学源流略讲》,中华书局,1979,第50页。

胡现,汉来汉现"①的。另,赵州从谂上堂示众也有云:"如明珠在掌,胡来胡现,汉来汉现。"②

从本质上讲,这里强调的依然是真性的周遍性。永嘉真觉大师的《证道歌》说的:"一性圆通一切性,一法偏含一切法。一月普现一切水,一切水月一月摄。"③所讲的道理最为通俗易懂、明白无误了。

进一步讲,一切为真,也就是一切为假,说到底也就是真假无分别。读禅宗灯录常常遇到以下这样的公案,说明的无非就是这个意思。

(1)(潭州龙山和尚)师云:"老宿有何言句?"僧云:"说即千句万句,不说即一字也无。"④

(2)讲《华严》大德问:"虚空为是定有为是定无?"师曰:"言有亦得,言无亦得。虚空有时,但有假有;虚空无时,但无假无。"⑤

(3)问:"明镜当台,还鉴物也无?"(黄龙)师云:"不鉴物。"僧云:"忽然胡汉来时作么生?"师云:"胡汉俱现。"僧云:"大好不鉴物。"师便打之。⑥

这些公案,在更深意义上讲,就是更彻底的斯科伦定理。比如有则公案就可作为斯科伦定理的脚注:说是有一山人,无所不知,引来见慧忠国师(六祖弟子),在问了山、地与字后,又问:"解算不?"(山人)对曰:"解。"师曰:"三七是多少?"对曰:"和尚弄弟子,三七二十一。"师曰:"却是山人弄贫道。三七是十,唤作二十一,岂非弄贫道?"⑦这里注解的无非就是意义解释的多样性,而更深刻的则是绝对的同一律。

其实,对于任何形式系统(名相)的语义解释也一样,是疑者执着,悟者通达。关键在于周遍的真性不是能靠逻辑概念分别所能把握的。对此,在下面这则公案中,马祖的弟子大珠慧海禅师就有做了最好的解答:

(大珠慧海)师云:"名相易解,至理难见。"有行者问:"即心即佛,那个是佛?"师云:"汝疑那个不是?指出看。"行者无对。师云:"达则遍境是,不悟则永乖疏。"⑧

很显然,真性的意义问题早已超出了我们思维和语言描述的范围。柯亨在其

---

① 静、筠:《祖堂集》,中州古籍出版社,2001,第258页。
② 道元:《景德传灯录》,成都古籍书店,2000,第171页。
③ 道元:《景德传灯录》,成都古籍书店,2000,第650页。
④ 道元:《景德传灯录》,成都古籍书店,2000,第137页。
⑤ 道元:《景德传灯录》,成都古籍书店,2000,第167—168页。
⑥ 静、筠:《祖堂集》,中州古籍出版社,2001,第428页。
⑦ 静、筠:《祖堂集》,中州古籍出版社,2001,第116页。
⑧ 静、筠:《祖堂集》,中州古籍出版社,2001,第475页。

《意义的多样性》一书中指出:"现在人们已认识到,意义问题比想象的复杂,意义的多样性比想象的多得多。表现意义的不同方式有很多,而且在一个概念中这个意义为真,在另一个概念中则往往为假。"①

这样的结论同样适用于严格的数学。美国哲学家普特南在《没有基础的数学》一文中就指出:"在我看来,数学命题的主要特征是,它们具有种类繁多的等价表述(指表达的是在某种意义上相同的事实而涉及的显然不是同一对象的方式多得惊人)。"②经验科学中也有这种情况,比如像量子力学中的波粒二象性等,就是所谓的意义同显问题。如果对应到元层次上,那么同显性也同样反映到数学的不同哲学主张上来,即从根本真性的意义描述上,形式主义、逻辑主义和直觉主义都并无两样。

因此,就意义上讲,所有数学真理,不是约定为真,就是同显性为真,除此之外没有可以描述的真理。于是可以描述的数学真理必然是局部的,而不同局部选择和不同描述方式的选择就可以构成逻辑多元化的蓝图,但这与周遍的真性无关,除非放弃逻辑一致性!

## 第三节　物理世界的多样性解释

构建大一统的理论、能够逻辑一致地解释物理世界中呈现的全部现象,一直是物理学家梦寐以求的理想。而对这种理想的追求,也一直是激励牛顿以及后来者科学热情的真正动力。但随着量子物理学的深入发展,科学家们渐渐发现,物理世界的本性,并非像原先想象的那样简单,可以毫无困难地用任何所谓的"理论"囊括所有物理现象,而又不出现逻辑上的不一致。其中的困难之一,正如物理学家玻姆所描述的,恰恰在于量子物理世界所具有的多样性表现方式。"例如在科学中,普遍认为理论及仪器观测是对世界简单如实的反映。后来,人们日益看清,简单的反映过程不足以完全揭示真相。每一理论和每一仪器都只选择了在质和量上均为无限的总体世界之一定侧面。按照现代物理学(尤其是量子理论),当人们深入到原子和亚原子的大小水平时,观测仪器与被观测的对象在原则上甚至不能彼此分离,仪器只能以一种不可化约的方式'干扰'被观测的系统,事实上还

---

① 麦奎利:《谈论上帝》,四川人民出版社,1997,第107页。
② 贝纳塞拉夫:《数学哲学》,商务印书馆,2003,第346页。

有助于创造被观测的对象并赋予形式。"①

根据量子物理学,物理世界可有不同表现方式,微观粒子具有内禀的不确定性。这里,量子理论的不确定性是指粒子明显地具有这样一种属性,它们一直处于某种不确定的中间状态,直到一个测量迫使它们显明身份,而这个身份的确定结果则是概率性的,是测量本身才使它们取得确定值的。从不确定的中间状态(测量前的"双选"共存波函数),到测量后转化为某个单选可能性波函数,被称为波函数缩编或坍缩。注意,这种不确定性同抛币的正反面取向的不确定性是不一样的,前者是本质上的,后者只是缘于我们的无知。

如果深入到量子物理学的核心内容,我们就会发现,导致粒子不确定性行为,可以原则上归结为一些规则,"这些规则只是依赖于如下一个假设:神秘的鬼粒子之间时刻存在着相互作用,在观察过程中随着波函数的坍塌,凝聚为一个真正的粒子。更严重的是,只要我们一停止对电子的观察,不管我们正在观察什么,这个电子就立即劈裂成一个鬼粒子列阵,其中的每一个都沿着它们自己的几率路径通过量子世界。只要我们不进行观察,一切都是假的。只要我们一停止观察,它就不再是真的。"②

对于粒子的这种不确定性行为,物理学家惠勒借用西方流行的一种20个问题游戏,打了一个十分生动有趣的比喻,非常恰当地说明测量前量子粒子的奇特性质,并讨论了粒子具有内禀不确定性的意义:

然后轮到我了,第4个从房子里被打发出去,以便让洛查·诺德巴姆的其他15个客人午餐后可以秘密协商,就一个难词取得一致意见。我被关在门外难以置信地长。当我最后被允许进去时,我发现每个人都面带笑容,一种逗趣或谋算的征兆。我仍着手努力探寻那个词:"它是动物吗?""不是","它是矿物吗?""是的"。"它是绿色的吗?""不是"。"是白色的吗?""是的"。这些回答来得很快。接着,答问开始变长了。真奇怪,虽然我要求朋友们答复的只是一些"是"或"不是"的简单问话,答疑者在回答之前还是想了又想,在"是"与"不是"之间犹豫不决。最后,我感到我正在逼近谜底了,那个词可能就是"云"。我知道在最后的词上我只有一次机会了。我豁出去了:"是云吗?"回答说:"是的。"每个人都爆发出大笑。他们向我解释说,原先并未约定一个词,他们一致同意不统一约定一个词,每一个人能尽其所爱回答问题——但带有一个要求,即:他心中必须有一个可与他自己的回答,以及所有已经做出的回答相适合的词;否则,如果我提出质问,他

---

① 玻姆:《论创造力》,上海科学技术出版社,2001,第36页。
② 格里宾:《寻找薛定谔的猫》,海南出版社,2001,第164页。

就输了。因此,20个问题游戏的这种出乎意料的变体,对于我的伙伴,如同对我一样,是件难玩的游戏。

这个故事的象征是什么呢? 我们曾经相信:世界是独立于任何观察作用而"外在地"存在的;我们曾认为原子中的电子在每时每刻都具有确定的位置和确定的动量。当我进屋时,我认为屋内有一个确定的词,实际上这个词是通过我所提的问题一步一步演化出来的。就像关于电子的信息是被观察者选中要做的实验,即通过他放进的各种记录设备而被带进存在之中一样。如果我提出过不同的问题,或依不同的次序提同样的问题,就会以不同词告终,正如实验者关于电子行为会有不同描述而告终一样。然而,我把特定词"云"带进存在之中所具有的能力仅是部分的,选择的主要部分存在于房内同伴们的"是"与"不是"的回答之中。类似地,实验者通过选择他要做的实验(即他向自然将要提的问题)对电子将发生的行为具有某种实质的影响。但他知道:关于任一次给定的测量将会揭露什么结果,关于自然会给出什么回答,以及关于上帝掷骰子时会发生什么,等等,存在着各种不可预示性。量子观察的世界跟上述翻版的20个问题游戏之间的类比是风马牛不相及的,但它们却有一个共同点:在游戏中无字便是字,除非通过选择一系列的问题问与答,将该字变为现实。在实际的量子世界里,任何一种基本量子现象只有在其被记录下来之后,才是一种现象。①

讲了这个故事后,戴维斯接着说道:"因此,哥本哈根关于实在的观点,肯定是奇特的。它意味着,一个原子、电子,或无论什么东西,都不能说是以其名词的完全与常规的意义而'存在'的。"②这里,所谓哥本哈根学派指的是以玻尔为首的一种量子力学解释学派,其思想要点为:"第一,还不曾被测量的量子系统处于一个真正不确定的状态,说它处于一个特殊的未知状态是没有意义的(并可能实际地导致矛盾)。第二,测量的作用迫使系统采纳被允许的可能状态之一,其概率能够由系统的适当波函数及其测量计算而得出。"③这样一来,"按哥本哈根观点,一个测量装置是一部机器,它把不确定的'是两者而又既不是这个也不是那个'的量子态转变成'不是这个就是那个'的经典态。"④也就是说测量装置是一个变换,在迭加同显的量子世界与非彼即此的经验世界之间的一个变换,从而导致了我们对原态本体的误解,而人类所经验的一切结果都是这种变换后获得的认识。因此,我

---

① 戴维斯:《原子中的幽灵》,湖南科学技术出版社,1992,第20—22页。
② 戴维斯:《原子中的幽灵》,湖南科学技术出版社,1992,第22页。
③ 林德利:《命运之神应置何方》,吉林人民出版社,1998,第92页。
④ 林德利:《命运之神应置何方》,吉林人民出版社,1998,第140页。

们认为太阳是太阳,月亮是月亮,……。非此即彼!并有了概念分别。主观精神是最终的测量装置——如果按照分析实证的思维方式去"变换"的话。而建立在描述这种经典形象之上的人类语言(概念分别的语言),是难以言说量子本质的。所谓"言语道断"就是这个意思。而上面所说的那个"变换"则正是波函数的一次坍缩,沟通了(概率上)"道"与"言"之间的脆弱联系:"心之妙不可以语言传,而可以语言见。"

量子物理结果的另一个启示则是:"在量子理论中,人们发现再也不能自洽地说,被观察的对象是单个地或者独立于实验条件地存在着。"①事实恰恰相反,物质的存在并不是不依赖主观的,根据量子物理学的波函数和实验(比如薛定谔猫的实验),可以获知其与主观测量是密不可分的。"这种情况就意味着,当所涉及的现象在原则上不属于经典物理学的范围时,任何实验结果都不能被解释为提供了和客体的独立性质有关的知识,任何实验结果都是和某种特定情况有着内在联系,在这种特定的描述中,必不可少地会涉及和客体相互作用着的测量仪器。"②

正因为这样,才会进一步涉及与测量仪器的主体相互作用的问题。于是,进一步运用海森堡测不准原理就可以说明:"观测者对所观测现象的作用不可再被忽视了。……。在生命领域,特别是在程度高的社会关系和心理关系的范围,观测者的卷入甚至更为明显。我们的每一种行为,每一种观察和理论,都将干扰我们的研究对象。"③

量子的性质或存在是受观测影响的,这同王阳明的"不知觉即不存在,人不感物即无物;受知觉然后为存在,感物然后有物"④完全是殊途同归的。不存在"客观",一切"观察"都是"主观"的;相反,也不存在"主体",一切"实体"都是"客体"。当客体"主观"客体时,佯谬不可避免要出现,于是必然推向不可分割的整体:主客合一,不可分别!所以,禅宗三祖才会在《信心铭》中开宗明义地讲"至道无难,唯嫌拣择"。也就是说,一有拣择就有分别,对某个人为规定的量进行测量的结果,就是使你得到了粒子的某一属性,而原本粒子是无所谓属性的。因此,问题出在我们对其的"拣择"之上,并因此偏离了对至道"粒子"的把握或产生佯谬。

这种主观性的形象比喻就是:"水之色即为容器之色。……。因为不同传统

---

① 玻姆:《论创造力》,上海科学技术出版社,2001,第64页。
② 玻尔:《尼耳斯·玻尔哲学文选》,商务印书馆,1999,第129页。
③ 詹奇:《自组织的宇宙观》,中国社会科学出版社,1992,第23—30页。
④ 张岱年:《中国哲学大纲》,中国社会科学出版社,1982,第70页。

都是容器,它们给人类对超越者的意识以可认识的颜色。"①或者用禅师们论道的话来讲,那就是:"斯即无动而不寂,无异而不同。若水之为波澜,金之为器体。金为器体,故无器而不金;波为水用,亦无波而异水也。观无碍于缘起,信难思于物性,犹宝殿之垂珠,似瑶台之悬镜。彼此异而相入,红紫分而交映。物不滞其自他,事莫权其邪正。邻虚舍大千之法,刹那总三除之时。惧斯言之少信,借帝网以除疑。盖普眼之能瞩,岂或识以知之。"②

我们所见到的物理世界,均是主观测量坍缩的结果,也是千万中可能表现的一种呈现。一切都是真性的缘起,测量依赖于观测之智,结果必然形成差别万象。法藏在《华严经义海百门》中说:"入法界者,即一小尘缘起,是法;法随智现,用有差别,是界。此法以无性故,则无分齐,融无二相,同于真际,与虚空界等。遍通一切,随处显现,无不明了。……。若性相不存,则为理法界;不碍事相宛然,是事法界。合理事无碍,二而无二,无二即二,是为法界也。"③

于是,我们完全可以将这一切归之于"触事而真"原理。对此,正如慧远所言:"神也者,圆应无生,妙尽无名,感物而动,假数而行。感物而非物,故物化而不灭;假数而非数,故数尽而不穷。"④讲的也就是这个原理。

当然,如果我们深究物理测量仪器的主观观察之时,就会遇到一个观察之观察的无穷回归问题。这个问题常常是这样被提出的:"但是,被观测系统与测量仪器的处理方式的这种差别,实际上不是真实的。……。如果波函数不但描述被观测的系统,也描述观测的仪器,而且在观测中也遵从量子力学的法则确定地演变,那么,正如小提姆问的,几率从哪儿来?"⑤为了解决这无穷回归的元观察问题,于是,我们一直可以递推到精神的极致,就会遇到意识的自明性问题,结果必然是"空性"显现!因为"在量子宇宙学里,我们确实需要更好地理解量子力学——把量子力学用于整个宇宙,不可能想象这时还会有什么外面的观察者"⑥。于是,观察必然是一种自因性的观察,除了"空性"的解释,便无其他途径。这其中的道理,体悟了如下的禅机就不难明白:

(钦山)师与卧龙、雪峰煎茶次,见明月彻碗水。师曰:"水清则月现。"卧龙

---

① 希克:《第五维度》,四川人民出版社,2000,第58页。
② 净觉:《楞伽师资记》,载石峻,《中国佛教思想资料选编》,中华书局,1981,第二卷第四册,第160页。
③ 赖永海:《中国佛性论》,中国青年出版社,1999,第164页。
④ 慧远:《弘明集》卷五,转引自赖永海,《中国佛性论》,中国青年出版社,1999,第41页。
⑤ 温伯格:《终极理论之梦》,湖南科学技术出版社,2003,第67页。
⑥ 温伯格:《终极理论之梦》,湖南科学技术出版社,2003,第69页。

曰:"无水清则月不现。"雪峰便放却碗水了,云:"水月在什么处?"①

是啊,"水月在什么处?"所有观察到的事物,原本是空,一切唯主观观测而有。正如阿奎那(Thomas Aguinas)所讲的:"被认识的事物按照认知者的方式存在于认知者之内。"②除此之外,并无任何事物。

与此可知,我们所能得到的只是事物实在的一种表述,其根本不是事物实在本身。这一点,作为量子理论创立者之一的玻尔就认识得非常清楚:"不存在什么量子世界,只有一种抽象的量子力学描述。认为物理学的任务是揭示大自然是什么样的,这种想法是错误的。物理学关注的是我们对于大自然解说些什么。"③物理科学所能做的无非就是给表面上一团混乱的现象带来秩序和简单性。因为物理科学的根本概念都是我们的心灵所形成的一些抽象概念,而与实在的本性无关。"但是,只要我们根据现代科学哲学清晰地洞察到它的意义,我们就会知道,物理科学按照它固有的本性和基本的定义来说,只不过是一个抽象的体系,不论它有多么伟大的和不断增长的力量,它永远不可能反映存在的整体。"④因此,"通过科学走向实在,就只能得到实在的几个不同方面(的描述),就只能得到用简单化了的线条绘成的图画,而不能得到实在自身。"⑤

关于这一点不但量子物理如此,就是整个科学也是如此。"所以,在我们看来,科学可以说是关于自然现象的有条理的知识,可以说是对于表达自然现象的各种概念之间的关系的理性研究。"⑥因此,"有些头脑清晰的人认识到科学不一定能揭示实在。……。(比如马赫就认为)科学只能把我们的感官所领会的现象的信息告诉我们,实在的最后性质不是我们的智力所能达到的。"⑦

这样一来,过去认为"科学不仅描述可观察的世界,而且也描述在外观背后的世界"⑧,根本就是错误的。因为,这里的不可观察的世界的断言必定是假设性的,它们超越了在观察基础上能够牢固确立的东西。而可观察的世界的描述也仅仅是一种描述,它并不代表可观察世界本身,特别是不同的主观观察者对可观察世界的描述会完全不同。"这表明,首先应将理论视为通过心灵来观察世界的一

---

① 静、筠:《祖堂集》,中州古籍出版社,2001,第271页。
② 转引自希克:《第五维度》,四川人民出版社,2000,第57页。
③ 转引自牛顿:《探求万物之理》,上海科技教育出版社,2000,第189页。
④ 丹皮尔:《科学史》,商务印书馆,1995,第21页。
⑤ 丹皮尔:《科学史》,商务印书馆,1995,第2页。
⑥ 丹皮尔:《科学史》,商务印书馆,1995,第9页。
⑦ 丹皮尔:《科学史》,商务印书馆,1995,第13—15页。
⑧ 查尔默斯:《科学究竟是什么》,河北科学技术出版社,2002,第334页。

种方法,因而它是洞识的一种形式,而并非了解世界为何物的一种形式。"①

确实,科学理论只能是通过心灵来观察世界的一种方法,由于逻辑一致性和任何语言描述真性的局限性,科学理论永远不可能描述实在的本性。正因为如此,世界才会呈现其丰富多样性,其不可能被逻辑一致性地加以描述!

---

① 玻姆:《论创造力》,上海科学技术出版社,2001,第48页。

# 第八章

# 禅境的悖论刻画

夫论自者,谓非他为义,必是因他,则非自矣。故自则不因,因者不自,遂言因而复自,则义成矛盾。

(隋)吉藏[1]

悖论是通达真理的必由之路。无论是在什么方面、什么时间、什么场景,如果你遇到了矛盾的境况,那么你离真理就不远了。此时,摈弃一切概念分别,通过直指本源的亲证,超越二元对立一致性界限,你就可以体验终极的完备性境界。这就是对真理的体悟!从某种意义上讲,真理就是对悖论境界的体悟,真理就是悖论。因为悖论的不可证性,使得悖论成为不可概念分别的"三性"体现者。于是,通过悖论就可以破解玄境的自因性,从而洞见禅境之"道"。

## 第一节 通过悖论显现禅境

所谓禅境,就是一种不可思议(非人们的思虑和语言所能认知)的无生无灭,乃至无任何差异的绝对境界,也是终极本体的真理,只能直觉体悟而不可概念分别。在禅宗中,这种禅境首先与禅定有关。我们知道,"'定'为梵文 Samādhi 的意译,音译作'三摩地'或'三昧'等,《俱舍论》卷四将它定义为'心一境性',即心专注一境而不散乱。《大智度论》卷五则说:'善心一处不动而名三昧。'"[2]"何名为禅定?外离相曰禅,内不乱曰定。外若著相,内心即乱,外若离相,内性不乱。本性自净自定,只缘触境,触即乱,离相不乱即定。外离相即禅,内不乱即定,外禅内

---

[1] 吉藏:《三论玄义校释》,中华书局,1987,第20页。
[2] 洪修平:《禅宗思想的形成与发展》,江苏古籍出版社,2000,第11页。

第八章　禅境的悖论刻画

定,故名禅定。"①因此,禅定之"定"可以看作是一种心境的超稳定状态。其次,禅宗的禅境,还与禅之"慧"有关,这里的"慧"是指一种观照能力,因此,禅宗讲修行往往是"定慧"两字联用。由此可见,禅境可以从两个方面来看待,即禅悟之境与禅观之境,两者一动一静,合为禅境。

对于禅观之境,强调的是坐禅看心、了见佛性的过程,以求达到缄口于是非之场、融心于色空之境。比如《楞伽师资记》中就有这一过程的描述:"初学坐禅观心,独坐一处,先端身正坐,宽衣解带,放身纵体,自按摩七八翻,令心腹中嗌气出尽,即滔然得性,清虚恬净,身心调适,然安心神,则窈窈冥冥,气息清冷,徐徐敛心,神道清利,心地明净,照察分明,内外空净,即心性寂灭,如其寂灭,则圣心显矣。性虽无形,志节恒在,然幽灵不竭,常存朗然,是名佛性。见佛性者,永离生死,名出世人。是故《维摩诘经》云:豁然还得本心。信其言也!"②简单地说就是,"又须明解趣入禅境方便,远离愦闹,住闲静处,调身调息,跏趺宴默,舌拄上腭,心注一境。"③应该说,这是达到禅境的途径。

禅观的目的,当然就是修成"禅悟之境"了。惠能在《坛经·顿渐品》中对这种"禅境"的描述是:"见性之人,……,去来自由,无滞无碍,应用随作,应语随答,普见化身,不离自性,即得自在神通,游戏三昧。"④这便是禅悟状态,是一种超稳定状态:心不起心,色不起色,心色俱离,达到身心不起,常守真心。明代高僧云栖袾宏在《禅关策进》中是这样描述这种状态的:"无分昼夜,直得东西不分,南北不辨,如有气的死人相似,心随境化,触著还知,自然念虑内忘,心识路绝。忽然打破骷髅,元来不从他得。"⑤总之是达到了心性寂然不动的状态⑥。

用非线性科学的话讲,其实也就是心理状态的一种结构稳定性。因此,禅宗的心法,就是心进入超稳定状态的修养方法。注意,禅观之境是心,禅悟之境也是心,因此,禅观是以心观心而识心的过程,所以,从动力学角度,可以对禅境进行过程规律和性质的研究。比如禅悟的明心见性,实际上是一种心灵修证的动力学过

---

① 郭朋:《坛经校释》,中华书局,1983,第37页。
② 净觉:《楞伽师资记》,载石峻,《中国佛教思想资料选编》,中华书局,1981,第二卷第四册,第166—167页。
③ 宗密:《禅源诸诠集都序》,载石峻,《中国佛教思想资料选编》,中华书局,1981,第二卷第二册,第430页。
④ 洪修平:《禅宗思想的形成与发展》,江苏古籍出版社,2000,第324页。
⑤ 云栖袾宏:《禅关策进》,载净慧,《禅宗名著选编》,书目文献出版社,1994,第301页。
⑥ 用脑科学家Libet的意识心灵场(CMF)理论讲,就是由神经集群整体活动涌现的主观意识体验所形成的CMF达到超稳定状态。参见Libet, Benjamin: Mind time - The Temporal Factor in Consciousness, Harvard University Press, 2004, 180—186.

程,可以借助于非线性科学来加以分析。为此,我们必须建立起禅悟之境的心性与揭示这种心性之手段之间的联系。

我们知道,按照禅宗的理论,心性达到了不动的境界,就可以洞见自己的本心、见取自性,从而了然一切,成佛成祖。如"心不动,不动是佛""于自性中,万法皆见(现)""万法尽在自心""自性心地,以智慧观照,内外明彻,识自本心。若识本心,即是解脱"等讲的都是这层意思。应该看到禅宗的以"心"观"心"而识本"心",此三"心"实为一心,故称自性。

再次强调,万法在自性,不应该说一切事物皆从自性生,而应该说一切心理现象皆从自性生。"性含万法是大,万法尽是自性见。"一切事物都是自性的显现。那么什么是自性呢?"自性本净""自性常清净""即自性是真如""本性自有般若之音""本源空寂,离却邪见""性本无生无灭,无去无来""自性含万法,名为含藏识",自性包容万法、显现万法、运作万法,无非一心而已。所谓"一切万法,本无不有,故知万法本因人兴。……。故知一切万法,尽在自身中,何不从于自心顿现真如本性"[①]。为什么? 因为事物的自因性使然。禅宗讲"自性",是指绝对终极本体。正因为如此,所以是不可言说或指的,它包罗一切,但当涉及"一切皆×"之一般形式的时候,必然超越了概念分别,"当知真如自性,非有相,非无相,非非有相,非非无相,非有无俱相。非一相,非异相,非非一相,非非异相,非一异俱相。乃至总说。依一开始众生以有妄心,念念分别,皆不相应,故说为空。"[②]于是,这"自性"必然是自足的、自指的。

波兰宗教诗人安杰勒斯(Angelus Silesins,1624—1677)有诗云:"她盛开因为她盛开/这玫瑰……/不问为何/她也不修饰自身/只捕捉着我的眼睛。"[③]描写的正是"青青翠竹尽是真如,郁郁黄花无非般若"的这种自性或自因性。铃木大拙在《禅学讲演》中则把这种"自性"比作没有圆周的圆,指出:"绝对主体性的领域即为自性所在之处。'所在'一词并不十分恰当,因为它只是使人联想到自性的静态一面,而自性永远处在运动或变易之中。……。自性可比作一个没有圆周的圆,故而是空,但它也是这样一个圆的圆心,这圆心处于圆中的每一地方。自性就是那可以传导不动感或平衡感的绝对主体性的点。"[④]

显然,自因性的禅境因而就是超逻辑的;反之,要刻画这种自因性的禅境也必

---

[①] 郭朋:《坛经校释》,中华书局,1983,第30页。
[②] 高振农:《大乘起信论校释》,中华书局,1994,第22页。
[③] 克拉默:《混沌与秩序》,上海科技教育出版社,2000,第202页。
[④] 弗洛姆:《禅宗与精神分析》,贵州人民出版社,1998,第30页。

须通过超逻辑的悖论来进行。请看《大佛顶首楞严经》卷五有云:"言妄显诸真,妄真同二妄。犹非真非真,云何见所见。……。汝观交中性,空有二俱非。迷晦即无明,发明便解脱。"①澄观《答皇太子问心要》也说道:"是非两亡,能所双绝。……。故真妄物我,举一全收。……。悟则法随于人,人人一智而融万境。"②即使以"自指"现象看也大抵如此。比如,最简单的自指悖论命题是一个"无"字,说其为"无",却"有"个"无";说其为"有",则又指谓"无";因此,《无门关》甚至只提倡参"无"字,这说明悖论确实构成了禅悟的逻辑特色:"悟"是建立在参透"矛盾命题"之上。禅师们之所以自觉不自觉地利用悖论、自指等语言现象来参究禅道,就是因为看透了其中隐含的逻辑关系。一方面,只有无思虑分别、离言语说象,才能会道悟真,但传道示法又离不开分别思虑和说象言语,这便是禅宗的一个最大矛盾和困扰;不得已,才滋生出禅宗史中的种种奇语怪状来。可见,禅师们真可谓"老婆心切"!呈"矛盾"、揭"自指"、反"常识",禅师们所用的逻辑手段大抵如此。无他,只为开示众人不要"执迷"于"真",以达"了悟"而入禅境。

从哥德尔定理来看,这种矛盾是必然的,也是不可回避的,尤其是像禅宗思想这样一种要解决根本源起为宗旨的体系,更是如此。禅宗采取容纳矛盾的做法,跳出圈外,也是可取的。除非自己否定禅宗本身,否则包容矛盾是唯一的策略。这对于描述终极本体的上帝是一样的。"我们如果看一看更有哲学倾向的作者写的神秘论论著,就可以注意到这些作者都一成不变地意识到这样一个事实:关于上帝的知识,无论是在观照中取得的,还是通过思辨的努力取得的,都位于语言力量之外,显得很矛盾。"③

就这一点而言,禅师们实践得最为彻底。双遣双非,呵佛骂祖,可谓淋漓尽致。毕竟,我们熟悉的言语适合于谈论日常经验,对于超验的终极本体,除了间接的指称、双遣双非的否定手段外,恐怕别无他法。"于是'否定方法'被'超凡方法'(Via minentiae)所补充。"④而悖论式的论述和言说也就应运而生了,这符合哥德尔的矛盾完备律!于是,禅境非悖论不足以刻画,也就成为显然。

---

① 河北禅学研究所编:《禅宗七经》,宗教文化出版社,1997,第192页。
② 道元:《景德传灯录》,成都古籍书店,2000,第648页。
③ 柯拉柯夫斯基:《宗教:如果没有上帝…》,三联书店,1997,第127页。
④ 麦奎利:《谈论上帝》,四川人民出版社,1997,第20页。

## 第二节　禅境的混沌动力学分析

悖论代表的是不一致,因此,根据哥德尔定理,悖论描述的禅境一定是足够复杂的"事物"(实际上是复杂到了极致)。过去悖论的研究主要是围绕着如何在形式系统中消除或规避悖论(即传统悖论研究声称的解决悖论)[1],而悖论本身的语义描述复杂性往往不是研究重点。但是,对于禅境的悖论描述而言,重要的不是规避悖论,而是探寻悖论描述底下所蕴涵的本性。因为悖论是人类逻辑思维复杂性的必然反映,蕴涵的是事物根本的复杂性。正如怀特海指出的:"在科学和逻辑中你不得不充分地展开论证,而迟早都注定会陷入矛盾,无论是在论证内部或者在对外部事实的指称中。"[2]因此,悖论是不可避免的,因为悖论本身就是事物复杂性走向极端的必然反映,就像线性是平庸的一样,一致性是平庸的,只有能够刻画禅境的悖论,才具有最为丰富的结构和生命力!

那么如何才能展示悖论语义复杂结构的本质呢?显然,靠传统悖论的研究方法是不够的。为此我们必须关注逻辑悖论语义的动力学性质。因此,必须采用一种全新的方法来应对悖论,这个方法就是计算模拟的方法[3],即使用计算模型来考察自指的动态图案(Pattern),以揭示悖论的更多性质。必须强调的是,我们并非要"解决"悖论,而只是开辟自指和自指理论的语义动力学,这样就可以通过使用计算建模来将传统悖论扩展到无限取值逻辑中。关注的是语义不稳定性无限复杂的模式、混沌和悖论之中隐藏的模式,而不是简单的语义稳定性模式。[4] 这些语义不稳定性模式是一些尚未探明的问题,并且,通过这样的语义模式的显现,可以在悖论与动力学超稳定状态之间建立有机的联系,从而与禅境的刻画相关联。

事实上,在无限取值逻辑中,自指句的语义确实呈现更为丰富的现象——包括吸引子、发散点(repeller points)、奇怪吸引子和分形,非常类似于动态语义学或混沌理论中的数学形象。我们将这些揭示更丰富悖论模式的方法称为悖论语义

---

[1] 张建军:《逻辑悖论引论》,南京大学出版社,2002。
[2] 怀特海:《思想方式》,华夏出版社,1998,第13页。
[3] 周昌乐:"透视哲学研究中的计算建模方法",《厦门大学学报》(哲学社科版),2005,第1期,第1—5页。
[4] Mar, G. and Patrick Grim: Pattern and Chaos: New Images in the Semantics of Paradox, Nous XXV, 1991, 659—695.

动力学,因为其采用了动力学系统理论来处理无限取值逻辑情形中的塔斯基语义学悖论。比如对于说谎者悖论,从非形式推理过程动态的观点看,矛盾是以无尽振荡真值出现的,真、假、真、假,……。这样就无法判断其复杂特性了。

如果我们进一步将二值逻辑的真值范围{0,1}拓展到[0,1],提高刻画命题为真的精确度,并采用如下真值表示的约定:

(1) $|P|$ 表示 P 命题为真的精确度 $\in [0,1]$

(2) $|\sim P| = 1 - |P|$

(3) $|(P\&Q)| = \text{Min}\{|P|,|Q|\}$

(4) $|(P\vee Q)| = \text{Max}\{|P|,|Q|\}$

(5) $|(P\rightarrow Q)| = \text{Max}\{1 - |P|,|Q|\}$

或 $= \text{Min}\{1, 1 - |P| + |Q|\}$

(6) $|(P\leftrightarrow Q)| = 1 - \text{Abs}(|P| - |Q|)$

而二阶无穷值逻辑命题 $V_{tp}$ 表示:断言 p 命题具有真值 t,即 $V_{tp}\leftrightarrow(t\leftrightarrow p)$。于是有:

$$|V_{tp}| = |(t\leftrightarrow p)| = 1 - \text{Abs}(t - |p|)$$

更一般断言 p 命题具有真值 $v\in[0,1]$,则有 $|V_{vp}| = 1 - \text{Abs}(v - |p|)$。

对于说谎者命题,变成无穷取值命题后,就可表示为 $V_{fb}$,其真值为:

$$|V_{fb}| = 1 - \text{Abs}(0 - |b|)$$

其中 b 为说谎者命题本身,如果动态看其取值,则有:

$$X_{n+1} = |b_{n+1}| = 1 - \text{Abs}(0 - |b_n|) = 1 - \text{Abs}(0 - X_n)$$

即由迭代函数

$$X_{n+1} = 1 - \text{Abs}(0 - X_n)$$

描述,不同初始值 $x_0$ 代入,形成不同的时序图。进一步讲,如果用方程:

$$\begin{cases} z = 1 - \text{Abs}(0 - x) \\ x = z \end{cases}$$

来替换上述迭代函数,并用相空间 $(x,z)$ 点来描述,其振荡行为则得到不同的相空间模式,结果不难发现,当 $x_0 = 1/2$ 时得到一个稳定吸引子相空间模式,其他取值时则为周期 2 的吸引子相空间模式。

这样的计算模拟方法可以用来处理更加复杂的泛化自指句,也称为准悖论句(Quasi - paradoxical Sentences),例如自指句:

本句子为其一半真

表示为 $V_{vp}$ 形式即为:

$$X_{n+1} = 1 - \text{Abs}(X_n/2 - X_n)$$

再如自指句:

本句子的真值是其值或其反值更小的那个

如设其反值为 1 - v，那么上面自指句的 Vvp 形式可以表示为：

$$X_{n+1} = 1 - Abs(Min\{X_n, 1 - X_n\} - X_n)$$

同样，采用相空间作图法，可以得到更加有趣的动力学行为①。

　　如果在此基础上，再引进模糊逻辑的一些真值计算方法②，如十分真 = (真)$^2$，相当真 = 真$^{(1/2)}$等，那么就可以处理更加广泛的自指句。特别是，我们可以得到与著名的 Logistic 方程一样混沌效应的自指句，即：

　　本句子在真度与假度之间无变化

对应的真值计算方程就是 Logistic 方程③：

$$X_{n+1} = 1 - ((1 - X_n) - X_n)^2 = 4X_n(1 - X_n)$$

在 $x_0 = 0.314$ 处产生混沌吸引子。

　　除了自指句描述方程外，也可以给出混沌对偶句的描述方程，并与奇怪吸引子（分形图形）相互关联。根据禅宗文献，这种互指句动态刻画，其意义更重要。因为在语言使用中普遍存在的是相互指涉现象，因此，比直接的自指句更为普遍。当然，互指句本质上是一种间接自指句，只是由于是间接的，所以，其动力学表现行为也更复杂。实际上，语言表达意义的复杂性便在于普遍存在的互指现象，这就难怪对其的逻辑语义动力学分析会有更复杂的混沌现象表现。比如用无穷值逻辑表示如下互指句：

　　X：X 与 Y 一样真（即心即佛）

　　Y：Y 与 X 一样假（非心非佛）

对应的数值计算函数为：

$$X_{n+1} = 1 - Abs(Y_n - X_n)$$

$$Y_{n+1} = 1 - Abs((1 - X_{n+1}) - Y_n)$$

取 $x_0 = 0.1, y_0 = 0.9$，那么相空间形成奇怪吸引子④。当然，同样通过引入程度描述的真值计算，可以产生更加复杂的互指句。

　　总之，我们看到，通过计算模拟自指句的语义动力学行为，可以产生稳定吸引

---

① Grim, P., etc.: The Philosophical Computer: Exploratory Essays in Philosophical Computer Modeling, MIT Press, 1998, 29—42.

② Grim, P.: Self-Reference and Chaos in Fuzzy Logic, IEEE Transactions on Fuzzy Systems, 1, 1993, 237—253.

③ 斯图尔特：《混沌之数学》，上海远东出版社，1995，第 163—166 页。

④ Grim, P., etc.: The Philosophical Computer: Exploratory Essays in Philosophical Computer Modeling, MIT Press, 1998, 29—42.

子、周期吸引子、不稳定的发散子和混沌吸引子等悖论语义的分形图像。不同的悖论命题具有不同的分形图像,这意味着悖论语义有着十分复杂的结构,不能简单地归入不一致而忽略其不同的含义。实际上,无矛盾语句只是例外,普遍存在的是悖论语句。最有意义的语言是刻画矛盾冲突的,其形式化研究,用得着悖论语义学。特别是悖论语义动力学分析,更能把握这些语言所刻画的矛盾冲突的深层意义,反映其深层意义的结构(直观)——即对应的分形图案(奇怪吸引子)。显然,悖论并非是不合逻辑的,但对于逻辑学家而言确实有一个陷阱:语义悖论看上去比它们实际上要更简单、更可预测,但实际上却并非如此,更深层、更复杂的语义模式依然存在,甚至还有更多的语义不稳定性、分形、混沌,以及无限复杂的模式等待我们去发现——当然要采用计算实验的方法。

通过上面的悖论动力学分析我们起码可以说明,悖论描述的禅境与混沌动力学行为是密切相关的。当然,必须注意的是,这里是从动态"禅观"的角度来看待的。因为正像格莱克指出的:"对一些物理家说来,混沌是过程的科学而不是状态的科学,是演化的科学而不是存在的科学。"①于是对于悖论禅境的性质分析,也必须是从动态的角度来看待。此时就会发现,通过混沌动力学过程,我们可以获得悖论式禅境的丰富的语义表现。因为正如我们上面悖论迭代计算已经看到的,"那些研究混沌动力学的人们发现,简单系统的无秩序的运动很像一种创造过程。它产生复杂性:有时稳定、有时不稳定的、有时有限、有时无限的、丰富的、有组织的图案,而且总带有活物般的诱惑力。"②

这其中,一个有意义的直接带来的结果就是,我们将逻辑演绎的方法与数学建模的方法统一了起来,不仅使得悖论与混沌相关联,而且将不可判定性与不可预测性联系了起来。是的,"混沌打破了各门学科的界限。由于它是关于系统的整体性质的科学,它把思考者们从相距甚远的各个领域带到了一起。"③这就是悖论分析给我们的第一个收获。

实际上,在悖论动力学分析的基础上,戈林姆就给出了关于混沌与悖论逻辑关系的"哥德尔定理"④,其针对混沌的形式处理提供首个有限性结果形式,即:给定任意实算术一致的形式系统 T,其满足数论;那么表达式哥德尔编码集 Γ(这些表达式是确定区间[0,1]上混沌函数 $f(x)$)在 T 中是不可判定的。

---

① 格莱克:《混沌:开创新科学》,上海译文出版社,1990,第5页。
② 格莱克:《混沌:开创新科学》,上海译文出版社,1990,第5页。
③ 格莱克:《混沌:开创新科学》,上海译文出版社,1990,第6页。
④ Grim, P.: The Undecidability of the Spatialized Prisoner"s Dilemma, Theory and Decision 42, 1997, 53—80.

定理 A　关于混沌的形式不可判定性:不存在 T 中可表示的函数 C 使得,
$$C(\#f(x)) = \begin{cases} 1 & 如 \quad \#f(x) \in \Gamma \\ 0 & 如 \quad \#f(x) \notin \Gamma \end{cases}$$
同样也有混沌的不可计算性定理。

定理 B　关于混沌的不可计算性:设 C 为定义在部分递归函数 F 上的混沌函数集(定义域均为实区间[0,1]),设 $\lambda X[1 - Abs((1-X) - X)]$ 属于 C,但 $\lambda X[1]$ 不属于 C,那么标号系 $I(C) = \{i | f_i \in C\}$ 是不可计数的。

这样,就真正从严格形式上,将悖论的不可证明性(不可计算性)与混沌的不可预测性(不可分析性)关联了起来。其实,对于这一点,克拉默早已论述了其中的必然联系:"哥德尔的发现意味着绝对解的不可能性,对内禀真理的背离。如上所述,人的思维和存在是通过反馈而自指和自耦合的。因此,人不能超越他的极限;人不能实现超验。"[①]原因是,混沌的复杂性源于事物本质上的自因性,而自因性就意味着不可分析性,这一点对于悖论逻辑而言是确定无疑的。现在由于悖论与混沌关联了起来,自然其对于混沌而言同样也是确定无疑的,这也是混沌的非线性蝴蝶效应使然。

## 第三节　悖论禅境的丰富内涵

当然,上述对悖论的分析仅仅是局限于"简单"层次上的,对于描述禅境的悖论而言,正像我们第二章和第五章中论述的,相对上述计算分析的悖论而言,不但具有种种更为复杂的表述形式,而且还涉及一种层层双遣双非的超元思维作用,因此,其动力学行为比这里的还要复杂,这是毫无疑问的。实际上,如果把禅观之境看作是一个心脑动力学系统,具有层层双遣双非的超元思维作用,那么其对禅境表述的悖论加以作用(迭代计算),所形成的相空间中的混沌吸引子,代表的就是那个禅悟之境,其性质一定是超稳定的,并且是不可分析的,这是混沌动力学系统使然。这里,我们要再一次强调,这禅观之境的"心",悖论之境的"心"与禅悟之境的"心",是为一心,也就是禅宗一再强调的万法所在的自性,是种种造作的种子。

由于混沌吸引子代表着的是禅悟之境,因此,这同样意味着超稳定的禅悟状态也是不可分析的,所以用禅师的话讲,是"不可思议"(不可分析)的、是"无常"

---

① 克拉默:《混沌与秩序》,上海科技教育出版社,2000,第304页。

(不可预测)的。"佛问诸弟子:'何谓无常?'……。一人曰:'出息不报,便就后世,是为无常。'佛言:'真佛弟子。'"①及"一解千从,一迷万惑,失之毫厘,差之千里,此非虚言"②,讲的都是这种非线性蝴蝶效应,此乃无常之意所在。

总之,悖论的禅境就是"混沌",其不可分析。问:"混沌未分时如何?"(弘通禅师)师曰:"混沌。"曰:"分后如何?"师曰:"混沌。"③再如:(福先)又上堂于时云:"大家识取混沦,莫识取劈破。'竺土大仙心,东西密相付'。是混沦?是劈破?"时有人便(问):"承师有言:'大家识取混沦,莫识取劈破。'如何是混沦?"师良久。问:"如何是劈破底?"师云:"只这个是。"④这些都是不可分析之禅境的最好回答。因为正如唐代丹霞和尚在《玩珠吟》其二中所指出的:"知境浑非体,神珠不定形。"⑤这就是"禅境"的本性。这种本性,按照佛教《成唯识论》中的解释,具有六个方面的意思:(1)刹那灭(涌现性);(2)果俱有(同显性);(3)恒随转(演化性);(4)性决定(整体性);(5)待众缘(全息性);(6)引自果(自因性)。这也就是悖论禅境的丰富内涵,其刻画的也是万物的自性。

庄子在《齐物论》中谈论万物之性时强调:"物无非彼,物无非是,自彼则不见,自知则知之。故曰:彼出于是,是亦因彼。彼是方生之说也。虽然,方生方死,方死方生;方可方不可,方不可方可;因是因非,因非因是。是以圣人不由而照之于天,亦因是也。是亦彼也,彼亦是也。彼亦一是非,此亦一是非,果且有彼是乎哉?果且无彼是乎哉?彼是莫得其偶,谓之道枢。枢始得其环中,以应无穷。是亦一无穷,非亦一无穷也,故曰:莫若以明。"⑥讲的也是这种万物的"自性",其中"彼出于是,是亦因彼"说的是全息性,"方生方死,方死方生"说的是同显性,"因是因非,因非因是"指的是自因性,"枢始得其环中,以应无穷"讲的是演化性,"自彼则不见,自知则知之"含有涌现性,"物无非彼,物无非是"含有整体性的意味。

法藏在《探玄记》中答"混融无碍"时说:"因缘无量,难可具陈。略提十类,释此无碍:一缘起相由故,二法性融通故,三各唯心现故,四如幻不实故,五大小无定故,六无限因生故,七果德圆极故,八胜通自在故,九三昧大用故,十难思解脱

---

① 净觉:《楞伽师资记》,载石峻,《中国佛教思想资料选编》,中华书局,1981,第二卷第四册,第162页。
② 净觉:《楞伽师资记》,载石峻,《中国佛教思想资料选编》,中华书局,1981,第二卷第四册,第164页。
③ 道元:《景德传灯录》,成都古籍书店,2000,第396页。
④ 静、筠:《祖堂集》,中州古籍出版社,2001,第459页。
⑤ 道元:《景德传灯录》,成都古籍书店,2000,第658页。
⑥ 曹础基:《庄子浅注》,中华书局,1982,第22—23页。

故。"①也可看作是混沌十则,颇有意趣。

现在科学在探究物质的本性时涉及的量子真空,同样也具有这些"混沌"性质,比如拉兹洛在《微漪之塘》一书中就指出:"现在有越来越多的证据证明,相互关联的全息场是一种宇宙量子真空的特殊表现形式。"②并具体将量子真空比喻为一种微漪之塘,代表着能量的涨落之境,强调:(1)境之涨落复归于境,具有自因性;(2)涨落之微导致完全不同的"境"态,涌现性;(3)涨落之过程的非线性,演化性和同显性;(4)任何塘中之水滴,反映了整个塘之"境"态,全息性;(5)塘的每一时刻之"境"态是所有水滴共同参与的结果,整体性;等等。也可以作为悖论"禅境"的一个实例写照。

对于禅境的全息性(也是同显性的必然),主要反映了禅宗"触事即真""随处任真"和"触境皆如"的"一切皆有佛性"思想。禅境(自性)的这种全息性,说的就是"不论是哪一种'副本',都保持有原主题的所有信息,也就是说,从任何一种副本中都可以完全恢复原主题"③。有时这种全息性反映为事物跨越尺度自相似性的分形特性。④

对于禅境的整体性(也是自因性的必然),则说明的是宇宙万物内在的关联性,不可分割,如从"是知一毫之内,具足三千大千;一尘之中,容受无边世界,斯言有实耳"⑤。其中可见整体论思想之一斑。其他如"于一尘中,具无量世界,无量世界集一毛端,于其本事如故,不相妨碍。华严经云:有一经卷,在微尘中,见三千大千世界事。略举安心,不可具尽,其中善巧,出自方寸,略为后生疑者,假为一问"⑥。(德山)每曰:"一毛吞巨海,海性无亏;纤芥投针锋,锋利不动。然学与非学,唯我知焉。"⑦(南泉)师问黄檗:"笠子太小生?"黄檗云:"虽然小,三千大千世界总在里许。"⑧"须弥纳芥子,芥子纳须弥。"⑨等都是一样意思。这样的整体论思想,已为我们的物理学所证实。拉兹洛就指出:"看上去宇宙比绝大多数宇宙学

---

① 赖永海:《中国佛性论》,中国青年出版社,1999,第173—174页。
② 拉兹洛:《微漪之塘》,社会科学文献出版社,2001,第181页。
③ 侯世达:《哥德尔、艾舍尔、巴赫——集异璧之大成》,商务印书馆,1997,第12—13页。
④ 曼德布罗特:《大自然的分形几何学》,上海远东出版社,1998。
⑤ 净觉:《楞伽师资记》,载石峻《中国佛教思想资料选编》,中华书局,1981,第二卷第四册,第152页。
⑥ 净觉:《楞伽师资记》,载石峻《中国佛教思想资料选编》,中华书局,1981,第二卷第四册,第162页。
⑦ 静、筠:《祖堂集》,中州古籍出版社,2001,第198页。
⑧ 静、筠:《祖堂集》,中州古籍出版社,2001,第535页。
⑨ 静、筠:《祖堂集》,中州古籍出版社,2001,第517页。

家迄今为止所认为的要更复杂,更具有相干性和整体性。"①以及"这三个新概念(非确定性、非决定性、波粒二象性)应用的结果,打破了隐藏在我们许多通常语言和思想方法背后的一个基本假定,这个基本假定就是:世界能被正确地分析成一个个不同的部分,其中每个部分都是独立地存在着,但它们按照严格的因果律相互作用而形成整体。实际上,按照量子概念,世界是作为一个统一的、不可分割的整体而存在的,其中,即便是每个部分'内在的'性质(波或粒子),也在一定程度上依赖于它和周围环境的相互关系"②。

最后,作为宇宙的本体之"禅境",其不但有不同尺度的形式表现,而且这种表现永远是在不断的演化之中,强调的是动态相互作用的整体动力学过程。而对不同尺度"物境"的显现,必然是通过"整体作用场"缘起"自涌现"的结果。这就是禅境的演化性(也是涌现性的必然)。"一切现象都依一定的条件而存在,都因一定条件的离散而毁灭。宇宙间的纷纭万象都是由各种原因或条件的集合而生成的因缘之网,期间任何一个现象都是不能孤立独存的。"③也就是说,推动事件生灭的是能量(业力)的流转(相互作用),宇宙的关联性的基点就在于这种能量的流转。而流转是一种过程,时间和变化是必然的因素。

在佛教中,缘起的本义是相互依存:"此有故彼有,此无故彼无",有相互缠结的意谓。随着科学的发展,这种看待世界的观点越来越能说明万物的根本规律了。"三论宗认为,客观世界的一切都是因缘和合的产物,没有一种事物是不依赖于其他事物而独立存在的自性,所以都是'空'。"④而这种"空"正是具有全息性的"空"(自性),所谓跋陀禅师所说的"一微空故众微空,众微空故一微空,一微空中无众微,众微空中无一微"⑤。这种"空"也是"原子消解于我们所知甚少的更深层结构,最终与整个宇宙的场相融合"⑥的量子真空之场。其中无时无刻不存在着能量涨落之变化:"我们所知道的任何事物都能以如此方式最终消解于运动之中。……。在这一运动中,无物存在着。更精确地说,'物'是从我们知觉和思想的运动中抽象出来的,而任何这样的抽象,都仅在某种程度上有限地符合真实运动。有些'物'可以持续很长时间且相当稳定,另一些'物'则如同知觉云朵时抽象出

---

① 拉兹洛:《微漪之塘》,社会科学文献出版社,2001,第301页。
② 玻姆:《量子理论》,商务印书馆,1982,序。
③ 方立天:《中国佛教哲学要义》,中国人民大学出版社,2002,第612页。
④ 吉藏:《三论玄义校释》,中华书局,1987,第15页。
⑤ 普济:《五灯会元》,中华书局,1984,第116页。
⑥ 玻姆:《论创造力》,上海科学技术出版社,2001,第85页。

来的形状,倏忽即逝。"①

总之,这些就是"禅境"本性所具有的表现性质,其所刻画的有若玻姆所描述万物低层的"隐缠序":"这表明,量子理论的数学描述了一种恰恰具有这一本性的运动,一种遍及整体空间的拓展与卷入的波运动,因此,你可以说:每一事物被卷入进整体,甚至被卷入进每一部分,然后又拓展开来。我把这叫作隐缠序(卷入序),它会拓展为一种展析序。隐缠的东西是被卷入的序,它拓展为展析序,在其中每一事物是分离的。"②这隐缠序就是纠缠(同显)的全息态;展析序则是坍缩的本征态。"因此在隐缠序中,每一事物内在地相关于每一事物,每一事物包含着每一事物。仅在展析序中,事物才是分离和相对独立的。"③而"存在像生命和心灵那样的东西,它被卷入进每一事物之中。如果你推究到终极,那就可能是有些宗教人士所谓的'上帝'。……。隐缠序不排斥上帝,但也不说存在一个上帝"④。这上帝就是禅境"自性",是不可言说的,也是不可限制的,因为当你说存在一个上帝时,你就是在限制它了,它也不成为上帝了。说到底,禅境就是一种超稳定状态,佛教教义也称"种子""自性""空性",或叫"如来藏"等。

《大方广圆觉修多罗了义经》的大义最著处在于宣讲了"如来藏"性空不动思想,如经文:"如众空华灭于虚空,不可说言有定灭处。何以故?无生处故。一切众生于无生中,妄见生灭,是故说名轮转生死。善男子,如来因地修圆觉者,知是空华,即无轮转,亦无身心受彼生死,非作故无,本性无故。彼知觉者,犹如虚空,知虚空者,即空华相。亦不可说,无知觉性。有无俱遣,是则名为净觉随顺。何以故?虚空性故,常不动故,如来藏中起灭故,无知见故,如法界性,究竟圆满遍十方故,是则名为因地法行。"⑤

值得注意的是,上述引文中除了宣讲了"性空不动"思想之外,其论述本身还采用了"有无俱遣"的双遣双非论述方式和不可言说的非思量性(所谓"亦不可说,无知觉性")论述方式。注意,这里的"性空不动"的如来藏,实际上可以看作是心脑动力学行为中的超稳定状态,即混沌不动点。这一点,在这一段经文中说得更显明:"善男子,一切如来妙圆觉心,本无菩提及涅槃,亦无成佛及不成佛,无妄轮回及非轮回。善男子,但诸声闻所圆境界,身心语言皆悉断灭,终不能至彼之亲证所现涅槃,何况能以有思惟心,测度如来圆觉境界。……。善男子,有作思

---

① 玻姆:《论创造力》,上海科学技术出版社,2001,第87页。
② 玻姆:《论创造力》,上海科学技术出版社,2001,第117页。
③ 玻姆:《论创造力》,上海科学技术出版社,2001,第118页。
④ 玻姆:《论创造力》,上海科学技术出版社,2001,第119页。
⑤ 河北禅学研究所编:《禅宗七经》,宗教文化出版社,1997,第20页。

惟,从有心起,皆是六尘妄想缘气,非实心体,已如空华。用此思惟辨于佛境,犹如空华,复结空果。"①这种思维的混沌不动点、超稳定态,就是非思维状态,因此,无思维"轮回"可现,只有这样才能避免无尽无止的逻辑悖论。比如对于"本句子是假的",如要执着真假,便会陷于逻辑"轮回"之中。只有非思维(注意这里实际上也用到了双遣双非思想)才能亲证"圆觉境界"。因为"善男子,圆觉自性,非性性有,循诸性起,无取无证"②。

是的,禅境自性是无取无证的,宗密在《注华严法界观门》中录有"漩澓颂",其诗唱道③:

若人欲识真空理,身内真如还遍外;
情与无情共一体,处处皆同真法界。
只用一念观一境,一切诸境同时会;
于一境中一切智,一切智中诸法界。
一念照入于多劫,一一念劫收一切;
时处帝网现重重,一切智通无挂碍。

这描述的便是悖论禅境的本性,其根本上是不可分析的。

---

① 河北禅学研究所编:《禅宗七经》,宗教文化出版社,1997,第26页。
② 河北禅学研究所编:《禅宗七经》,宗教文化出版社,1997,第29页。
③ 石峻:《中国佛教思想资料选编》,中华书局,1981,第二卷第二册,第422页。

# 第九章

# 结　语

> 理性的最大胜利是怀疑其自身的合理性。
>
> （西）乌那木诺[①]

如果说禅悟本体是东方宗教冥悟思维极致的产物，那么哥德尔定理就是西方科学分析思维极致的结果。究其根本精神，不但是老子所谓"物极必反，否极泰来"的体现，而且也是孔子"一虑百致，殊途同归"的体现。科学分析思维的极致，则抵达了冥悟的境界，否定了分析思维的完备性；冥悟思维的极致，则突破了分析的疆界，否定了冥悟思维的一致性；两者终极无非都是揭示了思维对象的自因性：用禅师的话讲是空性（色空同显），而从逻辑角度讲是真性（真假同显）。

于是，对于执着于一致性的理性思维，必然会带来各种局限性界限的限制，包括概念界限的限制、方法界限的限制和目标界限的限制。

## 第一节　理性思维的局限性

首先，由于概念分别在理性思维中的决定性作用，理性科学研究往往最终以各种层次的概念分类体系作为结果。在这其中，出于科学完备性追求的结果，不可避免地会产生一些科学概念的泛化现象，与一致清晰的概念分别宗旨相背离。这里，所谓科学概念的泛化是指一些科学概念具有"放之四海而皆准"的功效：只要从给定这样的概念角度出发，那么天地万物无不具有这种概念所规定的本性。比如像结构主义倡导的"结构"概念、系统论倡导的"系统"概念、非线性科学的"非线性"概念、分形几何学的"分形"概念等等，都是这种可泛化性科学概念。这就是科学思维中概念界限的限制：科学概念体系的一致性要求与科学研究完备性

---

[①] 巴罗：《不论——科学的极限与极限的科学》，上海科学技术出版社，2000，第26页。

追求之间的矛盾,超越了科学概念思维的界限。

除了科学概念界限的限制外,在科学研究中对科学思维制约更为突出的是科学方法界限的限制。且不说科学永远只能运用可预知的科学方法来进行受限的研究这本身的限制("灯下寻针"隐喻:不管针掉在何处,我们只能在有光亮的灯下来寻针,因为没有光亮的地方根本不可能进行寻针活动),即使可预知的(现有)科学方法,像演绎方法、归纳方法和计算方法,对于把握科学真理而言,也无不都有本质上的、不可克服的局限性。

我们已经知道,即使有精确的逻辑概念和推导系统,我们也不可能证明任意命题的真,并且即使我们能够避免概念定义的无穷回归,也无法一劳永逸地避免证明的无穷回归。真性,无论形式上还是意义上都只能被显现,而不能被规定。这就是科学思维无法跨越的最后界限。

正是由于认识到了这一点,美国科学哲学家波普尔(Karl. Popper)在1985年8月23日为《科学知识进化论》一书写的"作者前言"中就无奈地指出:"任何科学理论都是试探性的、暂时的、猜测的;都是试探性假说,而且永远都是这样的试探性假说。"①因此,夸大科学的权威性、永真性其实是一种误导。事实上,科学理论的发展史就是不断进化改错的历史。

为了制止无穷回归,并为科学知识提供稳固的逻辑基础,哲学家们提出过许多哲学纲领,如欧几里得纲领、经验论纲领、归纳主义纲领等等。试图在基本的证实、证伪或概率,以及先验、经验或观察等基础上,通过演绎系统把知识组织起来。但结果,由于演绎方法本身固有的局限性,又如何能够在逻辑一致性上保证这样的努力会有什么有效的结论呢?说到底,数学和逻辑本身也是经验的,或者说,演绎方法本身的可靠性不同样也是源于经验的"归纳"吗?因此,匈牙利哲学家拉卡托斯(I. Lakatos,1956年后移居英国)不得不指出:"但结论却是,我们不仅在科学上是易谬论者,而且在数学和逻辑上也是易谬论者。"②

实际上,科学的发现逻辑就是归纳逻辑,即归纳方法的逻辑分析。所谓"归纳的"推理是指从特称陈述(对观察和实验结果的记述),过渡到全称陈述(假说和理论)。但从逻辑看,这种推理显然是不能得到证明的,因为用这种方法得出的任何结论,结果总有可能是假的。

这里涉及一个所谓的归纳悖论问题。归纳推理在什么条件下得到证明呢?由于这一问题的本质是要确定基于经验的全称陈述的真性问题,这就成为一个悖

---

① 波普尔:《科学知识进化论》,三联书店,1987,第2有。
② 拉卡托斯:《数学、科学和认识论》,商务印书馆,1993,第176页。

论:哪怕一万次验证了那个全称陈述,也无法保证第一万零一次同样还会得到验证,起码在严格的逻辑意义上是不能保证的。因此,波普尔就认为:"归纳原理是多余的,它必然导致逻辑的矛盾。"①其实,休谟早已对此有过确认,世称"休谟悖论"。

休谟的怀疑论主要观点有三条:(1)不存在关于外部世界的先验综合的真理;(2)我们所拥有的关于外部世界的任何真实知识,终究都是从知觉经验中得来的;(3)只有演绎推导才是正确的。不过,正像哥德尔定理指出的那样,所谓正确的演绎推导,对于真性的演绎,也是有局限性的,只能适用一个描述能力不超过初等算术的范围之内。

把归纳推理看作是"或然推理"也同样存在悖论,因为即使是观察或实验的概率,也是随着新事实的发现会动态波动的,不能保证是绝对一致不变的。其实,将归纳方法掺入概率因素,就是将追求"必然性"真理化为了"可能性"真理,于是,"真性"也不再是绝对的了。特别是当归纳质疑引发概率真理观之后,同样可以提出概率怀疑论,其要点就是:我们永远无法确定一个科学假说为真的概率。因此,与归纳主义相比,概率主义不过是五十步笑百步的伎俩,也是不可能从根本上为科学真性找到确认性基础的。至于其他像证据支持、合理性信念和赌商理论等,不过都是与概率主义等同的教条,同样不可能为科学的真性找到坚实的哲学基础。

拉卡托斯指出:"现在几乎没有什么哲学家或科学家仍然认为科学知识是、或可以是业经证明的知识了。但几乎没有人意识到,这样一来,整个知识价值的古典结构便土崩瓦解,必须由别的结构来代替了。"②

于此可见,不管是经验(观察或实验的)科学还是先验(数学或逻辑的)科学,都无法为寻找科学真理找到坚实可靠的方法论基础,科学方法界限的制约是明白无误的。或许有人会强调,当代科学,除了传统的经验科学与先验科学之分外,还延伸有一种虚拟仿真科学。因此,要说明科学局限性的根源除了传统作为科学方法论的演绎、归纳的局限性之外,还应说明计算方法的局限性,说明计算模拟算法本身所固有的计算限度。

实际上,几乎在算法化计算理论初创的一开始,公理形式系统不可回避的缺

---

① 波普尔:《科学知识进化论》,三联书店,1987,第17页。
② 拉卡托斯:《科学研究纲领方法论》,上海译文出版社,1986,第11页。

陷就波及到了这一年轻的学科之中。1936年图灵发表的论文①与1941年丘奇发表的论文②,恰恰说明的正是这一点,并被后人总结为"图灵—丘奇论题"。

如果以图灵机作为我们的计算模型,那么"图灵—丘奇论题"指出的是这种计算模型可以处理对象的范围,也就是说给出了可计算性的界限。根据"图灵—丘奇论题",不能由图灵机完成的计算任务都是不可计算的。只有在所有输入上都终止的图灵机,才与直觉上可计算的算法相对应。尽管"图灵—丘奇论题"只是一种假设,但由于迄今为止,所有可能的计算模型,如递归函数、半图厄过程、λ演算、波斯特机等,其计算能力均没有超过图灵机,因此,这一论题是具有权威性的。

用通俗的语言讲,"图灵—丘奇论题"所定义的可计算,指的就是可在有限时间完成的且可一步步机械执行的任务。一个任务存在这样一个计算过程,就称为该任务是有算法存在的。由于事实上确实存在着图灵机不可计算的问题,如图灵停机问题③、铺砖问题④等等。因此,"图灵—丘奇论题"实际上是揭示了算法计算的局限性。

有趣的是,证明不可计算问题存在的方法,从本质上讲与哥德尔定理的证明如出一辙,利用的都是自指性。因此,从这个意义上讲,也可以说,自指性是一切形式系统的死敌,包括这里的形式计算系统。

当然,形式计算系统的局限性还不止这些,除了不可计算性外,还有计算复杂性上的限制。也就是说,在经典计算系统中(DNA计算、量子计算等是属于非经典计算系统,它们不存在计算复杂性的局限性⑤),只有计算时间的花费不多于多项式量级的确定性算法才是有实际意义的。而在实际中存在着大量有意义的问题却找不到这样的有效算法,即学术界所谓的一个悬而未决的NP完全性问题。另外,正如我们已经论述过的那样,根据勒文海姆—斯科伦定理,形式化计算的意义解释同样也有一个多重性问题,当把这样的计算系统运用到人类心智唯一对象的描述时,就会产生严重的缺陷,这是毫无疑问的。

---

① Turing, A. M.: On Computable Numbers with an Application to the Entscheidungs Problem, Proc. London Math. Soc., 1936, 230—265.
② Church, A.: The Calculi of Lambda-Conversion, Annals of Mathematical Studies, #6, Princeton University Press, 1941.
③ Turing, A. M.: On Computable Numbers with an Application to the Entscheidungs Problem, Proc. London Math. Soc., 1936, 230—265.
④ Wang, H.: Proving Theorems by Pattern Recognition, Bell System Technical Journal, 40, 1961, 1—141.
⑤ 周昌乐:对量子新型计算范式的哲学透视,《自然辩证法通讯》,2003,第1期,第94—99页。

总之,科学方法对于科学追求真理的目标而言,是具有明确的局限性界限的。这样一来,实际上也就是说明了科学目标本身界限的限制。正如波普尔认为的那样:"我同意科学的主要任务是推进我们的理解。但是我又认为,完全的理解正如完全的知识一样,是永远不可能达到的。"①

应该说,对于科学理解而言,有一种适度性"中间地带"观点,无疑切中了科学理性思维局限性的本质。这种观点认为:越是根本的概念,命题越是靠不住,只是从这些"根本"开头推演到某个中间地带,才会更易为科学理性思维所理解。因为"中间地带"才是科学理性思维可以把握的范围。罗素就认为:"在数学中最明显易知的概念,……,它们是出现在中途某处的概念。就如最易见的物体是那些既不甚远,也不很近,既不过大,也不太小的物体;同样,最易把握领会的概念是那些既不过于复杂,也不十分简单的概念。"②关于这一点,东方哲学也有同样的认识,比如《薄伽梵歌》中就有:"万物最初隐而不明,中间阶段它才出现,最后,它又复归隐没,对此有何值得伤感?"③

或许,科学目标的这种界限的限制,一开始就是深深根植于科学理性思维要求实证性原则之上的。正像亨佩尔在《论数学真理的本性》中开篇指出的:"不具备足够的根据,没有一个命题和没有一种理论是可以被接受的,这是科学研究的一条基本原则。在既包括自然科学又包括社会科学的经验科学里,接受一种理论的根据在于以理论为基础的预言与从实验或系统观察所得的经验证据相符。"④因此,科学的实证性原则,最终表现出的便是对科学本身目标界限的限制。

## 第二节　科学落入禅境

洛伊在《微漪之塘》一书的序言中指出:"本世纪的标志之一是当代科学的'真实性'不断地遭到破坏。"⑤如化学领域的普里高津"无序与有序"的世界观,脑科学中布拉姆的全息理论,物理学中玻姆的量子隐缠序理论(将玻尔的互补性理论进一步推向了极端),生物学中疯牛病对中心法则的挑战,生态学中谢尔德雷克的永恒形态发生场的观点等等。

---

① 波普尔:《科学知识进化论》,三联书店,1987,第409页。
② 罗素:《数理哲学导论》,商务印书馆,1999,第7页。
③ 张保胜:《薄伽梵歌》,中国社会科学出版社,1989,第23页。
④ 贝纳塞拉夫:《数学哲学》,商务印书馆,2003,第438页。
⑤ 拉兹洛:《微漪之塘》,社会科学文献出版社,2001,洛伊的序。

## 第九章 结 语

于是,人们自然会想,科学的研究是否已经看到了尽头?因为在许多领域里都不约而同地开始遇到了佯谬困境。是我们的宇宙设置的陷阱,还是人类认识能力的局限性结果?我们无法知道,除非真的有禅宗的整体觉悟,否则要回答这一问题,我们又势必会落入佯谬的陷阱之中。

其实说到底,科学研究所观察的一切事物,如果存在,也只是存在于科学描述之中。因此,对于科学研究的万事万物就只是语言描述的概念世界而已,而语言概念世界的基础在于一致性的概念分别。但这种一致性概念分别推及极致,必然会导致悖论。从这个意义上讲,世间万物必定是虚妄不实的,这就是所谓的空性,其是不可用概念分别的语言描述的。如果洞见了这一点,就不难理解大珠慧海禅师这样的"说教":"若了了见性者,如摩尼珠现色,说变亦得,说不变亦得。若不见性人,闻说真如变,便作变解;闻说不变,便作不变解。"①

我们知道,现代物理学有两个基础理论,一个是狭义相对论,另一个是量子论。前者源于迈克尔逊-莫雷(Michelson-Morley)实验,其证实了光顺或逆地球转动的速度是相同的,从而为狭义相对论的产生奠定了基础;后者源于普朗克(Plank)的黑体辐射实验,其表明热物体的发光有不同的波长,从而为量子力学的诞生打下了铺垫。自从有了这两个基础理论之后,几乎衍生了所有后来的物质文明以及我们对物质世界的认识。与此同时,它们也给我们带来了种种科学解释上的疑难,甚至常常使我们陷于难以跨越的困境之中。传统的科学世界观开始动摇,基于实证的科学终于冲垮了实证分析思维的根基,物质世界的不可分割性宣告了还原主义的破产。

更重要的是,量子论承认非局域性特点。正如玻姆指出的:"量子论认为,所有运动都由极为细微和非连续的运动构成,这些运动不像人们通常认为的是通过穿越中间空间而从此处到达彼处。……。在某些领域,事物可以明显地与任何远距离的其他事物发生联系,而无须借助任何外力来推动这一联系。"②如果从逻辑一致性的概念分别来看,这其实就是一种非局域性悖论,即所谓"非力相关性"或"纠缠性",指的是物质最小组成部分以一种超越所有可允许的时空界限的方式互相关联。杨氏的双缝实验证实了这一点,即单个光子通过双缝也会产生相干波,好像是一个单光子可以同时穿过两个狭缝似的,这一现象也由惠勒设计的单光子"分束"实验所证实。甚至,即使彼此相距很远,粒子之间的相互作用也是瞬间发生的(所谓"同谋粒子")。事实上,1935年由Einstein、Podolsky和Rosen三人提出

---

① 道元:《景德传灯录》,成都古籍书店,2000,第97页。
② 格里芬:《后现代科学》,中央编译出版社,1995,第81页。

的 EPR 效应实验,1959 年由 Ahaonov 和 Bohm 提出的 AB 效应实验,1975 年由 Colella、Overhause 和 Werner 提出的引力干涉效应实验,都证实了与相对论定域性相对立的量子非定域性观点。于是,如何化解这一矛盾就成为统一物理理论的一个难解性问题。

这样,根据量子理论,"要想得到微观现象的完全描述,我们一定会依次联想起一些图像,而它们是互相矛盾的;如要把客体的不同表象全部考虑在内,它们又都是非常必要的。"①这里呈现的,地地道道的就是完备性与一致性的矛盾,也是无法回避的必然结果。

于是,所有像泡利不相容原理(因为两粒子相遇的几率总是存在的,因此,其状态必定不能相同)、测不准原理(由于相互作用的破坏性,不可能同时精确地测得粒子的位置和动量)、互补性原理(玻尔认为,为了描述可观察的实体,必然依次地——或者是同时——使用两个或更多的表观上相互对立的图像,像物质的波粒二象性等)等结论的出现,也就不足为奇了。因为它们说到底都是量子理论本质上不可能完备性的结果,是哥德尔不完备性定理在物理学上的反映。

或许,有人会将解决量子理论的这种困境寄托于近些年来物理学家所追寻的大一统理论,如量子场论、规范场论、超弦理论等等,但这些理论也都建立在量子力学的框架内。因此,如果量子力学所刻画的科学无可奈何地落入禅境,那么其他量子力学之后的努力也难以幸免于禅境的窘迫。

其实,如果实在本质上是自因性的,那么对实在的任何终极性询问的努力,就一定会落入像卡普拉所描述的那样境遇:即"每当物理学家们向自然界提出原子实验中的一个问题时,自然界的回答总是一个悖论,他们越是试图澄清情况,这种自相矛盾就变得越突出(禅师所谓'拟向即乖')"②。因为,对于科学而言,"我们在建立一个理论时,一方面要使它的结果与实验相符,另一方面又要使它在逻辑上自洽。"③但除非该理论的解释能力是有限的,否则不可能使理论既一致(自洽)又完备(能解释一切)。这在建立相对论性量子理论时就已经看到了这种窘境。量子理论看起来对许多事实之间相互排斥的解释都是允许的,说明了量子科学落入了禅境的真正原因。

应该注意的是,人类所开展的科学研究永远是属于人类的,因此,毋庸置疑,这样的研究及其成就说到底都是人类思维活动的反映,并永远如此。从而,所有

---

① 布洛衣:《物理学与微观物理学》,商务印书馆,1992,第86—87页。
② 卡普拉:《物理学之"道"》,北京出版社,1999,第54页。
③ 玻姆:《量子理论》,商务印书馆,1982,第108页。

一切的不可思议,也同样归结为人的思维活动的不可思议。除非像禅家主张"非思量"摒弃一切概念分别之心,否则就永远不会有完备的一致性存在。于是,科学方法的困境也必然永远是在语言的此岸(指月之"指")而无法企及真性的彼岸(指月之"月")。唐朝高城和尚在其歌行中指出的:"心无相,用还深,无常境界不能侵。运用能随高与下,灵光且不是浮沉。无相无心能运曜,应声应色随方照。虽在方而不在方,任运高低总能妙。亦无头,复无尾,灵光运运从何起。只今起者便是心,心用明时更何你。不居方,无处觅,运用无踪复无迹。识取如今明觅人,终朝莫慢别求的。勤心学,近丛林,莫将病眼认花针。说教本穷无相理,广读元来不识心。了取心,识取境,了心识境禅河静。但能了境便识心,万法都如囮婆影。"①也许是摆脱这样困境的唯一途径。

其实,科学落入禅境不仅仅是在微观物理世界的探索中,在一切探索世界本质性问题的科学中也是如此。比如对整个宇宙描述理论的建构中,就无可奈何地落入了"黑洞"这个广义相对论无法分别的奇点之上了。宇宙是不是有黑洞,我们无法知道,但宇宙学作为科学的最终理论,无论如何确实在霍金等人的带领下从纯理论上落入了"黑洞"。在那里广义相对论失效了,在那里没有了一切概念之分别,在那里甚至不能再言说什么——除了不确定性的量子涨落,那不是禅境又是什么?!

科学中对"黑洞"的描述与禅师对"空性"的描述,在本质上没有什么差别。请看禅宗公案中智慧的对话:

问:"承古人有言:尽乾坤都来是个眼。如何是乾坤眼?"师云:"乾坤在里许。"僧曰:"乾坤眼何在?"师云:"正是乾坤眼。"②

所谓"乾坤眼"正是"空性"这一"黑洞"。这禅悟也是在悟一种"黑洞",禅宗中称为"无""空""佛性""第一义""法"等的那个东西,不可思量,因此,一切概念分别、逻辑机用等都将落入这一"黑洞",是精神黑洞!因为稍具规模的逻辑体系都无法逃脱哥德尔定理的魔掌,而那些不可判定性、悖论无一不落入禅境。而对此,只有通过禅悟方会有太平日子好过。

世上最大跨度自相似性莫过于量子微观世界与宇宙宏观世界所表现出来的一致性:都可以用量子力学的波函数来描述,受制于同样一个场理论所支配(量子场论也适合于描述量子宇宙场,起码在原理上是这样的),所谓"至大无外,谓之大一;至小无内,谓之小一"。于是,当一个物理学结论不自洽的时候,或有了不一

---

① 静、筠:《祖堂集》,中州古籍出版社,2001,第493页。
② 静、筠:《祖堂集》,中州古籍出版社,2001,第321页。

致的危机时,那就找量子理论来圆场吧!虫洞和时间机器是这样,黑洞蒸发也是这样,宇宙起源及奇点等都是这样!总之,科学所描述万物本质的一切,无不可以归结到量子理论的非局域性上来,归结到整体不可分割的"空性"上来。

具体假设是:通过把它们自身过去和现在状态的波函数,以及它们参与其中的系统的过去和现在状态的波函数通告给实体,真空成了所有尺度和复杂性的非局域关联和相干性的媒介。

(1)量子领域内的纠缠(entanglement)产生于通过真空传输的多维波函数,该真空把它们自身的和它们系统的过去/现在状态通告给粒子;

(2)生物学领域内的非局域相干性产生于通过真空传输的多维波函数,该真空把它们自身的和它们生态—社会系统的过去/现在状态通告给有机体;

(3)宇宙中的非局域相干性产生于通过真空传输的多维波函数,该真空把它自身的和大宇宙的过去/现在状态通告给我们的宇宙。

总之,一切缘起于空性:空性是媒介,缘起是作用,而这便是心性!实际上,各学科研究规律的相似性、研究客体的准同构性现象很明显。这也许是一切都源于研究者心智的限度所致,因为任何学科的研究结果,有一个根本性的同源——即人的心智。

但泛化科学主义的一个前提则是否定主观性,强调世界的客观论,或者干脆就是认为客观与主观的二元对立性是普遍有效的。这虽然是科学得以成功的根本原则,但也同样是科学局限性的根本原因,从而科学除了落入禅境,别无可能。科学依存的另一个原则是还原论或实证分析方法,但正如我们早已提出的是,实证分析方法面对整体性的宇宙万象,必然显得苍白无力,非真即假只适用于小范围的符号研究。而在科学的疆域中,根本就没有通往绝对真理的最终出口。

科学的局限性是不可消除的,"科学正是由于它自己的定义、公理和基本的假设,必然是机械的与决定论的。"[①]而机械的与决定论的是不可能逻辑一致地描述实在的。很明显的是,为了给出万物描述的统一理论:"科学给一般思想界带来了自身的不一致性,使科学不但在其上层结构,而且在其自身所根据的基本物理概念上,发生动摇。"[②]因为,任何科学理论,当试图言说某种与"一切"有关之事物的系统的方式时,就成了某种"形而上学"的东西了(注意,形而上学乃"一切皆×"之一般形式)。此时,科学的研究也如同"一切皆有佛性"一样,除了落入禅境之中,别无可能。

---

[①] 丹皮尔:《科学史》,商务印书馆,1995,第636页。
[②] 丹皮尔:《科学史》,商务印书馆,1995,第636页。

必须注意的是,科学落入禅境并非指科学研究的对象落入禅境,而是指科学的方法、理论表述以及对终极实在的描述,必将落入禅师论禅悟道时一样的境遇。

## 第三节 提倡后现代科学精神

随着对现代科学的上述境遇不断深入的认识,科学的发展也越来越进入了后现代科学时代,形成了体现后现代精神的新的科学发展面貌。这种精神的主旨,便是放弃了对大一统本体的企求,取而代之的是彻底的多元性构想。对理性持否定态度,强调片断化,来反对一律化。这样,后现代科学就成为现代科学的发展新阶段,不求大一统的科学理论(因为这已经宣布是不可能的),而是强调科学理论与实践的多元化。

美国后现代科学创导者格里芬教授提出后现代科学的五种原则包括:"第一,任何活动都受到其他活动的因果影响(与缘起论相类似)。这一原则排除了诸如宇宙源于绝对虚无或源于纯粹可能性的观点(但都没有排斥"性空缘起论"观点)。第二,无论人类经验还是任何与之相类似的事物,都不完全是由外在活动决定的;相反,每一真正的个体都是部分自决的。……。第三,每一对另外一活动产生因果影响的活动都在时间上先于那一活动而发生(自决或自因活动除外)。……。我提出的最后两个原则讨论的是科学与真理的关系问题。它们即传统上的符合原则和非矛盾原则在后现代氛围中的复活(在科学研究的范围内陈述必须与客观真实符合并且是一致性的)。"①

这些原则,当然是针对现代科学的,因为与后现代精神相反,"(现代)科学本身不仅是现实主义的,力图表述事物的本来面目,而且还是帝国主义的,决意提供唯一真正的表述。"②这样"科学必然使世界祛魅,并证实经验以及作为经验前提的那些性质是无效的"③。也就是说,科学的结果必然导致使世界变得无意义,因为意义属于主观参与的结果,与科学发现本身无关,除非主观参与了科学解释活动。

用格里芬的话讲,我们这个世界已变成一个机械的、科学化的、二元论的、家长式的、欧洲中心论的、人类中心论的、穷兵黩武的和还原性的世界。伴随着技术

---

① 格里芬:《后现代科学》,中央编译出版社,1995,第36页。
② 格里芬:《后现代科学》,中央编译出版社,1995,第7页。
③ 格里芬:《后现代科学》,中央编译出版社,1995,第7页。

发明的后果产生了5万枚核弹头;工业化经济导致全球生态大破坏;财富的不均(两极分化)产生了1亿贫困而饥饿的众生——人类社会正处于可怕的境地,文化多样化的消灭也成为现代化的一个代价!

"在科学的好处和成就的一览表之外,我们还可以列出科学的缺点和危害的一览表。对科学的短视应用降低了环境的质量,过分地开发宝贵的自然资源,而且使社会极化为两个不同的群体:一个群体能够应付科学的复杂性,而另一个群体则不能或不愿意。"①

那些有头脑的科学家们开始觉醒,他们发现"影响绝大多数人心灵的'科学的世界观'并不是一种令人愉快的世界观"②,而"高技术的毁灭性手段之发展,现在正威胁着人类的存在,也许事实上还威胁着地球表面一切生命形式的存在"③。因此,"是科学而不是罪孽,让我们失去了乐园。"④

于是,普利策文学奖得主、土著美国作家毛马代(N. S. Momaday)告诉大家,我们面临的中心问题,是如何重新发现神圣:"我们可能也需要重新发现神圣,就是这种关于我们自身深远价值的感觉——而将它植根于新文明的内核之中。"⑤当然,不要企图用科学的思维去解析神圣——那样只会破坏神圣!而是反过来,重新回到拯救我们精神的宗教上来,是在现代科学成就的高度上,重新回归宗教,特别是回归到东方宗教的精神之上。

其实,到了现代,科学与宗教并非总是水火不相容,随着非线性科学的兴起,终于有了融合的可能。特别是现代西方科学的发展与佛教的根本哲学思想,多半已殊途同归了。比如《自组织的宇宙观》所强调的思想观点,就是梵我合一的思想,只不过换了科学语言的说法罢了。实际上,就目前的后现代科学而言,正如巴伯所言:"科学不是同宗教相抗衡的,而是宗教信仰的一个基础。"⑥这一点,对于佛教来说,尤其贴切。

美国学者陈荣捷教授在《现代中国的宗教趋向》一书中提出:"通常,科学上的重大发现会造成神学的危机,可是在佛教来说,这种发现却意味着'证实'。"⑦辛格在《微漪之塘》的序言中已经看到了这一点:"近代最重要的发展也许是神秘世

---

① 拉兹洛:《微漪之塘》,社会科学文献出版社,2001,第2页。
② 拉兹洛:《微漪之塘》,社会科学文献出版社,2001,第3页。
③ 玻姆:《论创造力》,上海科学技术出版社,2001,第70页。
④ 考夫曼:《宇宙为家》,湖南科学技术出版社,2003,第11页。
⑤ 考夫曼:《宇宙为家》,湖南科学技术出版社,2003,第4页。
⑥ 巴伯:《科学与社会秩序》,三联书店,1993,第132页。
⑦ 陈荣捷:《现代中国的宗教趋向》,台湾:文殊出版社,1987,第115页。

界观(在东方占优势,但并不仅仅是在东方)和在当代知识前沿的科学家中显露出来的真实性范式之间日益趋同。"①究其原因,主要是佛教的宗旨与后现代科学的精神在根本上是一致的。早在20世纪,李石岑在《佛学与人生》一书中就强调指出:"佛学的提倡,不特对于科学毫无抵触之处,而且能使科学的方法上,加一层精密,科学的分类上,加一层正确,科学的效用上,加一层保证。"②

这就是为什么许多西方科学家在晚年回归东方哲学的原因所在。比如有人问玻姆:"科学精神真的接近于一种宗教感悟吗?"玻姆非常直接地回答:"是的。"③"同样的,我们也可以在海森堡、薛定谔等许多知名物理学家身上,看到这种晚年归复东方哲学的倾向。"④

实际上,西方科学发展趋向是回归东方哲学,这已是一个不争的趋势。无论是在传统的物理学,如量子理论和相对论,乃至超玄、黑洞,还是在新兴的非线性科学,如分形几何、混沌理论、协同学、突变论、自组织理论等,以及在西方科学的理性基础——逻辑学方向,如哥德尔定理、弗协调逻辑、直觉主义逻辑等,甚至在生命科学和心脑科学中,都明显走到了东方哲学所深刻洞悉的根本之道中。而这种根本之道早已集中体现在禅宗思想和精神之中。因此,在此科学昌明的当世,重新审视、挖掘禅宗这一博大精深的思想瑰宝,探讨禅宗内在逻辑结构和思想实属必要,从根本上了解禅宗在科学发展中所体现的思想及精神。

既然这样,那么近代中国用佛教调适科学所做的努力为什么没有成功呢?这其中的主要原因是,近代佛教调适科学的努力只是一厢情愿的肤浅研究,只是从科学活动方法及其现象认识上,而不是从科学揭示世界的根本原则上来认识科学与佛法的雷同,这显然是远远不够的。因此,对于近代关于佛法与科学的比较研究中,总括一句:牵强附会者多,而深切要害者少!"因为以佛经比附科学,实际上是以科学迁就于佛学,而从科学发掘佛学的理性精神,实际上只是使佛学具有科学的特质,并没有改变科学的特性。"⑤

其实,佛学是超理性的,更高于科学之理性,不应也不必去比附科学。特别是当科学的发展结果越来越显示理性的局限性的时候,更是如此。事实可以不合,但只要方法论相合,就可以说明佛禅的科学性特质了:不必强调事事相合,根本大旨相同即可。佛教界一味强调佛法与科学互相支持,只是一厢情愿的愿望,实际

---

① 拉兹洛:《微漪之塘》,社会科学文献出版社,2001,辛格的序。
② 麻天祥:《中国禅宗思想发展史》,湖南教育出版社,1997,第542页。
③ 玻姆:《论创造力》,上海科学技术出版社,2001,第116页。
④ 董光璧:《当代新道家》,华夏出版社,1991,第44页。
⑤ 何建明:《佛法观念的近代调适》,广东人民出版社,1998,第205页。

上科学受佛教的影响微乎其微,又何谈平起平坐、相互促进呢? 以前的影响一直是单方面的,是佛教适应科学,而不是相反。只是到了 20 世纪后期,随着科学自身发展的结果,才暴露出来在方法境界上的困境。因此,禅宗的现代科学意义、佛教的优胜,乃在于方法论(思维修)上的优胜,这一点必须明确。也就是说,佛法的优胜不在枝末细节那些无关根本的事情上,而在物理学、生物学、宇宙学、脑科学、逻辑学等现代科学的根本局限性和根本终极原理和结论的探寻上。

钟克钊在《禅宗史话》中提倡"现代新禅学"要点主要有:(1)不是宗教上的新禅学,而是人们精神升华、解脱的一种系统方法;(2)不是非理性的,而是要结合科学知识的又超越理性的方法论。[1] 我以为除此之外还应提倡科学禅,通过参究科学定理、定律和结论来达到如此之境界。因此,现代禅学研究着眼点应该是:(1)从脑科学、非线性动力学出发来研究禅悟的可能性问题。(2)从物理学(量子物理学)出发来研究真如(终极)的本体论问题。(3)从语言与逻辑哲学角度研究禅悟方法论问题(隐喻的言说问题、不可言说问题、元逻辑问题以及双遣双非逻辑思想和实践问题),以及有关认识论问题(大智慧)。(4)研究禅宗思想在现代经济与科技昌明社会中的现实意义,对指导日常生活的现实意义等。

提倡科学禅,就是超越二元对立分别的旧科学,通过提倡一种积极的后现代科学精神,来发扬禅宗积极人生的生活态度,重新承认大自然的无穷魅力:主体性的、经验性的和直觉性的魅力,也即禅师们强调的"承当性""自信性""自主性",重建我们的心灵家园。

禅宗之衰落,在于不能适应时代的发展,在于不能自内向外进行变革,而是反复旧调、没有创新,这样必然导致衰败。我国自元朝以来,恰好如此。禅为教之精神,精神不爽,奈何教乎? 其实,对于铃木在《禅学讲演》中所说的:"禅对实在的探求,可以界定为前科学的;在禅与科学所探求的方向全然相反的意义上,有时又可说是反科学的。"[2]现在看来,禅宗反的只是旧的科学。而现在,后现代科学精神已经同禅宗精神相靠拢了,通过那些终结旧科学的科学,我们可以圆满地解释禅宗所强调的终极本体或称为自性、佛性、宇宙精神等范畴。

太虚在《海潮音》第 16 卷第 2 期第 269 页中讲到"于崇儒尊孔成一时风尚时以禅摄儒,实应机妙品"[3],可以改为"于科学昌明成一时风尚时以禅摄科学,实应机妙品"。因为一旦进入佛理系统,则佛之学说无疑是最周密完善的学说,就连哥

---

[1] 钟克钊:《禅宗史话》,四川人民出版社,1998。
[2] 弗洛姆:《禅宗与精神分析》,贵州人民出版社,1998,第 29 页。
[3] 引自何建明:《佛法观念的近代调适》,广东人民出版社,1998,第 30 页。

德尔不完备性,在佛之学说中也给出了最为彻底的解决。这其中的关键之处便是容纳矛盾和自指(诸如自指句、自毁命题、冤亲词、悖论、自举、反常识、蒯撒、自我缠结等现象也随之解决),归结为不生不灭的真如本体上。这种体系从根本上摈弃分别,从而杜绝了一切漏洞的反对意见,于是永远自足!

发无上正等正觉心,应如何把握住它,又如何制止不正确的心思?不执着于任何事物的现象,包括不执着"执着"本身。执着于一点色相,就等于执着全部色相,只有舍去一切外相,包括舍去"舍去一切外相之念"的外相,才能觉悟成佛,这便是佛法的本义所在。所以,无所谓执着和不执着,佛经中的所有名称指借,只有一种用场,那就是以此唤醒人们的正等正觉,而不在于名称术语(名相)本身的含义或有无。所以,才有棒喝、禅机之类的行事作风,所以,才有"佛说般若波罗蜜,即非般若波罗蜜,是名般若波罗蜜"之议论和说教。"他(怀海)有两句令一切佛徒振聋发聩的名言:

  自古至今,佛只是人,人只是佛。

  佛只是去住自由,不同众生。

无疑,怀海的自由观仍不出佛教范畴。他说人'只如今于一一境法,都无爱染,亦莫依住知解,便是自由人。'"①

这里,禅宗倡导的便是摆脱一切境界的支配,反对任何向外的驰求,自信自立。这种思想,远比尼采"上帝死了"更为彻底。"他(义玄)说,如今学者不得,'病在不自信处。你若自信不及,即是茫茫地徇一切境转,被他万境回换,不得自由。'"②

于是,将禅宗的自由和谐精神与科学的自我批判精神相结合,就成为我们当今物质高度发达而精神价值缺失时代的最好选择。一方面,我们必须看到科学具有自我批判精神,不断证伪、积极进取,理性的胜利是理性看到理性的局限性,一切是相对的,敢于扬弃主张。另一方面,佛法可以救科学沙文主义、技术至上主义的偏差,这无疑对建立和谐社会的文化精神起着重要作用。因为"宗教的关键功能就是教导一种自知识,旨在帮助人们在其生活的每个阶段上都成为整体的与和谐的"③。

是的,人类生活的最高境界,就是获得精神上的自由。精神的自由使得我们的生活充满意义和价值。正如西方神学家希克所说的:"我们是有限的、易犯错误

---

① 杜继文:《中国禅宗通史》,江苏古籍出版社,1993,第256页。
② 杜继文:《中国禅宗通史》,江苏古籍出版社,1993,第313页。
③ 玻姆:《论创造力》,上海科学技术出版社,2001,第31页。

的、脆弱的宇宙片段。但由于我们具有寻求意义的内在需求,所以,我们或者根据有意采纳的或者根据无意预设的宇宙特征的观念——大图景——而生活。"①

因此,提倡后现代科学精神,也可以看作是一种后现代生活运动,是以拯救我们的家园为宗旨,无论是环境的,还是心灵的(归根结底是心灵的),都是如此。科学的技术泛化,特别是技术沙文主义的现代性导致了意义的丧失,从而使人生的价值没有了基础,而提倡后现代科学精神,就是要找回这失落的价值。

---

① 希克:《第五维度》,四川人民出版社,2000,第1页。

# 附 录

## 《祖堂集》解读(节选)

　　最上根器,悟密旨于锋芒未兆之前;中下品流,省玄枢于机句已施之后。根有利钝,法无浅深。……。然遗半偈一言,盖不得已而已。言教甚布于寰海,条贯未位于师承。

(南唐)文僜①

　　《祖堂集》在中国早已失传,现在见到的版本是20世纪20年代由日本学者在朝鲜重新发现的。这是一部五代时期的作品,也是现存最早的禅宗史书,由五代南唐泉州招庆寺的静、筠两位禅僧于公元952年(南唐保大十年)编撰的。在见到版本的"海东新开印版"介绍中,有"此界微曹,愿学和禅之美"之语,可以看作流布《祖堂集》的缘由。《祖堂集》记载了二百五十三员禅僧的事迹和言行,共分二十卷。

　　从《祖堂集》的成书年代和内容来看,中国的禅宗作为宗派的形成,当肇始于三祖僧璨,并经道信和弘忍两代的努力,终于形成规模。其中,从禅法的建设上讲(从认识论到方法论的转型上),牛头法融,起着十分关键的、承上启下的作用,直接影响着六祖惠能的禅法思想,当属无疑。这一点,洪修平教授作了比较深入的研究②。

　　当然,从人为编造的道统上讲,独立发展的牛头系不属于禅宗正宗。但由于牛头系的禅法影响太大,不容忽视,因此,后世禅宗想方设法,通过道信的"收留",才勉强将其归入旁系。关于道信"收留"法融之事,有点牵强,并不是没有疑问的。所以,在所有的禅宗灯录、语录中,频频出现"牛头未见四祖,百鸟衔花供养。见后为什摩不来?""牛头未见四祖时如何?""牛头未见四祖,岂不是圣?"等等这样的公案,并非是没有原因的。其实,我们也可以作这样的假设:牛头系的禅法是源自

---

① 静、筠:《祖堂集》,中州古籍出版社,2001,祖堂集序,第1页。
② 洪修平:《禅宗思想的形成与发展》,江苏古籍出版社,2000,第99页。

三祖(三祖的事迹本来就不明),而并非四祖的"点化",后来又影响了六祖,为禅宗方法论的建设起到了重要贡献。

但不管如何,有一点是明确的,如果《信心铭》确是出自三祖之手或之口,那么在禅法上,从三祖到牛头再到六祖,完全是一脉相承的。六祖之后,禅宗又分为石头和马祖两系。大体上讲,石头系强调理入,马祖系突出行入。理入者,理尽而语默,佛性普照,曹洞默照之禅起;行入者,行极必乖张,禅机彻悟,临济棒喝之风兴。从此曹洞、临济两支连绵不绝,直到现今。

本书附录中的《祖堂集》(节选)的解读,主要是从科学角度来阐发禅宗思想的,正如本书正文中论述的那样,方法论是我们的重点。因此,在这个解读节选本的内容选择上,就是本着上述禅法发展的思路上来着手的:主要分别对1佛(释迦牟尼佛)、3祖(僧璨三祖、牛头初祖、惠能六祖)、2系18僧(石头系与马祖系各9僧)的事迹言行进行解读。解读主要依据的现行版本是张华点校本[1]和吴福祥点校本[2]。这两个本子,对于普及《祖堂集》的流布,可谓功德无量。但由于两个本子句读有许多不一致的地方,以及各自又都存在少量漏字、错字或印刷错误(吴福祥点校本要多一点),所以,我们这次对所节选部分重新作了句读编排,并采用如下解读体例:

1. 以张华点校本为基础,参校吴福祥点校本,对缺漏或错误之处加以补正,但有关校对注释,请参见张华点校本,我们不作安排。

2. 除了牛头与惠能的次序作了互换外,对每位人物的编排次序一如原著,对其中的事迹言行则逐段加以解读。原文用仿宋体,解读用宋体,其中大段引文用楷体。

3. 解读内容如涉及禅理思想的,则尽量运用现代科学理论和方法的最新成果,对其进行阐发,但有详有略。详者大段讲论,备述其要;略者点到为止,不作展开。

当然,尽管这只是一种《祖堂集》节选本的解读,但由于禅理玄奥,非关文字;加上自己于禅学也只是"半路出家",一知半解和错误之处总是难免的,敬请方家批评指正。

---

[1] 静、筠:《祖堂集》,中州古籍出版社,2001。
[2] 静、筠:《祖堂集》,岳麓书社,1996。

## 祖堂卷一·释迦牟尼佛

第七释迦牟尼佛,姓释迦,刹利王种。父字阅头檀。母字摩诃摩耶。所治国名迦维罗卫。偈曰:幻化无因亦无生,皆则自然见如是。诸法无非自化生,幻化无生无所畏。

**解读**:阐述不可言说之"道",自然要靠非"常"之"道(言说)"了,其中"诗偈"的语言,因其超逻辑性的特点最显著,因此最接近"不同寻常"的"言说",所以也最为禅僧们所钟爱。此偈便是强调无因无果、自因性的、超逻辑的"缘起性空"之义。需要仔细体会。

是释迦佛者,即贤劫中第四佛也。三劫之中,初千佛,花光佛为首,下至毗舍浮佛,于过去庄严劫中而得成佛也。中千佛者,拘楼孙佛为首,下至楼至如来,于现在劫中次第成佛也。后千佛者,日光如来为首,下至须弥相佛,于未来星宿劫中当得成佛也。贤劫初时,香水弥满,中有千茎大莲华,王其第四禅,观见此瑞,递相谓曰:"今此世界若成,当有一千贤人出现于世。"是故,此时名为贤劫。准《因果经》云:"释迦如来未成佛时,为大菩萨,名曰善慧,亦名忍辱。功行已满,位登补处,生兜率天,名曰圣善,亦曰护明。为诸天王说补处行,亦于十方现身说法,期运将至,当下作佛。观诸国土何者处中,则知迦毗罗国最是地之中矣。"故《本起经》云:"佛之威神,至尊至重,不生边地之倾斜也。此迦毗罗城,三千日月,乾坤之中央也。往古诸佛,皆兴于此。"《俱舍论》云:"剡浮洲之中矣。"《山海经》云:"身毒之国,轩辕氏居之。"郭璞注曰:"则中天竺也。"彼土自分五天竺国,中天竺国是天地之中。名既非边,中义现矣。《因果经》云:"中天大夏种姓有四,谓刹利帝种、婆罗门种、毗舍罗种、首陀种。刹利王种最为高贵,劫初以来,相承不绝。余之三姓,非此所论,但明佛性,自分五别。"又《长阿含经》云:"劫初成时,未有日月光明。诸天福尽下生,皆化为人。欢喜为食,身光远照,飞行自在,无有男女、尊卑、亲属。自然地味,味如苏蜜。有试尝者,遂生搏食,光威通亡,呼嗟在地。食多貌悴,食小形泽,便兴胜负。地味则没。又生地皮,因食地皮故,诸恶凑集。又生林藤粳米等,众味甘美。因兹食者具男女根,如是展转,便为姻媾,遂始胎生。"《楼炭经》云:"自然粳米,朝刈暮熟。"《中阿含经》云:"米长四寸,人竟预取。如是相煞,预取之处,后更不生。"《长阿含经》云:"尔时众生既见不重生,故各怀忧恼,互封田宅,以为疆畔。其有自藏以来,盗他田谷,由是诤起,无能决者。议立一人,号平等主,赏

131

善罚恶,仍共供给。时有一人,容质瑰伟,威严鞠物,众所信伏。则往请之,彼既受已,遂有民主名焉。"《楼炭经》云:"众人言议,为作长号,谥之曰王,以法取祖,故名刹利,此译田地主也。"时阎浮提,天下富乐安隐。地生青草,如孔雀毛。八方郡国,聚落相闻。无有寒热及病恼者。王以正法治世,奉行十法,互相崇敬,犹如父子。人寿极久,不可量计。后有余王,不行正法,其寿遂减至十千岁。如是渐减,至今百年。先于劫初,创始为王,展转相承。至菩萨身罗睺罗,正嫡便绝,余族枝派今犹嗣位,故下广列传轮,粟散、绍续之相也。初民主王号曰大人,第二珍宝王,乃至第三十三善思王。如上三十三王子子相承也,亦是粟散而已。次下并是转轮圣位,嫡嫡相承,至于菩萨。

**解读**:此段论述,主要讲述释迦牟尼佛的来历与功行的,是一位集"善慧""忍辱""护明"于一体的、"功行圆满"的"圣善"。里面有意无意隐含地强调了"佛"之法身、化身与报身的三位一体性。

《楼炭经》云:"真阇王有一太子,名波延迦,译云大鱼王也。"《佛本行经》云:"中天有城,名曰褒多那。人民繁炽,其中有帝,名大鱼王。"从此王乃至大名称王,有子孙相承苗裔计有八万四千二百七十二王,尽是金轮王。最后有二王,为阎浮提主,名茅草王。草王有太子,名大茅草王。大茅草王无子为王,作是念言:"我上祖代代相承,皆是金轮王之苗裔。我今无嗣,种姓将恐断绝。我若出家,恐断王种;若不出家,则断圣种。"思惟是已,则持国事付诸大臣,王乃入山修道,成五通仙,名曰王仙。此王仙先有夫人,名善袭,在宫有娠,后生一子,是大茅草王之苗裔也。后诸大臣知是王仙太子,遂则重册灌顶,绍承王位,号为遮王,又云郁魔王,亦曰懿摩王也。

王有二妃。一名善贤,二名妙端正。妙端正者,生四太子,一名炬面,二名金色,三名象众,四名别成。善贤夫人唯生一子,名曰长寿,端严可喜,世间少双。唯无骨相,不堪绍位。善贤思维:"妙端正四子,炬面等辈,兄弟群族。我今唯此一子,虽然端正,不堪为王。作何方便,我此子得绍王位?"

尔时,遮王驾车宫苑,安慰诸妃。善贤出来,启王言:"我种种安隐,唯有一愿,拟从王乞,愿王赐我。"王曰:"从心所欲,朕当与之。"善贤曰:"王不得变悔!请王设誓!"王言:"若变悔者,朕当破作七分。"善贤白太王曰:"炬面等四子,宜可摈出。"王言:"此四子无过,云何摈出?"王良久思惟,为自设誓已不违愿故,遂判四子摈于他方。

时四王子白父王言:"我等四人不造余过,忽然摈我出国,何也?"王言:"知汝四子实无过失,不辜横遭。如上所说,此非我心,善贤之意。"时四童子所生庶母并眷属等闻此事已,疾至王所,白大王言:"我等四子奉王摈出,我愿随去。"王言:"宜依。"遮王有敕,续告四子:"若欲姻娉,莫婚他族,宜亲内姓,无令种姓断绝。"此四童子敬王教敕,则领眷属面北而去。至含夷林,其中水土宽平,无诸坑阜。将诸眷属住此林中。福德盛故,遂成巨国。

后遮王思问群臣:"朕昔摈出四子,今在何方?"大臣奏曰:"今在香山之北,雪山之南。二山中间有林,名曰舍夷。地沃丰饶,人民炽盛,百姓归之,犹如廛市。郁成大国,册立为王,名尼拘罗城。古仙迦毗罗得道之处,因兹立城名也。"时遮王闻已,再三叹言:"我子释迦!我子释迦!"释迦者,译言能仁也。

大遮王三子已殁,唯有别成,号曰尼拘罗王,是佛祖祖。此王有太子,名曰拘卢罗王,是佛高祖。此王有太子,名曰瞿拘卢王,是佛曾祖。此王有太子,名曰师子颊王,是佛祖。此王有四太子,一名输头檀那,则净饭王;二名输拘卢檀那,则白饭王;三名途卢那,则斛饭王;四名阿弥都檀那,则甘露饭王。净饭王有二太子,一名悉达多,则是佛,四月八日生,身长丈六;二名难陀,则是逆风扫地者也,四月九日生,身长丈尺四寸。白饭王有二太子,一名调达,是佛堂兄,四月七日生,身长丈五尺四寸;二名阿难,是佛侍者,四月十日生,身长丈五尺三寸。斛饭王有二太子,一名释摩男,捉土成金者,四月十二日生,身长丈四寸。甘露饭王有二太子,一名波投,出家竟,四月十三日生,身长丈四寸;二名跋提子,入道,四月十四日生,身长丈四寸。

**解读**:上述描述,介绍释迦牟尼佛的世俗出身,以示血统纯正。这里多有"巧数"安排(缺四月十一日斛饭王所生的一位太子),也有所隐喻。

《佛本行经》曰:"尔时,护明菩萨在兜率天上,心念欲化一切众生。遂敕金团天子:'汝善观察诸王种族,则当为吾拣一生处。'金团天子奉菩萨敕为其观察。观察已竟,白菩萨言:'有刹利种,姓瞿昙氏,刹利帝后。依瞿昙大仙学道,从师姓瞿昙氏。元本以来,世世为金轮王之种族,乃至遮王苗裔以来,子孙相承,住彼迦毗罗城,释种之所都也。其中有王,名师子颊王。此王有太子,名输头檀那王。今此王者,于一切世间天人之中有大名称,堪为菩萨托生之处。'菩萨叹曰:'善哉!善哉!汝善观察诸王种姓,如汝所说,我定生彼。'"

又《经》云:"护明菩萨欲降下时,摩耶夫人告净饭王言:'大王当知,我今欲受八禁清净斋戒。'当斋戒已,遂则眠。于梦中见有一六牙白象,其首朱色,七支拄地,以金装牙。天人乘之,从空而下,赴净饭王宫。"

据《阿含经》曰:"推佛降神母胎,则当此土姬周第五帝昭王即位二十三年癸丑之岁七月十五日托阴摩耶。至二十四年甲寅之岁,摩耶夫人于毗罗苑中游戏快

133

乐,见波罗树花可爱,举右手攀枝,菩萨从右胁而诞生。身真金色,相好具足。"

又《普曜经》云:"佛初生时,放大光明,照十方界。地涌金莲,自然捧足。东南西北,各行七步。观察四方,一手指天,一手指地,作师子吼:'天上天下,唯我独尊。'又偈曰:'我生胎分尽,是最后末身。我已得解脱,当复度众生。'说此偈已,感九龙吐水,沐浴太子。太子浴已,默然不语,还同世间婴儿。"

又案《周异记》云:"昭王即位二十四年甲寅之岁,四月八日,江河泉池忽然泛涨,宫殿人舍、山川大地咸悉震动。其光有五色,贯入大微,遍于四方。昭王问大史苏由曰:'是何祥也?'苏由奏曰:'有大圣人生于西方。'又问:'于天下如何?'由曰:'则时无他,一千年外声教被于此土。'"即是佛初生西天竺国迦毗罗城净饭王宫,瑞应此土。

**解读**:引经据典,广泛衬托,以示庄严隆重。所做"唯我独尊"之言,可见信心不同凡响,乃佛诞之先声。未必真有其事,但不可没有此说。

案《十二因缘经》云:"太子年登十九,厌皇后宫。父王恐畏出家,遂敕箫韵,娱乐太子。太子不乐。坐至三更,五百宫人,悉皆得睡。净居太子时在虚空中,说偈告于太子:'世间不净众惑迷,无过妇人身体性。世间衣服庄严故,愚痴是边生贪欲。是人能做如是观,如梦如幻非真实。速舍无明勿放逸,心得解脱功德身。'又天人于窗牖中叉手白太子言:'时可去矣。'太子闻此偈已,心生欢喜。潜命车匿鞍捷陟来,四神捧足逾城,西北而去。太子念言:'夫出家者具大慈悲,不留马迹,王必罪于门人。'则于城西北角留一马迹,令知腾空西北而去。"时当此土周昭王四十二年壬申之岁二月八日夜半也。

案《律》云:"太子去已,至摩羯陀国斑荼山中,于其石上结跏趺坐。作是念言:'以何物剃除鬓发?'才起此念,净居天子便即捧刀。太子自把,剃鬓发已,净居天子更捧缦僧伽梨衣,便脱旧日所著衣服,并脱头冠白马等付与车匿,将还王宫,并说偈言辞父王曰:'假使恩爱久共处,时至命尽会别离。见此无常须臾间,是故我今求解脱。'

尔时太子在于山中勇猛精进,修无上道。又诣阿蓝迦蓝处,三年学不用处定,知非便舍。复至郁头蓝弗处,三年学非想非非想定,知非亦舍。又至象头山,同诸外道日食麻麦,经于六年。苦行将满,则于尼连阿浴。苦行日久,就岸稍难,追成仙人挽低树枝,接于太子。"

**解读**:讲佛祖喜道,必先讲佛祖厌色,可为天下学道者榜样。继而讲释迦牟尼成道经历,更先讲双遣双非之运用,可见双遣双非法乃关键之思想方法。这种思想方法,因为哥德尔等西方逻辑学家们的工作,已经被现代科学方法论所肯定,成为揭示真性的根本之法。

又《因果经》云:"浴已。'我若以羸劣之身而取道者,外道言自饿则是涅槃因,故当受食。'太子才起此念时,有难陀波罗奈姊妹二人捧上乳糜,太子又自念言:'当将何器而为受食?'才起此念时,四天王各捧石钵。其时,菩萨为平等故,并总受之。息贪欲故,按成一钵以受乳糜。食充色力,欲诣正觉山。"

准《本行经》云:"太子思念:'当用何物而坐?应须净草。'才起此念,路上遇刈草人,名曰吉安。太子语曰:'此草可能惠施小许?不为爱惜?'吉安则授与。逦迤而去,至正觉山。为太子德重故,其山震动,山神出现,语太子曰:'此非成道处。'太子问曰:'何方堪耶?'山神曰:'从此去,摩羯提国东一十六里有金刚座,贤劫千佛皆升此座,成等正觉。宜当往彼。'"

尔时太子遂则下山,遇一盲龙。盲龙语太子曰:"菩萨欲求成道处也?"太子问:"汝何知我菩萨?"盲龙曰:"我昔于毗婆尸佛时,为恶性比丘,毁骂三宝,遂堕龙中,兼盲其目。过去三佛出世,我眼则开,灭后还闭。今见汝身,令我眼开,故知汝是菩萨。"则引太子诣金刚座,以草敷上,遂升此座。太子发弘愿言:"我若不成无上菩提,誓不起于此座!"而成正觉,号之为佛。故《普曜经》云:"菩萨于二月八日明星出时大悟。"便造偈曰:"因星得悟,悟后非星。不随于物,不是无情。"时当此土周第六帝穆王三年癸未之岁二月八日成道,因此三十成道也。

尔时,释迦如来成道竟,示众曰:"夫出家沙门者,断欲去爱,识自心源;达佛本理,悟无为法;内无所得,外无所求;心不系道,亦不业结;无念无作,非修非证;不历诸位,而自崇敬,名之为道。"

**解读**:识取心源,是悟道根本。一切烦恼不侵心而得自在,是为真识心源。这里有《般若波罗蜜多心经》(取唐三藏法师玄奘译本)可知何为自在之心。兹录如下:

观自在菩萨,行深般若波罗蜜多时,照见五蕴皆空,度一切苦厄。舍利子,色不异空,空不异色。色即是空,空即是色。受想行识,亦复如是。舍利子,是诸法空相,不生不灭,不垢不净,不增不减。是故空中无色,无受想行识,无眼耳鼻舌身意,无色声香味触法。无眼界,乃至无意识界,无无明,亦无无明尽。乃至无老死,亦无老死尽。无苦集灭道,无智亦无得。以无所得故,菩提萨埵,依般若波罗蜜多,故心无罣碍。无罣碍,故无有恐怖。远离颠倒梦想,究竟涅槃。三世诸佛,依般若波罗蜜多,故得阿耨多罗三藐三菩提。故知般若波罗蜜多,是大神咒,是大明咒,是无上咒,是无等等咒。能除一切苦,真实不虚。故说般若波罗蜜多咒,即说咒曰:揭谛揭谛,波罗揭谛,波罗僧揭谛,菩提萨婆诃。

有一比丘问:"如何是清净本性?"佛言:"毕竟净故。""如何是本性无知?"佛言:"诸法钝故。"外道问佛:"不问有言,不问无言。"佛乃良久。外道作礼赞曰:"善哉!善哉!世尊有如是大慈大悲,开我迷云,令我得入。"外道去后,阿难问佛:"外道以何所证而言得入?"佛言:"如世间良马,见鞭影而行。"

如是说法,住世四十九年。后于拘尸那城熙连河侧娑罗双树间入于涅槃,寿龄当七十九矣。时周穆王五十二年壬申之岁二月十五日,暴风忽起,飘损人舍,伤折树木,山河大地,悉皆震动,西方有白虹十二道,通过此土,连夜不灭。当此之时,则佛入涅槃之祥应。

又《涅槃经》云:"尔时世尊欲涅槃时,迦叶不在众会。佛告诸大弟子:'迦叶来时,可令宣扬正法。'又云:'吾有清净法眼、涅槃妙心、实相无相、微妙正法,付嘱于汝,汝善护持。'并敕阿难嗣二传化,无令断绝,而说偈曰:'法本法无法,无法法亦法。今付无法时,法法何曾法?'

**解读**:上述三段描述,总归上面一偈而已。此偈大意是:既要付法,又无法可付,大有佛言付法,即非付法,故名付法之意。其实,《祖堂集》中前六佛六偈也一样,与《金刚经》的主张一样意思,亦可见禅宗之旨的。后来的西天前16祖的付法偈,也大体一样意思:双遣双非之语。可见,禅法作为方法论之根本,无非双遣双非之中观而已。这在体现方法论之旨的《金刚般若波罗蜜经》中的描述,是一致无二的。如《金刚般若波罗蜜经》中就有:"一切有为法,如梦幻泡影,如露亦如电,应作如是观。"其所阐述的核心思想便是双遣双非式的论述:"说名A,即非A,是名A",再比如此经中频有:"何以故?阿那含名为不来,而实无不来,是故名阿那含。"(一相无相分第九)"以须菩提实无所行,而名菩提,是乐阿兰那行。"(一相无相分第九)"何以故?庄严佛土者,即非庄严,是名庄严。"(庄严净土分第十)"须菩提,佛说般若波罗蜜,即非般若波罗蜜,是名般若波罗蜜。"(如法受持分第十三)"须菩提,诸微尘,如来说非微尘,是名微尘。如来说世界非世界,是名世界。……。何以故?如来说三十二相,即是非相,是名三十二相。"(如法受持分第十三)"世尊,是实相者,即是非相,是故如来说名实相。"(离相寂灭分第十四)"须菩提,如来说第一波罗蜜,即非第一波罗蜜,是名第一波罗蜜。须菩提,忍辱波罗蜜,如来说非忍辱波罗蜜,是名忍辱波罗蜜。"(离相寂灭分第十四)"须菩提,所言一切法者,即非一切法,是故名一切法。须菩提,譬如人身长大。"须菩提言:"世尊,如来说人身长大,则为非大身,是故大身。""须菩提,菩萨亦如是。若作是言,我当灭度无量众生,即不名菩萨。何以故?须菩提,实无有法名为菩萨。……。何以故?如来说庄严佛土者,即非庄严,是名庄严。"(究竟无我分第十七,注意,此品可为完整的实例分析,具各种"说名 A,即非 A,是名 A"的变式,请参见原文。)"何以故？如来说诸心皆为非心,是名为心。所以者何？须菩提,过去心不可得,现在心不可得,未来心不可得。"(一体同观分第十八)"须菩提,若德福有实,如来不说得福德多。以福德无故,如来说得福德多。"(法界通化分第十九)"何以故？如来说具足色身,即非具足色身,是名具足色身。"……。"何以故？如来说诸相具足,即非具足,是名诸相具足。"(离色离相分第二十)"何以故？若人言如来有所说法,即为谤佛,不能解我所说故。须菩提,说法者无法可说,是名说法。"……。"何以故？须菩提,众生众生者,如来说非众生,是名众生。"(非说所说分第二十一)"须菩提,我于阿耨多罗三藐三菩提,乃至无有少法可得,是名阿耨多罗三藐三菩提。"(无法可得分第二十二)"须菩提,所言善法者,如来说即非善法,是名善法。"(净心行善分第二十三)"须菩提,凡夫者,如来说即非凡夫,是名凡夫。"(化无所化第二十五)、"须菩提,菩萨所作福德,不应贪著。是故说不受福德。"(不受不贪分第二十八)"何以故？如来者,无所从来,亦无所去,故名如来。"(威仪寂静分第二十九)"所以者何？佛说微尘众,即非微尘众,是名微尘众。世尊,如来所说三千大千世界即非世界,是名世界。何以故？若世界实有者,即是一合相。如来说一合相即非一合相,是名一合相。"(一合理相分第三十)"何以故？世尊说我见、人见、众生见、寿者见,即非我见、人见、众生见、寿者见,是名我见、人见、众生见、寿者见。"……。"须菩提,所言法相者,如来说即非法相,是名法相。"(知见不生分第三十一)等三十余处。

值得注意的是,所有这些陈述,均有"须菩提"或"何以故"字样,从中可以看出,这样的句式是作为一种方法论式而使用的。实际上,《金刚经》在禅宗(六祖后)中也确实被用来作为验证开悟与否的工具,而六祖自己也是闻此经而言下顿悟的。可见,《金刚经》更重要的是其作为方法论阐释而显要,而其中的"推理"范式便是这种"说名 A,即非 A,是名 A"的双遣双非"禅悟三段论"。禅宗后世所提出的"三关""四料简""四照明""五位"等不过都是这一方法论思想的发扬和应用而已。另外,从《维摩诘所说经·不二法门品第九》可以归纳出公式：

无 X 无 X$^{-1}$ 是为入不二法门

其中 X 和 X$^{-1}$ 为一对并协概念,同样,该经"见阿閦佛品第十二"中第二段文字中的语句也可以用此规则解说,均可以用来作为"不二法门"的分析实例来破解"排中律",而《金刚经》中的"说名 A,即非 A,是名 A"规则,则可以破解"矛盾律"。另外,《坛经》中也有三十六对概念可援引为例。

所有上述这些论述,均可见双遣双非之法确实是根本之禅法,并源自佛祖。

尔时,迦叶与五百弟子在耆阇崛山,身心寂然,入于三昧。于正受中倏然心惊,举身战栗。从定中出,见诸山地皆大振动,则知如来已入涅槃。告诸弟子:'我佛大师入于涅槃,经于七日,已入棺中。苦哉!苦哉!应当疾往至如来所。恐已荼毗不得见佛。'以敬佛故,不敢飞空往如来所,则将弟子寻路疾行,悲哀速往。正满七日,至拘尸城荼毗所。问大众言:'如何得开大圣金棺?'大众答曰:'佛入涅槃,已经二七。恐有损坏,如何得开?'迦叶言:'如来之身,金刚坚固,不可沮坏。德香芬馥,若栴檀山。'作是语已,涕泪交流,至佛棺所。尔时,如来大悲平等,为迦叶故,棺自然开,皆则解散,现出三十二相八十种好真金紫磨坚固之身。尔时,迦叶复重悲哀,与诸弟子绕佛七匝,长跪合掌,说偈哀叹曰:'苦哉苦哉大圣尊,我今荼毒苦切心。世尊灭度一何速,大悲不能留待我。我于崛山禅定中,遍观如来悉不见。又观见佛已涅槃,倏然心战大振惊。忽见暗云遍世界,复睹山地大振动。则知如来已涅槃,故我疾来已不见。世尊大悲不普我,令我不见佛涅槃。不蒙一言相教告,令我孤露何所依?世尊我今大苦痛,情乱迷闷昏浊心。我今为礼世尊顶,为复哀礼如来胸?为复敬礼大圣手?为复悲礼如来腰?为复敬礼如来脐?为复深心礼佛足?何故不见佛涅槃?唯愿示我敬礼处。如来在世众安乐,今入涅槃皆大苦。哀哉哀哉深大苦,大悲示教所礼处。'

尔时迦叶说是偈已,世尊大悲,则现二足千辐轮相出于棺外,回示迦叶。从千辐轮放千光明,遍照十方一切世界。尔时迦叶与诸弟子见佛足已,一时礼拜千辐轮相。大觉世尊金刚双足还自入棺,封闭如故。尔时如来以大悲力,从心胸中火踊棺外,渐渐荼毗,经于七日,焚妙香薪,尔乃方尽。佛力威神,内外白氎而无损也。此有二表:外一重白氎不损者,表俗谛存焉,内一重白氎不损者,表真谛不坏也。

自如来入涅槃壬申之岁,至今唐保大十年壬子岁,得一千九百一十二年。教流汉土,迄今壬子岁,凡经八百八十六年矣。

**解读**:讲佛祖涅槃,虽有种种隐喻,以示后来,但终归简洁。在禅宗灯录中,《祖堂》是最原本的,不像后来的灯录,有许多人为的杜撰添加。比如《五灯会元》在讲述"佛迹"中竟有"世尊曰:'吾誓不为二乘声闻人说法。'便下座。"[1]这显然是后人杜撰。否则,如果真有此文,那么世尊也太执着分别,不为二乘声闻人说法,有背大乘教理:人皆有佛性及普度众生。所以,《五灯会元》后来添加的所述佛祖之事迹,皆禅宗后人伪托之作,除了为阐述禅理有可取之处外,余者事实之虚,皆不足取。比如"世尊因外道问:'昨日说何法?'曰:'说定法。'外道曰:'今日说

---

[1] 普济:《五灯会元》,中华书局,1984,第5页。

何法?'曰:'不定法。'外道曰:'昨日说定法,今日何说不定法?'世尊曰:'昨日定,今日不定。'"①俨然一则标准禅宗公案而与佛迹无关。普济或其前辈如此编造佛迹,也真可谓"禅"胆包天的了。还有,《五灯会元》有"拈花一笑"典故:"世尊在灵山会上,拈花示众。是时众皆默然,唯迦叶尊者破颜微笑。世尊曰:'吾有正法眼藏,涅槃妙心,实相无相,微妙法门,不立文字,教外别传,付嘱摩诃迦叶。'"②《祖堂》没有,也是后世禅宗的杜撰无疑了。无非是为禅宗立宗,提供理论和历史根据。特别是神会系禅僧们,为了树立惠能之正宗地位,编造了西天二十八祖、东土六祖等传法谱系,此说后来遂成为禅宗经典说法,广为流传。好在后来发现敦煌藏经,胡适等学者们才弄清真实,揭露众多虚假事实,拨乱反正,重建信史。因此,这里叙述的事实自然不足信,但其所隐深意,则大抵说出了禅宗的要旨。因此,读《祖堂集》也应只重意趣之旨,不可执着文字。

## 祖堂卷二·僧璨

第三十祖僧璨者,即是大隋三祖。不知何许人,不得姓字。遇可大师,得付心法。大集群品,普雨正法。会中有一沙弥,年始十四,名道信,来礼师而问师曰:"如何是佛心?"师答曰:"汝今是什摩心?"对曰:"我今无心。"师曰:"汝既无心,佛岂有心耶?"又问:"唯愿和尚教某甲解脱法门。"师云:"谁人缚汝?"对曰:"无人缚。"师云:"既无人缚汝,即是解脱,何须更求解脱?"道信言下大悟,在师左右八九年间。后于吉州具戒,却归省觐于师。师命付法而说偈曰:花种虽因地,从地种花生。若无人下种,花种尽无生。

**解读:** 从"大集群品,普雨正法"可知,禅众至此已成规模,于是,作为佛教一个宗派的禅宗,也已见端倪。至于三祖这里的付法偈,有学达摩之偈(吾本来此土,传教救迷情。一花开五叶,结果自然成)之嫌,并蕴涵"一花开五叶"之预言,没有新意,实为后人伪托。前面连同初祖达摩、二祖慧可、后面四祖道信付法过程及所说之偈,也大体如此,均为后人伪托。综观《祖堂集》中所有佛与祖的付法偈,大致可以分三类:(1)"双遣双非"中观之论,(2)"缘起性空"般若之理,(3)"诸法唯识"法相之说。另外,从第一佛到第六佛的偈,均是反映南禅主张,实为后世禅宗徒众所伪托者。

---

① 普济:《五灯会元》,中华书局,1984,第6页。
② 普济:《五灯会元》,中华书局,1984,第10页。

## 禅悟的实证 >>>

师自隋第二主炀帝大业二年丙寅岁迁化,迄今唐保大十年壬子岁,得三百四十年矣。大明孝皇帝谥号智镜禅师觉寂之塔矣。净修禅师赞曰:三祖大师,法王真子。语出幽微,心无彼此。或处山林,或居廛市。因地花生,栴檀旖旎。

**解读**:三祖传记不多,但有《信心铭》传世,乃后世禅宗之先声。《信心铭》云:

至道无难,唯嫌拣择。但莫憎爱,洞然明白。
毫禧有差,天地悬隔。欲得现前,莫存顺逆。
违顺相争,是为心病。不识玄旨,徒劳念静。
圆同太虚,无欠无余。良由取舍,所以不如。
莫逐有缘,勿住空忍。一种平怀,泯然自尽。
止动归止,止更弥动。唯滞两边,宁知一种。
一种不通,两处失功。遣有没有,从空背空。
多言多虑,转不相应。绝言绝虑,无处不通。
归根得旨,随照失宗。须臾返照,胜却前空。
前空转变,皆由妄见。不用求真,唯须息见。
二见不住,慎莫追寻。才有是非,纷然失心。
二由一有,一亦莫守。一心不生,万法无咎。
无咎无法,不生不心。能随境灭,境逐能沉。
境由能境,能由境能。欲知两段,元是一空。
一空同两,齐含万象。不见精粗,宁有偏党?
大道体宽,无易无难。小见狐疑,转急转迟。
执之失度,必入邪路。放之自然,体无去住。
任性合道,逍遥绝恼。系念乖真,昏沉不好。
不好劳神,何用疏亲。欲取一乘,勿恶六尘。
六尘不恶,还同正觉。智者无为,愚人自缚。
法无异法,妄自爱着。将心用心,岂非大错?
迷生寂乱,悟无好恶。一切二边,良由斟酌。
梦幻虚华,何劳把捉?得失是非,一时放却。
眼若不睡,诸梦自除。心若不异,万法一如。
一如体玄,兀尔忘缘。万法齐观,归复自然。
泯其所以,不可方比。止动无动,动止无止。
两既不成,一何有尔?究竟穷极,不存轨则。
契心平等,所作俱息。狐疑尽净,正信调直。

    一切不留,无可记忆。虚明自照,不劳心力。
    非思量处,识情难测。真如法界,无他无自。
    要急相应,唯言不二。不二皆同,无不包容。
    十方智者,皆入此宗。宗非促延,一念万年。
    无处不在,十方目前。极小同大,忘绝境界。
    极大同小,不见边表。有即是无,无即是有。
    若不如此,必不须守。一即一切,一切即一。
    但能如是,何虑不毕?信心不二,不二信心。
    言语道断,非去来今。

    此铭开宗明义,如果真出自三祖之手或之口,那不正是南禅之先声吗?!特别是其中关于"觉"与"境"关系的描述值得重视。这里的"觉"是"得根本之能"的意思,所以,其论述可借用"能"与"境"的关系来描述,即所谓"能随境灭,境逐能沉。境由能境,能由境能"。此乃万物化生之理,颇合当代科学之理,当需明白。

## 祖堂卷三·牛头

    牛头和尚嗣四祖,师讳法融,润州延陵人也,姓文。四祖在双峰山告众曰:"吾未至此山时,于武德七年秋,于庐山顶上东北而望见此蕲州双峰山顶上有紫云如盖,下有白气横分六道。四祖问五祖曰:"汝识此瑞不?"五祖曰:"莫是师脚下横出一枝佛法不?"四祖曰:"汝会我义。汝善住矣。吾过江东。"便去。至牛头山幽栖寺,见数百僧并无道气,乃顾问僧曰:"寺中有多少住持?其中有道人不?"僧曰:"禅和大相轻。夫出家者阿那个不是道人?"四祖曰:"何者是道人?"僧无对。乃云:"山上有懒融,身著一布裘,见僧不解合掌。此是异人也,禅师自往看。"四祖乃往庵前,过来过去,谓曰:"善男子莫入甚深三昧。"融乃开眼。四祖曰:"汝学为有求为无求耶?"融曰:"我依《法华经》开示悟入,某甲为修道。"四祖曰:"开者开何人?悟者悟何物?"融无对。四祖曰:"西天二十八祖传佛心印,达摩大师至此土,相承有四祖。汝还知不?"融瞥闻此语,乃曰:"融每常望双峰山顶礼,恨未得亲往面谒。"四祖曰:"欲识四祖,即吾身是。"融便起接足礼曰:"师因何降此?"祖曰:"特来相访。"又曰:"别更有住处不?"融以手指于庵后曰:"更有庵在。"遂引四祖到庵所。师遂见虎狼绕庵,麋鹿纵横四畔。师乃两手作怕势云:"入山见虫。"融曰:"师犹有这个在。"师曰:"适来见什摩?"融于言下,虽承玄旨,而无有对。

    **解读**:"入山见虫"原为一合体字,因字库没有此字,所以,这里直接写为四个字。法融被誉为华夏达摩,开创牛头宗,其禅法思想影响广大深远。因此,为将法融纳入禅宗支派,后世门人可谓煞费苦心,编出上述四祖收服法融的故事。实不足为凭,读者不必执着,但留心如下禅旨即可。

师于是为说法要曰:"夫百千妙门,同归方寸;恒沙妙德,尽在心源。一切定门,一切慧门,悉自具足。神通妙用,并在汝心。烦恼业障,本来空寂。一切果报,本来自有。无三界可出,无菩提可求。人与非人,性相平等。大道虚旷,绝思绝虑。如是之法汝今已得,更无阙少,与佛无殊,更无别法可得成佛。汝但任心自在,莫作观行,亦莫停心,莫起贪瞋痴,莫怀愁虑,荡荡无碍,任意纵横。不作诸善,不作诸恶。行住坐卧,触目遇缘,总是佛之妙用。快乐无忧,故名为佛。"融问:"心既具足,何者是心?何者是佛?"师曰:"非心不问心,问心非不心。"又问:"既不许观行,于境起时如何对治?"师曰:"境缘无好丑,好丑起于心。心若不强名,妄情从何起?妄心既不起,真心任遍知。随心自在,复无始终。则名常住法身,无有变易。吾从先师璨和尚处传得顿悟法门,今付于汝。汝今谛受以酬吾道,但住此山。从汝向后更有五人,相继不绝也。善自保持,吾当去矣。"

**解读**:心即问心之心者。天地万物,无非一心而已。如读者解悟《心经》,不难理解这段文字。从当代脑科学的研究成果来说,我们可以这样看待"心":心是一种主观体验意识,有两个基本的属性:即(1)主观感受和体验,蕴含"心"的本体;(2)实施高级心理活动的前提,蕴含"心"的作用。主观感受或体验是感受和体验心理活动本身,因此,一定需要一种持续作用的要求,否则会陷入自指悖论。因此,主观感受或体验的并不是客观世界,而是客观世界刺激作用于神经系统后的心理活动,所以,意识活动一定有延时效果,其不是即时反映"客观世界"的,而"感觉的世界"也不等于真实的存在,仅仅是对真实存在的某种解读或"描述"(主观的)。美国脑科学家艾德尔曼指出:"精神作为一组关系有其物质基础:你的脑的作用及其所有机制产生了一种和有意义的过程有关的精神。……。正是神经系统和肉体的极端复杂的物质结构产生了动态的精神过程以及产生了意义。"[1]但 Kinsbourne 的整合场论(integrated field theory)强调整合是意识的潜在基础[2],因此,美国的 Libet 教授最近提出了心识场的理论(conscious mental field):"A conscious mental field(CMF) would provide the mediator between the physical activities of

---

[1] 艾德尔曼:《意识的宇宙》,上海科学技术出版社,2004,第267页。
[2] Kinsbourne, M.: Integrated Field Theory of Consciousness, In Marul A J, Bisiach(eds), Consciousness in Contemporary Science, Oxford: Clarendon Press,1988.

nerve cells and the emergence of subjective experience. It thus offers an answer to the profound question of the nonphysical mental arising from the physical,……. Such a field would provide communication within the cerebral cortex without the neural connections and pathways in the cortex. (心识场也许就是从神经元的生理活动到涌现主观体验的调停者。这便可以回答非物质的心识是如何产生于物质活动的这一深奥问题。……。这样的一个场也许就在没有直接神经联络的大脑皮层之间提供了通信。)"[1]这种心识场是超越一切物质活动的,揭示的就是主观意识体验,而对于无意识活动,则由神经系统的运作来解释。这样,相当于将整体主观的心看作是 CMF 自觉表现,而脑活动则完全由神经集群完成。当其产生觉知时,使汇入 CMF 场的反应,形成主观意识体验。不过,由于主观体验便是我们所能认识的一切,因此,这心识场就是物质场、宇宙场。正如美国诗人狄更生(Emily Dickinson, 1830—1886)在诗中所言:

> The brain – is wider than the sky –
> For  –  put them side by side –
> The one the other will contain
> With ease – and you –  beside

(大脑/比天空更要广阔/这是因为/如果把它们两相比较/它们可以相互囊括/连你/也置身其中)。因此,归根结底,物、脑、心概无分别,万法归一。

师于言下顿荡微瑕,永亡朕兆。自是灵怪鬼神供须无地。以此详鉴,足见如来密旨,岂修证以能齐?祖胤玄门,安寂静之可趣?言亡理契,顾玄要以云泥;静虑还源,望禅枢而楚越矣。

**解读**:法融发明心地,于是继三祖《信心铭》作《心铭》,创牛头宗,流布禅道,并对后来六祖南禅思想产生深刻影响。为了方便读者,特辑录《心铭》全文如下:

心性不生,何须知见。本无一法,谁论薰炼。往返无端,追寻不见。一切莫作,明寂自现。前际如空,知处迷宗。分明照境,随照冥蒙。一心有滞,诸法不通。去来自尔,胡假推穷。生无生相,生照一同。欲得心净,无心用功。纵横无照,最为微妙。知法无知,无知知要。将心守静,犹未离病。生死忘怀,即是本性。至理无诠,非解非缠。灵通应物,常在目前。目前无物,无物宛然。不劳智鉴,体自虚玄。念起念灭,前后无别。后念不生,前念自绝。三世无物,无心无佛。众生无

---

[1] Libet, B.: Mind time – The Temporal Factor in Consciousness, Harvard University Press, 2004, 第168页。

心,依无心出。分别凡圣,烦恼转盛。计校乖常,求真背正。双泯对治,湛然明净。不须功巧,守婴儿行。惺惺了知,见网转弥。寂寂无见,暗室不移。惺惺无妄,寂寂明亮。万象常真,森罗一相。去来坐立,一切莫执。决定无方,谁为出入。无合无散,不迟不疾。明寂自然,不可言及。心无异心,不断贪淫。性空自离,任运浮沉。非清非浊,非浅非深。本来非古,见在非今。见在无住,见在本心。本来不存,本来即今。菩提本有,不须用守。烦恼本无,不须用除。灵知自照,万法归如。无归无受,绝观忘守。四德不生,三身本有。六根对境,分别非识。一心无妄,万缘调直。心性本齐,同居不携。无生顺物,随处幽栖。觉由不觉,即觉无觉。得失两边,谁论好恶。一切有为,本无造作。知心不心,无病无药。迷时舍事,悟罢非异。本无可取,今何用弃。谓有魔兴,言空象备。莫灭凡情,唯教息意。意无心灭,心无行绝。不用证空,自然明彻。灭尽生死,冥心入理。开目见相,心随境起。心处无境,境处无心。将心灭境,彼此由侵。心寂境如,不遣不拘。境随心灭,心随境无。两处不生,寂静虚明。菩提影现,心水常清。德性如愚,不立亲疏。宠辱不变,不择所居。诸缘顿息,一切不忆。永日如夜,永夜如日。外似顽嚚,内心虚真。对境不动,有力大人。无人无见,无见常现。通达一切,未尝不遍。思惟转昏,汩乱精魂。将心止动,转止转奔。万法无所,唯有一门。不入不出,非静非喧。声闻缘觉,智不能论。实无一物,妙智独存。本际虚冲,非心所穷。正觉无觉,真空不空。三世诸佛,皆乘此宗。此宗毫末,沙界含容。一切莫顾,安心无处。无处安心,虚明自露。寂静不生,放旷纵横。所作无滞,去住皆平。慧日寂寂,定光明明。照无相苑,朗涅槃城。诸缘忘毕,诠神定质。不起法座,安眠虚室。乐道恬然,优游真实。无为无得,依无自出。四等六度,同一乘路。心若不生,法无差互。知生无生,现前常住。智者方知,非言诠悟。

显然,从上述法融的《心铭》中,不但可见其与《心经》《信心铭》思想的渊源关系,而且后来禅宗的主要思想发展,都可以找出其中的根源。

问师:"夫言圣人者,当断何法,当得何法,而言圣人?"答:"一法不断,一法不得,此谓圣人。"进曰:"不断不得,与凡夫有何异?"师曰:"有异。何以故?一切凡夫皆有所断,妄计所得真心;圣人则本无所断,亦无所得。故曰有异。"进曰:"云何凡夫有所得,圣人无所得?得与不得复有何异?"师曰:"有异。何以故?凡夫有所得,则有虚妄;圣人无所得,则无虚妄。有虚妄者则有异,无虚妄者则无异。"进曰:"若无异,圣人名因何立?"师曰:"凡之与圣,二俱是假名。假名之中无二,则无有异。如说龟毛兔角也。"进曰:"圣人若同龟毛兔角,则应是无。令人学何物?"师曰:"我说龟毛,不说无龟。汝何意作此难!"进曰:"龟喻何物?毛喻何物?"师曰:

"龟喻于道,毛喻于我。故圣人无我而有道,凡夫无道而有我。执我者犹如龟毛兔角也。"次乃法付智严已。

**解读**:实是无法可得、无法可断,这里已经有"平常心是道"之义,禅在日用,由此可明。

自显庆元年,司空萧无善请出建初寺,师辞不免,乃谓众曰:"从今一去,再不践也。"既出山寺门,禽兽哀号,逾月不止;山间泉地,激石涌砂,一时填满;房前大桐四株,五月繁茂,一朝凋尽。

**解读**:禅法声威,可见一斑。此处当以隐喻解读,不可死执表面字句。

师至显庆二年丁巳岁闰正月二十三日,于建初寺终,春秋六十四,僧夏四十一。至二十七日葬,塔在金陵后湖溪笼山,即耆阇山也。因此,牛头宗六枝,第一是融禅师,第二智岩,第三慧方,第四法持,第五智威,第六惠忠也。

**解读**:另,智威传鹤林(有禅语:问:"如何是西来意?"师曰:"会即不会,疑即不疑。"师却云:"不会不疑底,不疑不会底。"),鹤林传道钦(先径山和尚),道钦传鸟窠(与白居易有一段法语:白舍人问:"一日十二时中如何修行,便得与道相应?"师云:"诸恶莫作,诸善奉行。"舍人曰:"三岁孩儿也解道得。"师曰:"三岁孩儿也解道得,百岁老人略行不得。"),至此,牛头系湮没无闻。以上三人,祖堂卷三均有记载。

## 祖堂卷二·惠能

第三十三祖惠能和尚,即唐土六祖。俗姓卢,新州人也。父名行瑫,本贯范阳,移居新州。父早亡,母亲在孤。艰辛贫乏,能市卖柴供给。

**解读**:可见出身贫苦艰辛,能成大器。

偶一日卖柴次,有客姓安名道诚,欲买能柴,其价相当。送将至店,道诚与他柴价钱。惠能得钱,却出门前,忽闻道诚念《金刚经》。惠能一闻,心开便悟。惠能遂问:"郎官,此是何经?"道诚云:"此是《金刚经》。"惠能云:"从何而来,读此经典?"道诚云:"我于蕲州黄梅县东冯母山礼拜第五祖弘忍大师,今现在彼山说法,门人一千余众,我于此处听受。大师劝道俗,受持此经,即得见性,直了成佛。"惠能闻说,宿业有缘。其时道诚劝惠能往黄梅山礼拜五祖,惠能报云:"缘有老母家乏欠阙,如何抛母无人供给?"其道诚遂与惠能银一百两,以充老母衣粮,便令惠能往去礼拜五祖大师。惠能领得其银分付安排老母讫,便辞母亲。

**解读**:一闻《金刚经》,便欣然向道,可见慧根之高,与常人不同。后来,惠能推崇《金刚经》,也是有根源的。

不经一月余日,则到黄梅县东冯母山,礼拜五祖。五祖问:"汝从何方而来?有何所求?"惠能云:"从新州来,来求作佛。"师云:"汝岭南人,无佛性也。"对云:"人即有南北,佛性即无南北。"师曰:"新州乃獦獠,宁有佛性耶?"对曰:"如来藏性遍于蝼蚁,岂独于獦獠而无哉?"师云:"汝既有佛性,何求我意旨?"深奇其言,不复更问。自此得之心印。既承衣法,遂辞慈容。后隐四会、怀集之间,首尾四年。至仪凤元年正月八日,南海县制旨寺遇印宗。印宗出寺迎接归寺里安下。

**解读**:这里讲惠能学道经历,简洁明快,不像《坛经》中有许多故事渲染。

印宗是讲经论僧也。有一日正讲经,风雨猛动。见其幡动,法师问众:"风动也,幡动也?"一个云风动,一个云幡动。各自相争,就讲主证明。讲主断不得,却请行者断,行者云:"不是风动,不是幡动。"讲主云:"是什摩物动?"行者云:"仁者自心动。"从此印宗回席座位。正月十五日剃头,二月八日于法性寺请智光律师受戒。戒坛是宋朝求那跋摩三藏之所置也,尝云:"后有肉身菩萨于此受戒。"梁末有真谛三藏于坛边种菩提树,云:"一百二十年,有肉身菩萨于此树下说法。"师果然于此树下演无上乘。

**解读**:这就是著名的"风幡之动"公案,也可参见《坛经》,总之,为六祖的出世铺张。《祖堂卷二》讲第十七祖僧伽难提尊者时,也有:"于彼殿角,有一铜铃被风摇响。师曰:'彼风鸣耶,铜铃鸣耶?'子曰:'我心鸣耶,非风铜铃。'师曰:'非风铜铃,我心谁耶也?'"另一"风幡之动,是心动"的翻版。总归是强调:万法唯此一心。

至明年二月三日便辞,去曹溪宝林寺说法化道,度无量众。师以一味法雨普润学徒,信衣不传,心珠洞付。得道之者若恒河沙,遍满诸方,落落星布。

**解读**:六祖功德广大。

时神龙元年正月十五日,则天孝和皇帝诏大师云:"朕虔诚慕道,渴仰禅门。诏诸山禅师集内道场,安、秀二德最为僧首。朕每谘求法,再三辞推,云:'南方有能和尚,受忍大师记,传达摩衣为信,顿悟上乘,明见佛性。今居韶州曹溪山,示悟众生即心是佛。'朕闻如来以心之法付嘱摩诃迦叶,如是相传,至于达摩,教被东土,代代相承,至今不绝。师既禀受,并有信衣,可赴京师设化,缁俗归依,天人瞻仰。故发遣中使薛简迎师,愿早降至。"大师表曰:"沙门惠能生自边方,长而慕道。叨承忍大师付如来心印,传西国衣钵,受东山佛心。伏奉天恩,发中使薛简诏惠能入内。惠能久处山林,年迈风疾。陛下德包物外,道贯百邦,育养苍生,仁慈黎庶,恩旨弥天,钦仰释门。恕惠能居山养疾,修持道业,上答皇恩及诸王太子。谨奉表陈谢以闻。释沙门惠能顿首顿首谨言。"时中使薛简启师云:"京城禅师大德教人要假坐禅,然方得道。"师云:"由心悟道,岂在坐也? 故经云:'若有人言如来若来若去,若坐若卧,是人行邪道,不解我所说义。如来者,无所从来,亦无所去,故名如来。'诸法空故即是如来,毕竟无得无证,岂况坐耶?"

**解读:**"由心悟道,岂在坐也",真正至理名言。如来者,自在心也。心不受一切烦恼所侵,谓自在,其与坐禅之"坐"毫无关系。可见,学禅者如果只是死坐,如何能得自在?

薛简曰:"弟子至天庭,圣人必问。伏愿和尚指授心要,传奏圣人及京城学道者。譬如一灯照百千灯,冥者皆明,明明无尽。"师云:"道无明暗,明暗是代谢之义。明明无尽,亦是有尽,相待立名故。经云:'法无有比,无相待故。'"薛简曰:"明譬智慧,暗喻烦恼。学道之人若不用智慧照生死烦恼,何得出离?"师云:"烦恼即是菩提,无二无别故。以智慧照烦恼者,是二乘人见解;有智之人终不如此。"薛简曰:"何者是大乘人见解?"师云:"《涅槃经》云:'明与无明,凡夫见二;智者了达,其性无别。'无别之性即是实性,处凡不减,在圣不增。住烦恼而不乱,居禅定而不寂。不断不常,不来不去,不在中间及其内外。不生不灭,性相常住,恒而不变,名之曰道。"简曰:"师也说不生不灭,何异外道说不生不灭?"师云:"外道说不生不灭,将生止灭,灭犹不灭;我说不生不灭,本自无生,今亦无灭,所以不同外道。中使欲得心要,一切善恶都莫思量,自然得入,心体湛然常寂,妙用恒沙。"

**解读:**此段说教,破一切概念分别之心。既然是不二法门,自然是要摈弃概念分别,因为一有分别,便见二端。只有破除分别,入不可思议之境界,方能体达心源。于是就有薛简如下所述的觉悟:

时薛简闻师所说,豁然便悟。礼师数拜曰:"弟子今日始知佛性本自有之。昔日将谓太远,今日始知至道不遥,行之即是。今日始知涅槃不远,触目菩提。今日始知佛性不念善恶,无思无虑,无造无作,无住无为。今日始知佛性常而不变易,不被诸境所迁。"中使礼辞大师,进持表至京,时当神龙元年五月八日。后至九月三日,回诏曰:"师辞老病,为朕修道,国之福田。师若净名托疾,金粟阐弘大教,传诸佛心,谈不二之法,杜口毗耶,声闻被呵,菩萨辞退,师若如此。薛简传师指教,受如来知见,一切善恶都莫思惟,自然得入,心体湛然常寂,妙用恒沙。朕积善余庆,宿种福因。值师之出世,顿悟上乘佛心第一。朕感荷师恩,顶戴修行,永永不朽。奉摩纳袈裟一领,金钵一口,供养大师。"其后敕下赐寺额重兴寺及新州古宅造国恩寺。

**解读**:结与皇权相与一事。

师每告诸善知识曰:"汝等诸人自心是佛,更莫孤[狐]疑。外无一物而能建立,皆是本心生万种法。故经云:'心生即种种法生,心灭即种种法灭。'汝等须达一相三昧,一行三昧。一相三昧者,于一切处而不住相,于彼相中不生憎爱,不取不舍,不念利益,不念散坏,自然安乐,故因此名为一相三昧。一行三昧者,于一切处行住坐卧,皆一直心,即是道场,即是净土。此之名为一行三昧。如地有种能含藏故,心相三昧亦复如是。我说法时犹如普雨,汝有佛性如地中种,若遇法雨,各得滋长。取吾语者,决证菩提;依吾行者,定证圣果。吾今不传此衣者,以为众信心不疑惑,普付心要,各随所化。昔吾师有言,从吾后若受此衣,命如悬丝。吾以道化,不可损汝。汝受吾法,听吾偈曰:心地含诸种,普雨悉皆生。顿悟花情已,菩提果自成。

**解读**:此处讲六祖心法正传。其中涉及的种种法,可指各种自然规律法则,也就是科学家们建立的科学定律及其对大自然的描述理论。六祖从法理上继承了三祖、牛头的心法,并形成了比较系统的"心性"之学。在后世记载六祖言行的《坛经》中,就集中出现有关"心性"论述,兹举例如下:

(1)大师告众曰:善知识,菩提自性,本来清净,但用此心,直了成佛。(自序品第一)

(2)祖知悟本性,谓惠能曰:不识本心,学法无益。若识自本心,见自本性,即名丈夫、天人师、佛。(自序品第一)

(3)师升座,告大众曰:总净心念摩诃般若波罗蜜多。复云:善知识,菩提般若之智,世人本自有之,只缘心迷,不能自悟,须假大善知识,示导见性。(般若品第二)

(4)善知识,自性能含万法是大。万法在诸人性中,若见一切人恶之与善,尽皆不取不舍,亦不染著,心如虚空,名之为大。故曰摩诃。(般若品第二)

(5)若开悟顿教,不执外修,但于自心常起正见,烦恼尘劳,常不能染,即是见性。(般若品第二)

(6)故知万法尽在自心。何不从自心中,顿见真如本性?《菩萨戒经》云:我本元自性清净。若识自心见性,皆成佛道。(般若品第二)

(7)善知识,我于忍和尚处,一闻言下便悟,顿见真如本性。是以将此教法流行,令学道者,顿悟菩提,各自观心,自见本性。(般若品第二)

(8)若自悟者,不假外求。若一向执谓须他善知识,望得解脱者,无有是处。何以故?自心内有知识自悟。(般若品第二)

(9)善知识,智慧观照,内外明彻,识自本心。若识本心,即本解脱。若得解脱,即是般若三昧。般若三昧,即是无念。何名无念?若见一切法,心不染著,是为无念。用即遍一切处,亦不著一切处。但净本心,使六识,出六门,于六尘中,无染无杂,来去自由,通用无滞,即是般若三昧,自在解脱。(般若品第二)

(10)善知识,吾有一无相颂,各须诵取。在家出家,但依此修。若不自修,惟记吾言,亦无有益。听吾颂曰:说通及心通,如日处虚空,唯传见性法,出世破邪宗,法即无顿渐,迷悟有迟疾,只此见性门,愚人不可悉,说即虽万般,合理还归一,烦恼暗宅中,常须生慧日,邪来烦恼至,正来烦恼除,邪正俱不用,清净至无余,菩提本自性,起心即是妄,净心在妄中,但正无三障,世人若修道,一切尽不妨,常自见己过,与道即相当,色类自有道,各不相妨恼,离道别觅道,终身不见道,波波度一生,到头还自懊,欲得见真道,行正即是道,若真修道人,不见世间过,若见他人非,自非却是左,他非我不非,我非自有过,但自却非心,打除烦恼破,憎爱不关心,长伸两脚卧,欲拟化他人,自须有方便,勿令彼有疑,即是自性现,佛法在世间,不离世间觉,离世觅菩提,恰如求兔角,正见名出世,邪见名世间,邪正尽打却,菩提性宛然,此颂是顿教,亦名大法船,迷闻经累劫,悟则刹那间。(般若品第二)

(11)所以佛言:随其心净,即佛土净。(决疑品第三)

(12)心是地,性是王。王居心地上。性在王在,性去王无。性在身心存,性去身心坏。佛向性中作,莫向身外求。(决疑品第三)

(13)但心清净,即是自性西方。(决疑品第三)

(14)师示众云:善知识,一行三昧者,于一切处行住坐卧,常行一直心是也。《净名经》云:"直心是道场,直心是净土。"莫心行谄曲,口但说直,口说一行三昧,不行直心。但行直心,于一切法,勿有执著。迷人著法相,执一行三昧,直言"常坐不动,妄不起心,即是一行三昧"。作此解者,即同无情,却是障道因缘。(定慧品第四)

(15)心不住法,道即通流。心若住法,名为自缚。(定慧品第四)

(16)善知识,于诸境上,心不染,曰无念。于自念上,常离诸境,不于境上生心。若只百物不思,念尽除却,一念绝即死,别处受生,是为大错。(定慧品第四)

149

(17)师示众云:此门坐禅,元不著心,亦不著净,亦不是不动。若言著心,心原是妄。(坐禅品第五)

(18)师示众云:善知识,何名坐禅?此法门中,无障无碍,外于一切善恶境界,心念不起,名为坐。内见自性不动,名为禅。(坐禅品第五)

(19)善知识,何名禅定?外离相为禅,内不乱为定。外若著相,内心即乱;外若离相,心即不乱。本性自净自定。只为见境,思境即乱。若见诸境心不乱者,是真定也。(坐禅品第五)

(20)于一切时,念念自净其心,自修其行,见自己法身,见自心佛,自度自戒,始得不假到此。(忏悔品第六)

(21)善知识,既忏悔已,与善知识发四弘誓愿。各须用心正听:自心众生无边誓愿度,自心烦恼无边誓愿断,自性法门无尽誓愿学,自性无上佛道誓愿成。(忏悔品第六)

(22)僧法海,韶州曲江人也。初参祖师,问曰:即心即佛,愿垂指谕。师曰:前念不生即心,后念不灭即佛。成一切相即心,离一切相即佛。吾若具说,穷劫不尽,听吾偈曰:即心名慧,即佛乃定。定慧等持,意中清净。悟此法门,由汝习性。用本无生,双修是正。法海言下大悟,以偈赞曰:即心元是佛,不悟而自屈。我知定慧因,双修离诸物。(机缘品第七)

(23)听吾偈曰:心地无非自性戒,心地无痴自性慧,心地无乱自性定。不增不减自金刚,身去身来本三昧。(顿渐品第八)

(24)师曰:无常者,即佛性也;有常者,即一切善恶诸法分别心也。(顿渐品第八)

(25)师言:汝等谛听。后代迷人,若识众生,即是佛性;若不识众生,万劫觅佛难逢。吾今教汝识自心众生,见自心佛性。欲求见佛,但识众生;只为众生迷佛,非是佛迷众生。自性若悟,众生是佛;自性若迷,佛是众生。自性平等,众生是佛;自性邪险,佛是众生。汝等心若险曲,即佛在众生中;一念平直,即是众生成佛。我心自有佛,自佛是真佛。自若无佛心,何处求真佛?汝等自心是佛,更莫狐疑。外无一物而能建立,皆是本心生万种法。故经云:心生种种法生,心灭种种法灭。吾今留一偈,与汝等别,名自性真佛偈。后代之人,识此偈意,自见本心,自成佛道。(付嘱品第十)

上述有关心性方面论述的引语,凡25次,贯穿几乎整部《坛经》。其内容思想,显然与《心经》到《信心铭》再到《心铭》是一脉相承的,又有所发展。

师说此偈已,乃告众曰:"其性无二,其心亦然。其道清净,亦无诸相。汝莫观净及空其心,此心本净,亦无可取。汝各努力,随缘好去。"

**解读**:总结心要,性空心空,本来具足,无须外求。

有人问曰:"黄梅意旨何人得?"师云:"会佛法者得。"僧曰:"和尚还得也无?"师云:"我不得。"僧曰:"和尚为什摩不得?"师云:"我不会佛法。"云大师拈问龙花:"佛法有何过,祖师不肯会?"花云:"向上人分上合作摩生?"进曰:"向上人事如何?"花云:"天反地覆。"龙花却问云大师,大师云:"一翳不除,出身无路。"进曰:"除得一翳底人还称得向上人也无?"云大师云:"横眠直卧有何妨?"

**解读**:不得之得,是真得。请以元逻辑思之,请以元元逻辑思之,……,不如不思而得。

六祖见僧,竖起拂子云:"还见摩?"对云:"见。"祖师抛向背后云:"见摩?"对云:"见。"师云:"身前见,身后见?"对云:"见时不说前后。"师云:"如是,如是。此是妙空三昧。"有人拈问招庆:"曹溪竖起拂子意旨如何?"庆云:"忽有人回杓柄到汝作摩生?"学人掩耳云:"和尚。"庆便打之。

**解读**:插入一段公案,可见编撰者时代之风气。

尔时大师住世说法四十年。先天元年七月六日,忽然命弟子于新州故宅建塔一所。二年七月一日,别诸门人:"吾当进途归新州矣。"大众缁俗啼泣留连大师,大师不纳曰:"诸佛出世现般涅槃,尚不能违其宿命,况吾未能变易,分段之报必然之至,当有所在耳。"门人问师:"师归新州,早晚却回?"师云:"叶落归根,来时无口。"问:"其法付谁?"师云:"有道者得,无心者得。"又曰:"吾灭度后七十年末,有二菩萨从东而来,一在家菩萨,同出兴化,重修我伽蓝,再建我宗旨。"师言讫,便往新州国恩寺。饭食讫,敷坐披衣,俄然异香满室,白虹属地,奄而迁化,八月三日矣。春秋七十六。当先天二年,达摩大师传袈裟一领,是七条屈眴布,青黑色碧绢为里,并钵一口。

中宗敕谥大鉴禅师元和灵照之塔。癸丑岁迁化,迄今唐保大十年壬子岁,得二百三十九年矣。净修禅师赞曰:师造黄梅,得旨南来。奚因幡义,大震法雷。道明遭遇,神秀迟回。衣虽不付,天下花开。

**解读**:真佛迁化,与众不同。从达摩以降,一花五叶,经五代法脉承续,不断吸收改造外来佛法,终于在惠能这里,完成了中国化革命性的改造,结出中华传心法门之花,形成了最具中国特色的佛教宗派:禅宗。此宗传之后世,再无间断,从此禅宗进入兴旺时代。事实上,六祖创立的南禅顿悟禅法,经怀让和尚,传马祖,形成马祖系;经行思和尚传石头,形成石头系。马祖系出沩仰与临济二宗,其中临济后又分出杨岐、黄龙两派;石头系出曹洞、云门与法眼三宗。各宗发展各有兴衰,传至今日的,主要是临济、曹洞的子孙。

## 祖堂卷四·石头

石头和尚嗣吉州思和尚,在南岳。师讳希迁,姓陈,端州高要人也。在孕之时,母绝膻秽。及诞之夕,满室光明。父母怪异,询乎巫祝。巫祝曰:"斯吉祥之徵也。"风骨端秀,方颐大耳,专静不杂,异乎凡童。及年甫龆龀,将诣佛寺,见尊像。母氏令礼,礼已曰:"斯佛也。"师礼讫,瞻望久之,曰:"此盖人也,形仪手足与人奚异?苟此是佛,余当作焉。"时道俗咸异斯言。亲党之内多尚淫祀,率皆宰牲以祈福佑。童子辄往林社毁其祀具,夺牛而还,岁盈数十,悉巡之于寺。自是亲族益修净业。时六祖正扬真教,师世业邻接新州,遂往礼觐。六祖一见忻然,再三抚顶而谓之曰:"子当绍吾真法矣!"与之置馔,劝令出家。于是落发离俗。开元十六年具戒于罗浮山。略探律部,见得失纷然,乃曰:"自性清静,谓之戒体。诸佛无作,何有生也?"自尔不拘小节,不尚文字。因读肇公《涅槃无名论》云:"览万像以成己者,其唯圣人乎?"乃叹曰:"圣人无己,靡所不己;法身无量,谁云自他?圆镜虚鉴于其间,万家体玄而自现。境智真一,孰为去来?至哉斯语也!"尝于山舍假寐如梦,见吾身与六祖同乘一龟,游泳深池之内,觉而详曰:"龟是灵智也;池,性海也。吾与师同乘灵智,游于性海久矣。"

**解读:**从"自尔不拘小节,不尚文字"到"境智真一,孰为去来",可见是真悟道者,不愧为六祖嫡脉。而托梦与六祖同乘一龟,不过隐喻其禅法与六祖一脉相承,不可着相。

六祖迁化时,师问:"百年后某甲依什摩人?"六祖曰:"寻思去。"六祖迁化后,便去清凉山靖居行思和尚处。礼拜侍立,和尚便问:"从什摩处来?"对曰:"从曹溪来。"和尚拈起和痒子曰:"彼中还有这个也无?"对曰:"非但彼中,西天亦无。"和尚曰:"你应到西天也无?"对曰:"若到即有也。"和尚曰:"未在,更道。"对曰:"和尚也须道取一半,为什摩独考专甲?"和尚曰:"不辞向你道,恐已后无人承当。"和尚又问:"你到曹溪得个什摩物来?"对曰:"未到曹溪,亦不曾失。"师却问:"和尚在曹溪时还识和尚不?"思曰:"你只今识吾不?"对曰:"识又争能识得?"又问:"和尚自从岭南出后,在此间多少时?"思曰:"我亦不知汝早晚离曹溪。"对曰:"某甲不从曹溪来。"思曰:"我也知你来处。"对曰:"和尚幸是大人,莫造次。"

**解读**:机锋博弈之实例。两个明白人,一场哑巴戏;个中有真意,承当不承当。

思和尚见师异于常人,便安排于西侠,日夕只在和尚身边。其师形貌端正,足人是非,直得到和尚耳里。和尚得消息,向师曰:"汝正时是。"师便应喏。第二日,粥鼓鸣了,在西侠里坐,伸手取粥。厨下僧见其钵盂,寻来。元来其师取和尚粥,众人知是其人安排。凡夫不识圣人,谤和尚,又毁师。阖院一齐上来,于和尚前收过。思和尚向师曰:"从今已后,第一不得行此事。你若行此事,是你正眼埋却也。"不难师。

受戒后,思和尚问:"你已是受戒了也,还听律也无?"对曰:"不用听律。"思曰:"还念戒也无?"对曰:"亦不用念戒。"思曰:"你去让和尚处达书,得否?"对曰:"得。"思曰:"速去速来。你若迟晚些子,不见吾。你若不见吾,不得床下大斧。"师便去到南岳让和尚处。书犹未达,先礼拜问:"不慕诸圣不重己灵时如何?"让和尚曰:"子问太高生,向后人成阐提去。"师对曰:"宁可永劫沉沦,终不求诸圣出离。"师机既不投,书亦不达,便归师处。思和尚问:"彼中有信不?"师对曰:"彼中无信。"思曰:"有回报也无?"对曰:"信既不通,书亦不达。"师却问:"专甲去时,和尚有言,教速来床下收取大斧。今已来也,便请大斧。"思和尚良久,师作礼而退。斯之要旨,岂劣器之能持?乃佛佛径烛心灯,祖祖玄传法印。大师既投针而久亲于丈室,临歧而回承方外之机,则能事将备,道可行矣。思和尚曰:"吾之法门,先圣展转递相嘱授,莫令断绝。祖师预记于汝,汝当保持,善自好去。"非久之间,思和尚迁化。师著麻一切了,于天宝初方届衡岳。遍探岑壑,遂栖息于南台。

**解读**:总之是彰显之笔,强调天生慧根。

寺东有石如台,乃庵其上,时人号石头和尚焉。此台则梁海禅师得道之台也。师初至南台,师僧去看,转来向让和尚说:"昨来到和尚处问佛法、轻忽底后生来东石头上坐。"让曰:"实也无?"对曰:"实也。"让便唤侍者曰:"你去东边仔细看,石头上坐底僧,若是昨来底后生,便唤他。若有应,你便道:'石上憪悸子,堪移此处栽。'"侍者持此偈举似师。师答曰:"任你哭声哀,终不过山来。"侍者却来举似让和尚。和尚云:"这阿师!他后子孙噤却天下人口去。"又教侍者问法。侍者去彼问:"如何是解脱?"师曰:"阿谁缚汝?""如何是净土?"师曰:"阿谁垢汝?""如何是涅槃?"师曰:"谁将生死与汝?"侍者却来举似和尚。和尚便合掌顶戴。此时有坚固禅师、兰、让三人为世宗匠,佥曰:"彼石头有真师子吼。"师唤主事,具陈前事。主事曰:"乞师有事处分。"和尚领众去东边见石头。石头又强为不得,起来迎接,

153

禅悟的实证　>>>

相看一切了,让和尚与石头起院成持也。

僧问:"如何是祖师西来意?"师曰:"问取露柱去。"僧曰:"不会。"师曰:"我更不会。"大颠问:"古人道:'道有道,无二谤。'请师除。"师曰:"正无一物,除个什摩?"师索大颠曰:"并却咽喉唇吻,速道将来。"对曰:"无这个。"师曰:"若与摩则你得入门也。"僧问:"如何是本来事?"师曰:"汝因何从我觅?"进曰:"不从师觅,如何即得?"师曰:"何曾失却那作摩?"

**解读**:上述机锋问答,与六祖"本来无一物,何处惹尘埃"一样意思,启发得好。

药山在一处坐。师问:"你在这里作什摩?"对曰:"一物也不为。"师曰:"与摩则闲坐也。"对曰:"若闲坐则为也。"师曰:"你道不为,不为个什摩?"对曰:"千圣亦不识。"师以偈赞曰:从来共住不知名,任运相将作摩行。自古上贤犹不识,造次常流岂可明? 僧拈问漳南:"既是千圣,为什摩不识?"答曰:"千圣是什摩碗鸣声!"

**解读**:闲坐是"元"为,不识是"元"识。读者可明其中的"造次"?

师问僧:"从什摩处来?"对曰:"从江西来。"师曰:"江西还见马祖不?"对曰:"见。"师乃指一柴橛曰:"马师何似这个?"僧无对,却回举似师,请师为决。马师曰:"汝见柴橛大小?"对曰:"勿量大。"马师曰:"汝甚有壮大之力。"僧曰:"何故此说?"马师曰:"汝从南岳负一柴橛来,岂不是有壮大之力?"

**解读**:有一则故事,讲的是有和尚师徒两人过河,正遇一女子过河困难,于是,师父背起女子过河,到达彼岸便放下女子。之后,徒弟总问师父:"出家人不得亲近女色,师父背女子岂不犯律?"师父答道:"我早已放下,你心里怎么还背着放不下?!"此处"柴橛"便是"女子"也。

师述《参同契》曰:竺土大仙心,东西密相付。人根有利钝,道无南北祖。灵源明皎洁,枝派暗流注。执事元是迷,契理亦非悟。门门一切境,回互不回互。回而更相涉,不尔依位住。色本殊质像,声源异乐苦。暗合上中言,明暗清浊句。四大性自复,如子得其母。火热风动摇,水湿地坚固。眼色耳声音,鼻香舌咸醋。然于一一法,依根叶分布。本末须归宗,尊卑用其语。当明中有暗,勿以明相遇。当暗中有明,勿以暗相睹。明暗各相对,譬如前后步。万物自有功,当言用及处。事存函盖合,理应箭锋拄。承言须会宗,勿自立规矩。触目不见道,运足焉知路。进步非远近,迷隔山河固。谨白参玄人,光阴勿虚度。

**解读**:这里"门门一切境,回互不回互。回而更相涉,不尔依位住",强调的是事物的依存性。因此,"当明中有暗,勿以明相遇。当暗中有明,勿以暗相睹。"一切概念分别事物归根结底是互指性的,于是,万物的本性必定是自因性的。这对于我们尊重自然生态本性有重要的启发。正如元代禅僧楚石梵琦所言:"一蚁子之性命即是诸人之性命,诸人之性命即是佛祖之性命也。"里面就有深刻的生态学思想。《景德传灯录》中记载南岳玄泰上座的行录有:"尝谓衡山多被山民斩木烧畲,为害滋甚,乃作畲山谣,远迩传播,达于九重,有诏禁止。故岳中兰若,无复然燎,师之力也。其谣曰:畲山儿,无所知。年年砍断青山嵋,就中最好蘅岳色。杉松利斧摧贞枝,灵禽野鹤无因依。白云回避青烟飞,猿猱路绝岩崖出。芝术失根茅草肥,年年砍罢仍栽锄。千秋终是难复初,又道今年种不多,来年更砍当阳坡。国家寿岳尚如此,不知此理如之何。"①可谓实践生态思想的第一人。其实,小到量子纠缠,大到宇宙演化生态,无不体现着这种"回互"本性。所谓量子纠缠性或称非力相关性,指的是物质最小化部分以一种超越所有可允许的时空界限的方式互相关联。正如正文中已经指出的,杨氏的双缝实验证实了这一点,单个光子通过双缝产生相干波,好像是一个单光子可以同时穿过两个缝隙似的,这一现象也由惠勒设计的单光子"分束"实验所证实。甚至,即使彼此相距很远,粒子之间的相互作用几乎是瞬间发生的(同谋粒子),即由"EPR"实验证实的结论。这种纠缠性实际上就是"门门一切境,回互不回互"的物理写照。对于生命科学而言,则有基因与蛋白质的回互、传承与变异的回互、遗传与环境的回互、个体与群体的回互等。从这个角度讲,分子生物学也可以称为分子生态学,因为对于生命有机体而言,正如拉兹洛所指出的:"除非大量分子相干地联结在一起,低于分子尺度的辐射不可能对分子群产生影响。实现这种相干性超越了生物化学信息的范围,它是非局域性的、非线性的、混杂的和多维的。"②这就是有机体内部的相干性,动一牵百。于是,"对有机体内环境的相干性的解释需要量子物理学领域中所发现的原则。"③其实,生态系统、共生现象等都有相干性问题。"每一个物种都有它自己的形态发生场,而且每一个体的形态发生场都是辅助场的一个阶层。"④而对于宇宙演化而言,除了宇宙诞生一瞬间所产生物质本身固有的非力相关性外,即使天体本身的演化,也同样是"回互"的结果。比如形成太阳系的物质与生命,就是源自早期其他星系终结后的抛洒之物,这就是宇宙生态系统的作用。其实,回互也就

---

① 道元:《景德传灯录》,成都古籍书店,2000,第312—313页。
② 拉兹洛:《微漪之塘》,社会科学文献出版社,2001,第272页。
③ 拉兹洛:《微漪之塘》,社会科学文献出版社,2001,第272页。
④ 拉兹洛:《微漪之塘》,社会科学文献出版社,2001,第272页。

是缘起,因为缘起的本义就是相互依存:"此有故彼有,此无故彼无",有相互缠结的意谓。很显然,随着科学的发展,这种看待世界的观点越来越能说明万物的根本规律了。总之,结论就是有如斯莫林所说的:"在最基本的层次上任何东西都没有内在的固有性质,所有的性质都是关于事物之间的关系的。……,这种思想就是,世界任何一部分的性质都是由它的关系决定的,并且与世界的其余部分纠缠在一起。"①因此,究其终极,彻悟到底,便是万物的自因性,是空性。

师与邓隐峰铲草次,见蛇。师过锹子与隐峰。隐峰接锹子了,怕,不敢下手。师却拈锹子截作两段,谓隐峰曰:"生死尚未过得,学什摩佛法。"师将锹子铲草次,隐峰问:"只铲得这个,还铲得那个摩?"师便过锹子与隐峰。隐峰接得锹子,向师铲一下。师曰:"你只铲得这个。"洞山代曰:"还有堆阜摩?"

**解读**:所谓"仁者心动",这里便有心中着相与不着相的差别。

师唐贞元六年庚午岁十二月六日终,春秋九十一,僧夏六十三。僖宗皇帝谥号无际大师见相之塔。

**解读**:据说,石头希迁禅师还传有医心妙方,名称"无际大师心药方"。我在杭州大学执教时,曾在宝石山西麓、金鼓洞上方的佛龛边,见有此方的手书抄单,其云:"大师论世人曰:凡欲齐家、治国、学道、修身,先须服我十味妙药,方可成就。何名十味?好肚肠一条,慈悲心一片,温柔半两,道理三分,信行要紧,中直一块,孝顺十分,老实一个,阴德全用,方便不拘多少。此药用宽心锅炒,不要焦、不要燥,去火性三分,于平等盆内研碎,三思为末,六波罗蜜为丸,如菩提子大。每日进三服,不拘时候。用六和气汤送下,果能依此服之,无病不瘥。切忌言清行浊,利己损人,暗中箭,肚中毒,笑里刀,两头蛇,平地起风波,以上七件速须戒之。前十味若能全用,可以致上福上寿,成佛作祖。若用其四五味者,亦可灭罪延年,消灾免患。各方俱不用,后悔无所补。虽有扁鹊卢医,所谓:病在膏肓,亦难疗矣。纵祈天地、祝神明,悉徒然哉!况此方不误主顾,不费药金,不劳煎煮,何不服之?偈曰:此方绝妙合天机,不用卢医扁鹊医。普劝善男并信女,急需对治莫狐疑!"应该说,当今社会正需要这样的治心药方对治时病。

---

① 布罗克曼:《第三种文化》,海南出版社,2003,第293—294页。

## 祖堂卷五·德山

德山和尚嗣龙潭,在朗州。师讳宣鉴,姓周,剑南西川人也。生不薰食,幼而敏焉。卅岁从师,依年受具。毗尼胜藏,靡不精研;解脱相宗,独探其妙。每曰:一毛吞巨海,海性无亏;纤芥投针锋,锋利不动。然学与非学,唯我知焉。遂云游海内,访谒宗师,凡至击扬,皆非郢哲。后闻龙潭则石头之二叶,乃摄衣而往焉。初见而独室小驻门徒,师乃看侍数日。因一夜参次,龙潭云:"何不归去?"师对曰:"黑。"龙潭便点烛与师,师拟接,龙潭便息却。师便礼拜。潭云:"见什摩道理?"师云:"从今向去终不疑天下老师舌头。"师便问:"久向龙潭。及至到来,潭又不见,龙又不见时如何?"潭云:"子亲到龙潭也。"师闻不粽之言,喜而叹曰:"穷诸玄辩,如一毫置之太虚;竭世枢机,似一滴投于巨壑。"遂乃摄金牙之勇敌,藏敬德之雄征,继立雪之言徒,侯传衣之秘旨。给侍瓶屦,日扣精微。更不他游,盘泊澧源三十余载乎。澄汰后,咸通初年,武陵太守薛延望迎请,始居德山。自是四海玄徒冬夏常盈五百矣。

**解读:**惠能传行思和尚,行思和尚传石头,石头传天皇,天皇传龙潭,龙潭传德山,自六祖起已传六代。从德山的禅语"一毛吞巨海,海性无亏;纤芥投针锋,锋利不动""穷诸玄辩,如一毫置之太虚;竭世枢机,似一滴投于巨壑",我们可以说明当代量子泡沫与宇宙万象之间的关系。如果美国天文学家古思提出的宇宙暴胀理论是合理的,那么赝真空之零点能可以包含整个宇宙万象,但由于能量守恒的要求,其能量总和依旧"无亏"。正如玄则禅师所说:"千佛出世亦不增一丝毫;六道轮回也不灭一丝毫。皎皎地现,无丝头翳碍。古人道,但有纤毫即是尘。且如今物象俨然地。作么生消遣?汝若于此消遣不得,便是凡夫境界。"①因此,一毫虽微,可以抵太虚;宇宙为大,终归零点。这就是一切性空的道理。

师有时谓众曰:"汝等诸方更谁敢铭邀?有摩?出来,吾要识汝。"闻此语者惕栗钳结,无敢当对。师又曰:"汝但无事于心,无心于事,乃虚而妙矣。若毫厘系念,皆为自欺。瞥尔生情,万劫羁锁去。"师问曰:"维那,今日几个新到?"对曰:"有八个。"师曰:"一时令来,生案过却。"僧问禾山:"'一时令来,生案过却',此意如何?"禾山云:"才出门便知委下客。"僧曰:"如何免得此过?"禾山曰:"万里元来

---

① 道元:《景德传灯录》,成都古籍书店,2000,第528页。

却肯伊。"钦山问:"天皇也与摩,未审德山作摩生道。"师曰:"试举天皇、龙潭看。"钦山礼拜,师乃打之。云大师代曰:"与摩则自置。虚言已失。"

**解读**:事物不必为空,但心念无事无物,便是真空。因为,对于心识而言,即使所见事物不空之相,也皆是虚妄,不过是一种业力(能量)作用而已。首先,一切所谓的物质,都是由原子组成,而原子又是由质子、中子和电子组成。如果将一个原子比作一间教室,那么由质子与中子构成的原子核,大约只有篮球那么大。因此,原子的结构几乎处处为空。再说质子、中子和电子这些粒子。且不讲所有的粒子均有半衰期,不是永久存在的;即使它们存在的时候,也不能通过任何仪器和肉眼所能看到。物理学中所谓观测到一个粒子,不过就是"粒子"之间相互作用后在云室里留下的一点"能量"痕迹而已。因此,物质倘若存在,也绝对是看不见的。我们的一切所见所闻,不过是过眼云烟的虚妄之象,没有什么实质性的东西可以看见。拉兹洛在《微漪之塘》一书中指出:"现在有越来越多的证据证明,相互关联的全息场是一种宇宙量子真空的特殊表现形式。"[1]同样,英国物理学家里德雷在《时间、空间和万物》一书的"尾声:自然力的交易"中以诗歌的形式也强调指出:"我们说空空如也,我们说如也空空,我们说量子的笑容。看万物飘忽不定,谁能说时间匆匆? 没完没了的问题,说也无穷!"[2]是啊,还是不说为妙! 本来就是不可言说。所以,万物本空,但唯心识。大法眼禅师文益的《三界唯心》颂曰:"三界唯心,万法唯识。唯识唯心,眼声耳色。色不到耳,声何触眼。眼色耳声,万法成办。万法匪缘,岂观如幻。大地山河,谁坚谁变。"[3]可谓确论。

师又时云:"问则有过,不问则又乖。"僧便礼拜,师乃打之。僧云:"某甲始礼,为什摩却打?"师云:"待你开口,堪作什摩?"师见僧来,便闭却门。僧便敲门,师问:"阿谁?"僧云:"师子儿。"师便开门,其僧便礼拜。师骑却头云:"者畜生什摩处去来?"

**解读**:德山棒,临济喝。果然不虚。打得好!

师因病次,问:"和尚病,还有不病者无?"云:"有。"进曰:"如何是不病者?"师云:"阿耶阿耶。"龙牙问:"学人仗镆耶之剑,拟取师头时如何?"云:"你作摩生下手?"龙牙曰:"与摩则师头落也。"师不答。龙牙后到洞山,具陈上事。洞山云:

---

[1] 拉兹洛:《微漪之塘》,社会科学文献出版社,2001,第181页。
[2] 里德雷:《时间、空间和万物》,湖南科学技术出版社,2002,第177页。
[3] 道元:《景德传灯录》,成都古籍书店,2000,第631页。

"把将德山落底头来!"龙牙无对。问:"如何是菩提?"师便咄云:"出去!莫向这里屙!"岩头问:"凡圣相去多少?"师喝一声。

**解读**:病与不病,头落与否,岂在问答!

因南泉第一座养猫儿,邻床损脚,因此相诤。有人报和尚,和尚便下来,拈起猫儿云:"有人道得摩?有人道得摩?若有人道得,救这小猫儿命。"无对。南泉便以刀斩作两橛。雪峰问师:"古人斩猫儿意作摩生?"师便打趁雪峰,雪峰便走,师却唤来云:"会摩?"对云:"不会。"师云:"我与摩老婆,你不会。"师问岩头:"还会摩?"对曰:"不会。"云:"成持取不会好。"进曰:"不会,成持个什摩?"师云:"你似铁橛。"

**解读**:斩猫公案,也见《古尊宿语录》:"南泉东西两堂争猫儿。泉来堂内,提起猫儿云:'道得即不斩,道不得即斩却。'大众下语,皆不契泉意。当时即斩却猫儿了。至晚间,(赵州)师从外归来问讯次,泉乃举前话了,云:'你作么生救得猫儿?'师遂将一只鞋戴在头上出去。泉云:'子若在,救得猫儿。'"[1]德国物理学家薛定谔解得彻,其所提出的薛定谔猫的思想实验(参见本书正文),可以道得这里的"南泉"所隐深意。

雪峰在德山时,上法堂见和尚便转。师曰:"此子难偕。"长庆拈问:"什摩处是雪峰与德山相见处?"僧无对。庆代云:"还得当摩?"

**解读**:所谓见佛处急走开。

更有枢要,备陈广诲。咸通六年乙酉岁十二月三日,忽告诸徒:"扪空追响,劳你神耶?梦觉觉非,觉有何事?"言讫,宴坐安详,奄然顺化。春秋八十四,僧夏六十五。敕谥见性大师,沙门元会撰碑文。净修禅师赞曰:德山朗州,刚骨无俦。尚祛祖佛,岂立证修?释天杲日,苦海慈舟。谁攀真躅?雪峰岩头。

**解读**:一代宗师,上承下达;棒下佛法,后继有人。德山传雪峰义存,雪峰传云门文偃,创云门宗;雪峰又传玄沙师备,玄沙传罗汉桂琛,罗汉传法眼文益,创法眼宗。

---

[1] 绩藏主:《古尊宿语录》,中华书局,1994,第212页。

## 祖堂卷六·洞山

洞山和尚嗣云岩，在洪州高安县。师讳良价，姓俞，越州诸暨县人也。初投村院院主处出家，其院主不任持，师并无欺嫌之心。过得两年，院主见他孝顺，教伊念《心经》。未过得一两日念得彻，和尚又教上别经。师启师曰："念底《心经》尚乃未会，不用上别经。"院主云："适来可怜念得，因什摩道未会？"师曰："经中有一句语不会。"院主云："不会那里？"师曰："不会'无眼耳鼻舌身意'。请和尚为某甲说。"院主杜口无言。从此（知）法公不是寻常人也。院主便领上五泄和尚处，具陈前事："此法公不是某甲分上人，乞和尚摄收。"五泄容许，师蒙摄受。过得三年后，受戒一切了，谘白和尚："启师：某甲欲得行脚，乞和尚处分。"五泄云："寻取排择下，问取南泉去。"师曰："一去攀缘尽，孤鹤不来巢。"师便辞五泄到南泉，南泉因归宗斋垂语云："今日为归宗设斋，归宗还来也无？"众无对。师出来礼拜云："请师微起。"南泉便问，师对曰："待有伴则来。"南泉勃跳下来，抚背云："虽是后生，敢有雕琢之分。"师曰："莫压良为贱。"因此名播天下，呼为作家也。后参云岩，尽领玄旨。

**解读**：洞山的法系是由云岩上承药山到石头，与德山一样，自六祖起为第六代。洞山的启悟始自《心经》，此为正脉。于中解悟"无眼耳鼻舌身意"是难点。《心经》里讲五蕴是指色（色身）、受（感受）、想（思维）、行（行为）、识（悟识），构成了动态脑活动的全部内容。因此，五蕴皆空，就是一切皆空。其中当然包括十八界皆空，即六根（眼、耳、鼻、舌、身、意）、六境（色、声、香、味、触、法）及六识（视、听、嗅、味、触、意）均为空。因此，说到底，就是无心。然无心合道，心境本空，即为禅境。所以能够悟见"无眼耳鼻舌身意"了，便了一切空，便得究竟。

止大中末间，住于新丰山，大弘禅要。时有人问："学人欲见和尚本来师时如何？"师曰："年涯相似则无阻碍。"学人再举所疑，师曰："不蹑前踪，更请一问。"云居代云："与摩则某甲不得见和尚本来师也。"后教上座拈问长庆："如何是年涯相似？"长庆云："古人与摩道，教阇梨来这里觅什摩？"问："师见南泉因什摩为云岩设斋？"师曰："我不重他云岩道德，亦不为佛法，只重他不为我说破。"问："如何是毗卢师、法身主？"师曰："禾茎、粟柄。"师到百颜，颜问："近离什摩处？"师曰："近离湖南。"颜云："官察使姓什摩？"师曰："不得他姓。"颜云："名什摩？"师曰："不得他名。"颜曰："还曾出不？"师曰："不曾出也。"颜曰："合句当事不？"师曰："自有郎幕在。"颜曰："虽不出，合处分事。"师乃拂袖而出。百颜经宿，自知不得，入堂问："昨日二头陀何在？"师曰："某甲是。"颜曰："昨夜虽对阇梨，一夜不安，将知佛法大难大难。头陀若在此间过夏，某甲则陪随二头陀，便请代语。"师代云："也太尊贵。"

**解说**：就"只重他不为我说破"这一句，便知洞山是大善知识，一代宗师。不是此人如何开创出曹洞宗来？！

因云岩问院主游石室云："汝去入石室里许，莫只与摩便回来？"院主无对。师云："彼中已有人占了也。"岩云："汝更去作什摩？"师云："不可人情断绝去也。"问："如何是西来意？"师云："大似解鸡犀。"有人问洞山："'时时勤拂拭'，大杀好，因什摩不得衣钵？"洞山答曰："直道'本来无一物'，也未得衣钵在。"进曰："什摩人合得衣钵？"师曰："不入门者得。"进曰："此人还受也无？"师曰："虽然不受，不得不与他。"问："蛇吞虾蟆，救则是，不救则是？"师云："救则双目不睹，不救则形影不彰。"因云岩斋，有人问："和尚于先师处得何指示？"师曰："我虽在彼中，不蒙他指示。"僧曰："既不蒙他指示，又用设斋作什摩？"师曰："虽不蒙他指示，亦不敢辜负他。"又设斋次，问："和尚设先师斋，还肯先师也无？"师曰："半肯半不肯。"僧曰："为什摩不全肯？"师曰："若全肯，则辜负先师。"僧拈问安国："全肯为什摩却成辜负？"安国曰："金屑虽贵。"白莲云："不可认儿作爷。"有人拈问凤池："如何是半肯？"凤池云："从今日去向入，且留亲见。""如何是半不肯？"凤池云："还是汝肯底事摩？"僧曰："全肯为什摩辜负先师？"凤池云："守著合头则出身无路。"问："三身中阿那个身不堕众数？"师曰："吾常于此切。"僧问曹山："先师道：'吾常于此切'，意作摩生？"曹山云："要头则斫将去。"问雪峰，雪峰以杖拦口搯云："我亦曾到洞山来。"

**解说**：不真不假为要，全肯者必入不一致性，为中道者不齿，岂不辜负禅宗传承。

因夜不点灯，有僧出来问话，师唤侍者点灯来。侍者点灯来，师曰："适来问话上座出来，出来。"其僧便出，师曰："将取三两粉与这个上座。"僧拂袖而出。后因此得入路，将衣钵一时设斋。得三五年后辞和尚，和尚云："善为，善为。"雪峰在身边侍立，问："者个上座适来辞去，几时再来？"师曰："只知一去，不知再来。"此僧归堂，衣钵下座而迁化。雪峰见上座迁化，便报师，师曰："虽然如此，犹教老僧三生在。"又一家举则别：因两个僧造同行，一人不安，在涅槃堂里将息，一人看他。有一日，不安底上座唤同行云："某甲欲得去，一时相共去。"对曰："某甲未有病，作摩生相共去?"病僧云:"不得,比来同行去,也须同行去始得。"对曰:"好,与摩则某甲去辞和尚。"其僧到和尚处,具说前事。师云:"一切事在你,善为,善为。"其僧去涅槃堂里,两人对坐,说话一切后,当胸合掌,峭底便去。雪峰在法席造饭头,见其次第,便去和尚处说:"适来辞和尚僧去涅槃堂里,两人对座迁化,极是异也。"师云:"此两人只解与摩去,不解转来。若也与老僧隔三生在。"

**解说**:此间事例,禅中异者之事,不可效法。

师有时示众曰:"吾有闲名在世,谁能与吾除得?"有沙弥出来云:"请师法号。"师白槌曰:"吾闲名已谢。"石霜代云:"无人得他肯。"进曰:"争那闲名在世何?"霜曰:"张三李四他人事。"云居代云:"若有闲名,非吾先师。"曹山代曰:"从古至今,无人弁得。"疏山代云:"龙有出水之机,人无弁得之能。"问:"如何是正问正答?"师曰:"不从口里道。"僧曰:"有如是人问,和尚还道不?"师曰:"汝问也未曾问。"问:"如何是病?"师曰:"瞥起是病。"进曰:"如何是药?"师曰:"不续是药。"洞山问僧曰:"什摩处来?"对曰:"三祖塔头来。"师曰:"既从祖师处来,要见老僧作什摩?"对曰:"祖师则别,学人与和尚不别。"师云:"老僧欲见阇梨本来师,得不?"对曰:"亦须师自出头来始得。"师云:"老僧适来暂时不在。"问:"承教中有言:'誓度一切众生,我则成佛。'此意如何?"师曰:"譬如十人同选,一人不及第,九人总不得;一人若及第,九人总得。"僧曰:"和尚还及第不?"师曰:"我不读书。"师问僧:"名什摩?"对曰:"专甲。"师曰:"阿那个是阇梨主人公?"对曰:"现只对和尚即是。"师曰:"苦哉,苦哉!今时学者,例皆如此,只认得驴前马后,将当自己眼目。佛法平沉,即此便是。客中主尚不弁得,作摩生弁得主中主?"僧问:"如何是主中主?"师曰:"阇梨自道取。"僧云:"某甲若道得,则是客中主。"师曰:"与摩道则易,相续则大难大难。"云居代云:"某甲若道得,不是客中主。"

**解说**:见性承道,在敢于承当,是为"主中主"。

师问雪峰:"汝去何处?"对曰:"入岭去。"师云:"汝从飞猿岭过不?"对曰:"过。"师曰:"来时作摩生?"对曰:"亦彼处来。"师曰:"有一人不从飞猿岭便到者里作摩生?"对曰:"此人无来去。"师曰:"汝还识此人不?"对曰:"不识。"师曰:"既不识,争知无来去?"雪峰无对。师代云:"只为不识,所以无来去。"

**解说**:当时雪峰心有挂碍,不磊落,故无对。

师有时曰:"体得佛向上事,方有些子语话分。"僧便问:"如何是语话分?"师曰:"语话时阇梨不闻。"僧曰:"和尚还闻不?"师曰:"待我不语话时则闻。"师有时云:"直须向万里无寸草处立。"有人举似石霜,石霜云:"出门便是草。"师闻举云:"大唐国内能有几人?"师举盐官法会有一僧知有佛法,身为知事,未得修行,大限将至,见鬼使来取僧,僧云:"某甲身为主事,未得修行,且乞七日,得不?"鬼使云:"待某甲去白王。王若许,得七日后方始来;若不许,须臾便到。"鬼使七日后方来,觅僧不得。有人问:"他若来时,如何只对他?"师曰:"被他觅得也。"

**解说**:借鬼说道,有所隐喻。"觅僧不得"是暗指此僧悟入。在"他若来时,如何只对他"句中,第一个"他"是指僧,第二个"他"是指鬼。有此问者,可见不能解得洞山之旨,所以,洞山答曰:"被他觅得也。"意思是露出破绽了。

有僧从曹溪来,师问:"见说六祖在黄梅八个月踏碓,虚实?"对曰:"非但八个月踏碓,黄梅亦不曾到。"师曰:"不到且从,从上如许多佛法,什摩处得来?"对曰:"和尚还曾佛法与人不?"师曰:"得则得,即是太抵突人。"师代曰:"什摩劫中曾失却来?"中招庆代云:"和尚禀受什摩处?"

**解说**:只是否定,便是肯定。

问:"如何是古人百答而无一问?"师曰:"清天朗月。""如何是今时百问而无一答?"师云:"黑云礚礣。"问:"师见什摩道理便住此山?"师曰:"见两个泥牛斗入海,直至如今无消息。"问:"'饭百千诸佛,不如饭一无修无证之者。'未审百千诸佛有何过?"师曰:"无过,只是功勋边事。"僧曰:"非功勋者如何?"师曰:"不知有保任即是。"问:"承和尚有言,教人行鸟道,未审如何是鸟道?"师曰:"不逢一人。"僧曰:"如何是行?"师曰:"足下无丝去。"僧曰:"莫是本来人也无?"师曰:"阇梨因什摩颠倒?"僧云:"学人有何颠倒?"师曰:"若不颠倒,你因什摩认奴作郎?"僧曰:"如何是本来人?"师曰:"不行鸟道。"问:"六国不宁时如何?"师曰:"臣无功。"僧曰:"臣有功时如何?"师云:"国界安清。"僧曰:"安清后如何?"师曰:"君臣道合。"僧云:"臣转身后如何?"师曰:"不知有君。"问:"知识出世,学人有依,迁化去后如何得不被诸境惑?"师曰:"如空中轮。"僧曰:"争奈今时妄起何?"师曰:"正好烧却。"问:"和尚出世,几人肯重佛法?"师曰:"实无一人肯重。"僧曰:"为什摩不肯重?"师曰:"他各各气宇如王相似。"问云居:"你爱色不?"对曰:"不爱。"师曰:"你未在好与。"云居却问:"和尚还爱色不?"师曰:"爱。"居曰:"正与摩见色时作摩生?"师曰:"如似一团铁。"师问僧:"名什摩?"对曰:"请和尚安名。"师自称良价。僧无对。云居代云:"与摩则学人无出头处也。"又云:"与摩则总被和尚占却也。"师问太长老:"有一物,上拄天,下拄地,常在动用中黑如漆,过在什摩?"对曰:"过在动用。"师便咄:"出去!"石门代云:"觅不得。"有人进曰:"为什摩觅不得?"石门云:"黑如漆。"

**解说**:如实道来,直心是道场。

因雪峰搬柴次,师问:"重多少?"对曰:"尽大地人提不起。"师云:"争得到这里?"雪峰无对。云居代云:"到这里方知提不起。"疏山代云:"只到这里岂是提得起摩?"

**解说**:通达者,翻手为云覆手雨。动念者,只认晴日是好天。

有一僧到参,师见异,起来受礼了,问:"从何方而来?"对曰:"从西天来。"师曰:"什摩时离西天?"曰:"斋后离。"师曰:"太迟生。"对曰:"迤逦游山玩水来。"师曰:"即今作摩生?"其僧进前,叉手而立,师乃作揖云:"吃茶去。"师问僧:"什摩处来?"僧云:"游山来。"师曰:"还到顶上不?"曰:"到。"师曰:"顶上还有人不?"对曰:"无人。"师曰:"与摩则阇梨不到顶上也。"对曰:"若不到,争知无人?"师曰:"阇梨何不且住?"对曰:"某甲不辞住,西天有人不肯。"师问云居:"什摩处去来?"对曰:"踏山去来。"师曰:"阿那个山堪住?"对曰:"阿那个山不堪住?"师曰:"与摩则大唐国内山总被阇梨占却了也。"对曰:"不然。"师曰:"与摩则子得入门也。"对曰:"无路。"师曰:"若无路,争得与老僧相见?"对曰:"若有路,则与和尚隔生。"师云:"此子已后千万人把不住。"

**解说**:通达者,问答如流,随口对话,头头是道。

师到泐潭,见政上座谓众说话云:"也大奇,也大奇!道界不可思议,佛界不可思议。"师便问:"道界佛界则不问,且说道界佛界是什摩人?只请一言。"上座良久无言,师催云:"何不急道!"上座云:"争则不得。"师云:"道也未曾道,说什摩争即不得!"上座无对。师曰:"佛之与道,只是名字,何不引教?"上座曰:"教道什摩?"师曰:"得意忘言。"上座云:"犹将教意向心头作病在。"师曰:"说道界佛界者病多少?"上座因兹而终。

**解说**:上座不明:不可思议者,即不可思量,亦不可议论者。所谓动念则乖,言说即差。

师问雪峰:"什摩处去来?"对曰:"斫槽去来。"师曰:"几斧得成?"对曰:"一斧便成。"师云:"那边事作摩生?"对曰:"无下手处。"师曰:"此犹是这边事,那边事作摩生?"雪峰无对。疏山代云:"不堕无斤斧。"问:"单刀直入拟取师头时如何?"师曰:"堂堂无边表。"僧曰:"争奈今时赢劣何?"师曰:"四邻五舍,谁人无之?暂寄旅店,足什摩可怪?"

**解说**:直是双遣双非始得。

大师又劝学徒曰:"天地之内,宇宙之间,中有一宝,秘在形山。识物灵照,内外空然。寂寞难见,其位玄玄。但向己求,莫从他借。借亦不得,舍亦不堪。总是他心,不如自性。性如清净,即是法身。草木之生,见解如此。住止必须择伴,时时闻于未闻。远行要假良朋,数数清于耳目。故云:'生我者父母,成我者朋友。'亲于善者,如雾里行。虽不湿衣,时时有润。蓬生麻竹,不扶自直。白砂在泥,与之俱黑。一日为师,终世为天。一日为主,终身为父。玉不琢不成器,人不学不知道。"

**解说**:正言说教,人人具足之心。

师问病僧:"不易阇梨?"对曰:"生死事大,和尚。"师曰:"何不向粟畲里去?"病僧曰:"若与摩则珍重。"悄然便去。问:"'一切皆放舍,犹若未生'时如何?"师曰:"有一人不知阇梨手空。"

**解说**:真正是度人之师。

师示众云:"诸方有惊人之句,我这里有刮骨之言。"时有人问:"承和尚有言:'诸方有惊人之句,我这里有刮骨之言。'岂不是?"师曰:"是也,将来与你刮。"僧曰:"四面八方请师刮。"师曰:"不刮。"僧曰:"幸是好手,为什摩不刮?"师曰:"汝不见道:'世医拱手。'"云门到西峰,西峰问:"某甲只闻洞山刮骨之言,不得周旋,请上座与某举看。"云门具陈前话,西峰便合掌云:"得与摩周旋。"云门拈问西峰:"洞山前语道'将来与你刮',宾家第二机来,为什摩道不刮?"西峰沉吟后云:"上座。"上座应喏,西峰曰:"堆阜也。"

**解说**:不刮是刮。和心悟道,去意向性而已。所谓去意向性,就是要将一切意向对象统统刮去,包括刮去这去意向性之心,所以是不刮是刮,方为究竟。

师示众曰:"展手而学,鸟道而学,玄路而学。"宝寿不肯,出法堂外道:"这老和尚有什摩事急?"云居便去和尚处,问:"和尚与摩道,有一人不肯。"师曰:"为肯者说,不为不肯底,只如不肯底人,教伊出头来,我要见。"居云:"无不肯底。"师曰:"阇梨适来道,有一人不肯,因什摩道无不肯?更道。"居云:"出来则肯也。"师曰:"灼然肯则不肯,出则不出。"问:"古人有言:'青青翠竹尽是真如,郁郁黄花无非般若。'此意如何?"师曰:"不遍色。"僧曰:"为什摩不遍色?"师曰:"不是真如,亦

165

无般若。"僧曰:"还彰也无?"师曰:"不露世。"僧曰:"为什摩不露世?"师曰:"非世。"僧曰:"非世者如何?"师曰:"某甲则与摩道,阇梨如何?"对曰:"不会,将会与阇梨。"僧曰:"和尚为什摩不与施设?"师曰:"看看不奈何。"僧曰:"为什摩承当不得?"师曰:"汝为什摩泥他有言?"僧曰:"与摩则无言。"师曰:"非无言。"僧曰:"无言为什摩却非?"师曰:"不是无言。"问:"'相逢不擎出,举意便知有',此意如何?"师合掌顶戴。报慈拈问僧:"只如洞山口里与摩道合掌顶戴,只与摩是合掌顶戴?"僧无对。自代曰:"一脉两中。"问:"清河彼岸是什摩草?"师曰:"不萌之草。"僧曰:"渡河就者如何?"师曰:"一切都尽。"师又云:"不萌之草为什摩能藏香象?香象者,今时功成果;草者,本来不萌之草;藏者,本不认圆满行相,故云藏。"

**解说**:不肯是肯,肯也不肯。一是则非,一非则是,是非具非,双遣双非。

有一尼到僧堂前云:"如许多众僧总是我儿子也。"众僧道不得。有人举似师,师代云:"我因所生。"有僧持钵家常,俗人问:"上座要个什摩?"僧云:"拣什摩?"俗人将草满钵盂著,云:"上座若解道得,则供养;若道不得,则且去。"其僧无对。有人举似师,师代云:"这个是拣底,不拣底把将来。"师问僧:"'心法双亡性则真',是第几座?"对曰:"是第二座。"师曰:"为什摩不与他第一座?"僧曰:"非心非法。"师曰:"心法双亡,是非心非法也,何更如是道?"师代曰:"非真不得座。"问:"如何是父少?"师云:"阇梨春秋多少?""如何是子老?"师:"某甲寻常向人道玄去。"问:"古人有言:'但以神会,不可以事求。'此意如何?"师曰:"从门入者非宝。"曰:"不从门入者如何?"师曰:"此中无人领览。"问:"心法灭时如何?"师曰:"口里道得有什摩利益,莫信口头辩,直得与摩去始得。设使与摩去,也是佛边事。"学进曰:"请师指示个佛向上人。"师曰:"非佛。"问:"四大违和,还有不病者也无?"师曰:"有。"僧曰:"不病者还看和尚不?"师曰:"某甲看他则有分,他谁睬某甲?"僧曰:"和尚病,争看得他?"师曰:"某甲若看,则不见有病。"问:"正与摩时如何?"师曰:"是阇梨窠窟。"僧曰:"不与摩时如何?"师曰:"不顾占。"僧云:"不顾占莫是和尚重处不?"师曰:"不顾占重什摩?"僧曰:"如何是和尚重处?"师曰:"不擎拳向阇梨。"僧曰:"如何是学人重处?"师曰:"莫合掌向某甲。"僧曰:"任摩则不相干也。"师曰:"谁共你相识?"僧曰:"毕竟如何?"师曰:"谁肯作大?谁肯作小?"

**解说**:一有作为,便是拣择,总是双遣双非,成就心法双亡。这里需要仔细,莫要绕心绕口。

问:"牛头未见四祖时,百鸟衔花供养时如何?"师曰:"如珠在掌。"僧曰:"见后为什摩不衔花?"师云:"通身去也。"问:"如何是无心意识底人?"师曰:"非无心意识人。"僧曰:"还参请得也无?"师曰:"不曾闻人传语,不曾受人嘱托。"僧曰:"还亲近得也无?"师曰:"非但阇梨一人,老僧亦不得。"僧曰:"和尚为什摩不得?"师曰:"不是无心意识人。"问:"蛤中有珠,蛤还知不?"师曰:"知则失。"僧曰:"如何则得?"师曰:"莫依前言。"

**解说**:觅心不可得,意识的自明性使然。如问:请告诉你当下所想。那你是永远也不可能说得出这当下之思的,因为当你言说所谓当下之思时,当下之思已是"言说"之思了。就像"请你将脚下正踩着的土地亮出来看看"一样,当你亮出来时,那土地已经不再是脚下正踩着的了。意识的意识(或称元意识)问题也一样,由于这种自明性,因此是觅不可得的,所谓"有心栽花花不开,无心插柳柳成行"。因此,有意觅心不得,不如不觅,释然而得。悟道也然,非执着可得,所以洞山有:"知则失"。

问:"古人有言:'以虚空之心,合虚空之理。'如何是虚空之理?"师曰:"荡荡无边表。""如何是虚空之心?"师曰:"不挂物。""如何得合去?"师曰:"阇梨与摩道则不合也。"问:"古人有言:'佛病最难治。'佛是病? 佛有病?"师曰:"佛是病。"僧曰:"佛与什摩人为病?"师曰:"与渠为病。"僧曰:"佛还识渠也无?"师曰:"不识渠。"僧曰:"既不识渠,争得与他为病?"师曰:"你还闻道,带累他门风。"

**解说**:如何有许多虚空之"理"、之"心";"有"病、"是"病的概念分别?!

问:"语中取的时如何?"师曰:"的中取什摩?"僧曰:"与摩则的中非。"师曰:"非中还有的也无?"师问僧:"有一人在千万中,不向一人,不背一人,此唤作什摩人?"僧曰:"此人常在目前,不随于境。"师曰:"阇梨此语是父边道,子边道?"对曰:"据某甲所见,向父边道。"师不肯。师却问典座:"此是什摩人?"对曰:"此人无面背。"师不肯。又别对曰:"此人无面目。"师曰:"不向一人,不背一人,便是无面目,何必更与摩道?"师代曰:"绝气息者。"问:"一切处不乖时如何?"师曰:"此犹是功勋边事。有无功之功,子何不问?"僧曰:"无功之功莫是那边人也无?"师曰:"已后有眼人笑阇梨与摩道。"僧云:"与摩则调然也。"师曰:"调然非调然,非不调然。"僧曰:"如何是调然?"师曰:"唤作那边人则不得。"僧曰:"如何是非调然?"师曰:"无弁处。"师蓦唤侍者,侍者来,师良久云:"传语大众:寒者向火,不寒者上堂来。"

**解说**:执着"的"中是非,总是是非;分别"人"之向背,也是分别,所谓禅师所云的"拟向即乖"。其实,这也是科学中的情形:"每当物理学家们向自然界提出原子实验中的一个问题时,自然界的回答总是一个悖论,他们越是试图澄清情况,这种自相矛盾就变得越突出。"①因此,只有放下是非分别,方才至道不远。

师有时谓众曰:"这里直须句句不断始得,如似长安路上诸道信号不绝。若有一道不通,便是不奉于君。此人命如悬丝,直饶学得胜妙之事,亦是不奉于君,岂况自余,有什摩用处?莫为人间小小名利,失于大事。假使起模尽样觅得片衣口食,总须作奴婢偿他定也,专甲敢保。先德云:'随其诸类,各有分齐。'既得人身的,不皮衣土食?任运随缘,莫生住著。专甲家风只如此也。肯与不肯,终不抑勒。阇梨,一任东西。珍重。"

**解说**:付法之语。

师自咸通十年己丑岁三月一日剃发被衣,令击钟,俨然而往,大众号恸。师复觉曰:"夫出家儿心不依物是真修行,何有悲恋?"则呼主事僧,令办愚痴斋。主者仰恋,渐办斋筵,至七日备。师亦少食竟日。师云:"僧家何太粗率,临行之际,喧恸如斯。"至八日使开浴,浴讫,端坐长往。春秋六十二,僧夏四十一。敕谥悟本禅师慧觉之塔。勖励偈颂等并通流于参徒宝箧笥,此中不录矣。净修禅师赞曰:师居洞山,聚五百众。眼处闻声,境缘若梦。涧畔贞筠,天边瑞凤。不堕三身,吾于此痛。

**解说**:洞山传曹山,创曹洞宗,一直延续至今。据《五灯会元》记载,洞山作有五位君臣颂曰:"正中偏,三更初夜月明前。莫怪相逢不相识,隐隐犹怀旧日嫌。偏中正,失晓老婆逢古镜。分明觌面别无真,休更迷头犹认影。正中来,无中有路隔尘埃。但能不触当今讳,也胜前朝断舌才。兼(偏)中至,两刃交锋不须避。好手犹如火里莲,宛然自有冲天志。兼中到,不落有无谁敢和。人人尽欲出常流,折合还归炭里坐。"②

## 祖堂卷八·疏山

疏山和尚嗣洞山,在抚州。师讳匡仁。未睹行录,不叙终始。师行脚时,到大安和尚处便问:"夫法身者理绝玄微,不堕是非之境,此是法身极则。如何是法身向上事?"安云:"只这个是。"师云:"和尚与摩道,还出得法身也无?"安云:"不是,

---

① 卡普拉:《物理学之"道"》,北京出版社,1999,第54页。
② 普济:《五灯会元》,中华书局,1984,第783—784页。

也是。"又到香严问:"不从自己、不重他圣时如何?"答:"万机休罢,千圣不携。"师不肯,便下来吐出云:"肚里吃不净洁物。"有人报和尚处,和尚便唤来,师便上来。香严云:"进问著!"师便问:"'万机休罢'则且置,'千圣不携'是何言?"香严云:"是也。你作摩生道?"师云:"肯重不得全。"香严云:"你不无道理也。虽然如此,向后若是住山,则无柴得烧;若是住江边,则无水得吃。欲临说法时,须得口里吐出不净。"后住疏山,如香严谶。

**解说**:凡一肯则一不肯,一是则一不是,故有"不是,也是"之语。

夹山到,问:"阃阈不点,请师不傍。"夹山云:"不似之句,目前无法。"师云:"'不似之句'则且置,'目前无法'是何言?"夹山云:"更添三尺,天下人勿奈何。"师云:"只今还奈何也无?"问:"如何是直指?"师曰:"珠中有水君不信,拟向天边问太阳。"师偈曰:我有一宝琴,寄在旷野中。不是不解弹,未有知音者。

问:"和尚百年后什摩人续绍和尚位?"云:"四脚朝天,背底茫丛。"有人问第三百丈:"作摩生是背底茫丛?"百丈云:"不续无贵位。"

**解说**:"我有一宝琴,寄在旷野中。不是不解弹,未有知音者。"令人想起俞伯牙与钟子期的故事,解禅也要有知音,所谓以心传心。琴心即禅心,天下唯此一心。

镜清到,师举问:"'肯重不得全'话,道者作摩生会?"镜清云:"全归肯重。"师云:"不得全者作摩生?"清云:"个中无肯路。"师云:"始称病僧意。"鼓山到便问:"久响疏山,元来是若子大。"师云:"肉重千斤,智无铢两。"鼓山云:"与摩则学人不礼拜去也。"师云:"谁要你肉山倒地?"因鼓山说著威音王佛次,师问鼓山:"作摩生是威音王佛师?"鼓山云:"莫无惭愧好!"师云:"是阇梨与摩道则得,若约病僧则不然。"鼓山问:"作摩生是威音王佛师?"师云:"不坐无贵位。"问:"去时尽转去,何用却来三?"师云:"大唐难有木,却来第三柱。"问:"远见则圆,近见则方,此唤作什摩字?"师云:"东海有鲸鱼,斩头亦断脚,背上抽一骨,便是这个字。"问:"佛在世时度众生,佛灭后什摩人度众生?"疏山答曰:"疏山。"僧进曰:"还有度不尽者也无?"师曰:"无有不尽度者。"师因骑马行次,措大问:"既是骑马,为什摩不踏镫?"师云:"比来骑马歇足,踏镫何异步行?"师临迁化时偈曰:我路碧空外,白云无处闲。世有无根树,黄叶送风还。

**解说**:问及佛灭后什摩人度众生?疏山敢于承当,是真佛弟子。

169

## 祖堂卷九·落浦

落浦和尚嗣夹山,在澧州。师讳元安,凤翔麟游人也,姓淡。自少岐阳怀恩寺从兄佑律师受业。至于论、经,无不该通。先礼翠微,次谒临济,各有所进。后闻夹山,直造澧阳。才展座具,时夹山问:"这里无残饭,不用展炊巾。"对曰:"非但无,有亦无著处。"夹山曰:"只今聻?"对曰:"非今。"夹山云:"什摩处得这个来?"对曰:"无这个。"夹山云:"这个被老僧坐却底。"云:"学人亦不见有和尚。"夹山云:"与摩则室内无老僧。"对曰:"画影亦不得。"夹山赞曰:"道者知音指其掌,锺期能听伯牙琴。"师问:"久响宗风,请师一言。"夹山云:"目前无法。"师云:"莫错?"夹山云:"缦缦阇梨,山溪各异。任你截断天下人舌头,争奈无舌人解语何?阇梨只知有杀人之刀,且无活人之剑。老僧这里亦有杀人之刀,亦有活人之剑。"师进问:"如何是和尚活人之剑?"夹山曰:"青山不挂剑,挂剑勿人知。"师又问:"佛魔不到处,犹未是学人本分事。如何是学人本分事?"夹山云:"烛明千里像,暗室老僧迷。"师又问:"朝阳已升、夜月未现时如何?"夹山曰:"龙含海珠,游鱼不顾。"师闻此语,莫知所从,便止夹山。抠衣数载,不惮劳苦,日究精微。至夹山化缘毕,初开落浦,后住苏溪矣。

**解说**:讲落浦(也名乐普)出身,便大不一样,乃行理皆入者。从法系上,六祖传行思和尚,行思和尚传石头,石头传药山,药山传华亭,华亭传夹山,到落浦,已历七世。上述机锋启示,从杀人剑与活人剑,到"龙含海珠,游鱼不顾",就不说破之机缘,夹山于落浦,可谓恩莫大矣。

师有时上堂云:"夫学道先须弁得自己宗旨,方可临机免失。只如锋芒未兆已前,都无是个非个。瞥尔暂起见闻,便有张三李四,胡来汉去,四姓杂居,各亲其亲,相参是非互起,致使玄关固闭,识锁难开,疑网笼牢,智刀方剪。若不当扬晓示,迷子何以知归?欲得大用现前,但可顿亡诸见。见量若尽,昏雾不生,智照洞然,更无物与非物。今时学人触目有滞,盖为依他数量作解,被他数量该括得定,分寸不能移易。所以见不逾色,听不越声。鼻香舌味身触意法亦然。假饶并当得门头净洁,自己未得通明,还同不了。若也单明自己,未明目前,此人只具一双眼,所以是非忻厌,贯系不得,脱折自由。谓之深可伤愍矣。"

**解说**:此为正说。要得自在,只一个"舍"可矣。遇事舍事、遇物舍物、遇心舍心,舍去一切知见、舍去一切是非,"方可临机免失",得自在。

问:"如何救离生死?"师云:"执水救延生,不闻天乐妙。"问:"四大从何而有?"师曰:"湛水无波,沤因风击。"进曰:"沤则不问,如何是水?"师云:"不浑不澄,鱼龙任跃。"问:"如何是一藏收不得者?"云:"雨滋三草秀,片玉本来晖。"问:"一毫吞尽巨海,于中更复何言?"云:"家有白泽之图,必无如是妖怪。"后保福云:"家无白泽之图,亦无如是妖怪。"问:"凝然时如何?"师曰:"时雷应时节,震岳惊蛰户。"僧云:"千般运动,不异个凝然时如何?"师云:"灵鹤翥空外,钝鸟不离巢。"云:"如何?"师曰:"白首拜少颜,举世人难信。"

**解读**:妙问妙答,物质缘起之原理,于此尽显。如果将这里的"水"喻为"赝真空",其总体上无物无能(不浑不澄),但在量子尺度下可以呈现能量任意波动(鱼龙任跃);将"风"指派为"海森堡测不准原理"随机涨落之机;"沤"表示为能量波动之量子泡沫,其形状在后面落浦"浮沤歌"中作了详细的刻画,而"凝然"意"静止",与"千般运动"相辅相成。我们知道,根据量子场论,在尺度 $10^{-33}$cm 与 $10^{-43}$ sec 的时空中,"真空"可以产生巨大的能量涨落,这正是物质最初产生的根源。一般,常态物质不过是能量的一种比较稳定的表现形式,但在足够的高温下,物质归根结底只是一种能量的波动涨落而已。经典科学的代表人物牛顿的信念是:"总而言之,上帝似乎是依照他本身的意图采取最为适当的方式在太初用固体的、厚重的、坚硬的、不可穿透的、可动的微粒做成了物质,使其有形有度且富有特性并在空间上比例协调;这些原初微粒坚实无比,而其所构成之物却疏松渗透;它们如此坚硬,绝不会磨损或破裂;凡间之力根本无法割断上帝最初所创的粒子。"[①]不过,牛顿的信念现在看来是完全显得不合时宜。正像当代物理学家史密斯指出的:"当然,大多数新的粒子会令牛顿失望,因为它们并非是不变的。它们存在的时间还不到一毫微秒。……看起来把物质看成是由'细小的像沙一样的东西'组成这种观点越来越难以服人。"[②]因此,根据现代物理学的理论,物质毕竟是虚妄不实的。正像《心经》中所指出的那样:"色不异空,空不异色;色即是空,空即是色。"四大本空,岂可分别。

师有《神剑歌》:异哉神剑实标奇,自古求人得者稀。在匣谓言无照耀,用来方觉转光辉。破犹预,除狐疑,壮心胆兮定神姿。六贼既因斯剪拂,八方尘劳尽乃

---

[①] 牛顿,《光学——论反射、折射、曲射与光的颜色》中第31问,转引自史密斯:《心智的进化》,中国对外翻译出版公司,2000,第12页。

[②] 史密斯:《心智的进化》,中国对外翻译出版公司,2000,第34页。

挥。斩邪徒,荡妖孽,生死荣枯齐了决。三尺灵蛇覆碧潭,一片晴光莹寒月。愚人亡剑刻舟求,奔驰浊浪徒悠悠。抛弃澄源逐浑派,岂知神剑不随流。他人剑兮带血腥,我之剑兮含灵鸣。他人有剑伤物命,我之有剑救生灵。君子得时离彼此,小人得处自轻生。他家不用我家剑,世上高低早晚平。须知神剑功难记,慑魔威兮定生死。未得之者易成难,得剑之人难却易。展则周遍法界中,收乃还归一尘里。若将此剑镇乾坤,四塞终无阵云起。

福先拈问:"一语中须道得在匣出匣底剑,你作摩生道?"僧无对。自代云:"且出匣,与老兄商量,还会摩?"

**解读**:剑同时"在匣出匣",有如粒子的自旋同时"向上向下"迭加纠缠一样,是自然本性的反映,是空性。对于这一本性,我们可以通过一切物质的非局域性悖论来理解,于是,我们便可以通过悖论体悟到本真,任情自由。这就是《神剑歌》的宗旨。以下便归到启悟之方法上。

问:"诸圣与摩来,将何供养?"师云:"土宿虽持锡,不是婆罗门。"问:"西天一人传一人,彼此不垂委曲。谁是知音者?"师曰:"野老门前不话朝堂之事。"进曰:"不话朝堂之事,合谈何事?"师曰:"未逢作者,终不开拳。"进曰:"有一人不从朝堂门下来,合谈何事?"师曰:"量外之机,徒劳击目。"问:"如何是无惭无愧底人?"师曰:"不出家,不持戒。"进曰:"不出家、不持戒来多少时也?"师曰:"劈破虚空看弁取。"进曰:"即今如何?"师曰:"不向你杜排行。"进曰:"与摩即该括不得也。"师曰:"未藉你与摩道在。"问:"如何是大人相?"师曰:"坐断十方不点头。"问:"廓落世界,为什摩不弁目前法?"师曰:"曙色未分人思觉,及乎天晓不当明。"云:"还留及也无?"师曰:"莫言及不及,但与我道。"云:"辩师宗不得。"师曰:"不辩即亲。"问:"凡圣不到处即不问,不尽凡圣处如何?"师曰:"师子窟中无异兽,象王行处勿狐踪。"问:"瞥然便见时如何?"师曰:"晓星分曙色,争似太阳辉?""如何是本来者?"师云:"一粒在荒田,不耘苗自秀。"僧云:"若一向不耘,莫草埋却去也无?"师云:"肥骨异蓊莞,稊稗终难映。"问:"如何是西来意?"师云:"飒飒当轩竹,经霜不自寒。"学人更拟申问,师云:"只闻风击响,不知几千竿。"问:"行到不思议处时如何?"师云:"青山常远步,白月不移轮。"问:"大众云集,师意如何?"师云:"开拳明旧宝,握手谢今时。"问:"如何是沙门行?"师云:"逢佛蓦头坐。"僧曰:"忽遇和尚时如何?"师曰:"阇梨来时,老僧不在。"问:"日未出时如何?"师云:"直木无乱枝,灵羊难挂角。"问:"如何是云水意?"师云:"一轮孤月,万象齐耀。"僧曰:"移轮事如何?"师云:"潭中无影,户外非珍。"问:"祖意与教意还同别?"师云:"出群不戴角,三韵况难同。"进曰:"投机凭意句,焉得不同轮?"师云:"迴枝测海底,三湘深可酌。"问:"古人有言:'动是法王苗,寂是法王根。'苗则不问,如何是法王根?"师竖起拂子。僧曰:"此犹是苗,如何是法王根?"师曰:"龙不出洞,谁人奈何?"问:"量郭无涯,为什摩不容自己?"师云:"末后一句始到牢关,锁断要津,不通凡圣。任你天下忻忻,老僧独然不顾。"却云:"庄周胡蝶,二俱是梦。汝道梦从何来?"问:"孤灯不自照,室内事如何?"师云:"飞针走线时人会,两边透过却还希。"问:"满满龙宫该不得,一尘尘外事如何?"师云:"三跳出箩笼,不如云外者。"僧曰:"学人不重朝廷贵,不可倐然只摩休。"师云:"去!你不会我语。"进曰:"三跳外事如何?"师云:"射虎不中,徒劳没羽。"问:"万法归一,一归何所?"师云:"击水动波澜,其中难见影。"问:"牛头未见四祖,百鸟衔花供养。见后为什摩不来?"师云:"玄河泛起雪花浪,无焰孤灯明暗宵。"

**解读**:总是机锋启悟之法。

师有《浮沤歌》:秋天雨滴庭中水,水中漂漂见沤起。前者已灭后者生,前后相续何穷已。本因雨滴水成沤,还缘风激沤归水。不知沤水性无殊,随他转变将为异。外明莹,内含虚,内外玲珑若宝珠。正在澄波看似有,及乎动著又如无。有无动静事难明,无相之中有相形。只知沤向水中出,岂知水不从沤生。权将沤体况余身,五蕴虚攒假立人。解达蕴空沤不实,方能明见本来真。

**解读**:赝真空之量子泡沫性状。英国湖畔诗人华兹华斯(Wordsworth)有首诗写道①:

我感到一种存在,
它以高尚思想的喜悦激荡着我的心灵,
又感到深深相互渗透的事物的崇高感,
它寄寓在落日的余晖中,
在滚圆的大海和流动的空气中,
在蔚蓝的天空和人的心灵中:
它是一种运动和精神,推动着
一切有思之物,
一切思维的对象,
并流转于宇宙万物之中。

从本质上讲,说的也是实在流动不居的空性。

---

① 希克:《第五维度》,四川人民出版社,2000,第39页。

师临迁化时云:"老僧有事问诸人,若道这个是,头上更安头;若道这个不是,斫头更觅活。"第一座云:"青山不举足,日下不挑灯。"师便喝出:"我这里无人对。众中还有新来达士,出来与老僧撥送!"从上座对云:"于此二途,请师不问。"师云:"更道。"对云:"某甲道不尽。"师云:"我不管你尽不尽,更道!"对云:"某甲无侍者,不能只对。"师便喝出:"诸阿师且归堂!"当日初夜后,师教侍者唤从上座,上座便上来侍立。师问从上座:"年多少?"对云:"二十八。"师云:"太嫩在!甚须保持。生缘什摩处?"对云:"信州人。"师云:"今日事被阇梨道破,称得老僧意。我这里数年出世,并无一个。今日阇梨撥送老僧。某甲先师初见船子时,船子问先师只对因缘,改为颂曰:目前无法,意在目前。他不是目前法,非耳目之所到。只如四句中阿那个是主句?"从上座迟拟。师云:"速与!速与!下头橛子冷,不欲得辜负,你莫形迹!"从上座云:"实不会。"师便槌胸哭苍天。从上座一走下,不去僧堂,直至如今更无消息。师前云:"慈舟不棹清波上,剑峡徒劳放木鹅。"

师光化二年戊午岁十二月二日迁化,春秋六十五,僧夏四十六矣。

**解说**:这里船子,即华亭德诚禅师,是禅者中最潇洒者,《五灯会元》称赞是:"节操高邈,度量不群",可谓真禅者风范。船子有偈曰:"三十年来坐钓台,钩头往往得黄能。金鳞不遇空劳力,收取丝纶师去来。千尺丝纶直下垂,一波才动万波随。夜静水寒鱼不食,满船空载月明归。三十年来海上游,水清鱼现不吞钩。钓竿斫尽重栽竹,不计功程得便休。有一鱼兮伟莫裁,混融包纳信奇哉。能变化,吐风雷,下线何曾钓来。别人只看采芙蓉,香气长粘绕指风。两岸映,一般红,何曾解染得虚空,问我生涯只是船,子孙各自赌机缘。不由地,不由天,除却蓑衣无可传。"[1]也说尽禅者任情自在不犯旨的禅趣。可以与这里文字对看。

## 祖堂卷十·镜清

镜清和尚嗣雪峰,在越州。师讳道怤,温州人也。师初入闽,参见灵云,便问:"行脚大事如何指南?"云云:"浙中米作摩价?"师曰:"汨作米价会。"却续到象骨,象骨问:"汝是什摩处人?"对云:"终不道温州生长。"峰云:"与摩则一宿觉是汝乡人也。"云:"只如一宿觉是什摩处人?"峰云:"者个子好吃一顿棒,且放过。"师又问:"从上祖德例说入路,还是也无?"峰云:"是。""学人初心后学,乞师指示个入路。"峰云:"但从者里入。"师云:"学人朦昧,再乞指示。"峰云:"我今日不多安。"

---

[1] 普济:《五灯会元》,中华书局,1984,第275页。

放身便倒。又问:"只如从上祖德岂不是以心传心?"峰云:"是。兼不立文字语句。"师曰:"只如不立文字语句,师如何传?"峰良久,遂礼谢起,峰云:"更问我一转,可不好?"对云:"就和尚请一转问头。"峰云:"只与摩,别更有商量也无?"对云:"在和尚与摩道则得。"峰云:"于汝作摩生?"对曰:"辜负杀人。"峰曰:"不辜负底事作摩生?"师便珍重。

又一日雪峰告众云:"当当密密底。"师便出,对云:"什摩当当密密底?"雪峰从卧床腾身起,云:"道什摩?"师便抽身退立。

又一日普请,雪峰(举)沩山语:"'见色便见心',还有过也无?"师对云:"古人为什摩事?"峰云:"虽然如此,我要共汝商量。"对云:"与摩商量,不如某甲锄地。"

**解读**:雪峰嗣德山,由此可见镜清自六祖也为七世。一宿觉和尚,即玄觉禅师,嗣六祖,有《证道歌》传世。上述机锋总言第一义不可言说。

又一日行次,雪峰便问:"尽乾坤事不出一刹那,只如一刹那底事,今时向什摩处弁明则得?"师对云:"更共什摩人商量去?"雪峰云:"我亦有对,汝但问我!"师便问:"今时向什摩处弁明则得?"峰乃展手云:"但向这里弁明。"师对云:"此是和尚为物情切。"峰便笑。

**解读**:现代宇宙学家也有此境界么?宇宙暴胀之一刹那,还辨明则得?是宇宙奇点,不可辨明。现代宇宙学的研究,特别是自1923年起,美国天文学家哈勃在威尔逊山天文台进行了一系列观察,证实了天文学上的多普勒效应(红移),哈勃对宇宙膨胀的第一次估算大约是每秒每兆秒差距500公里(1兆秒差距约等于300万光年),即相距1兆秒差距的星系相互间的退行速率是500km/s。如果哈勃望远镜观测到的红移是可靠的,那么根据光谱性质可以确定,整个宇宙正在膨胀之中。这样一来,倒退到宇宙起始,宇宙必然"浓缩"为一个无体积、超密度、超高温的"质点",此点就成为宇宙奇点,其超出了爱因斯坦相对论方程描述的范围,不可概念分别。但正是这一奇点,加上宇宙背景辐射、化学元素的相对丰度等事实,可以推知"尽乾坤事不出一刹那"的暴胀,这便是古思提出暴胀宇宙的理论,认为:一小块具有暴胀性质的宇宙碎片,如果足够大的话,它将长大变成一个新的宇宙,而且不断膨胀,能变成任意大,成长的同时还在创造新的空间,变成足以包揽一个像我们看到的这个宇宙一般大的宇宙。这里讲的正是无生有、有生万物之图景。实际上,如果暴胀不是流产为黑洞的话,就会生成一个完全隔离的新宇宙,当然,也可以就是我们居住的这个宇宙。暴胀理论的真正推动力是"赝真空"思想:"我们发现,一个足够大的赝真空区域将产生一个新的宇宙,就像我更早的时候描述过的那样,它将快速地从我们这个宇宙中脱离而变得完全隔离。"①不过,"赝真空"的引力如此之强,只有非常高的速度膨胀才能阻止黑洞的形成。因此,它应该从白洞作为起点。不过,"赝真空"的密度高于原子核密度的 $10^{60}$ 倍,因此不是能够轻易制造出来的。由此可见,辨明宇宙奇点是一个超逻辑问题,不是靠理性思维所能解决的。反之,根据黑洞理论,对于宇宙的形成的黑洞奇点也一样,应作如是观:一有则万有,万有复归一有,不可"为物情切"。如果否认黑洞的存在,那么也就否定了整个广义相对论,因为黑洞的存在是广义相对论理论上的必然推论。反之,如果承认黑洞的存在,那么也就没有理由反对不可见的"佛性"的存在性,这同样也是合理的。其实,之所以如此说,无非表明,即使"黑洞""佛性"是存在的,也绝非是理性思维所能把握,因为其不可测性、不可证性、不可分析性,这就使得单靠科学是不能解决一切问题的。因此,只有不辨而得,直觉体道,才是归宿。

峰又时云:"争得与摩尊贵,得与摩绵密?"师对云:"某甲自到山门,今经数夏,可闻和尚与摩示徒?"峰云:"我向前虽无,如今已有,莫所妨摩?"对云:"不敢。此是和尚不已而已。"峰云:"置我如此。"又云:"量才处职。"于是承言领旨,遍历诸方,凡对机缘,悉皆冥契。旋回东越,初住镜清,后住天龙、龙册。钱王钦仰德高,赐紫衣,法号顺德大师。

**解读**:一切言教与说法,都是"不(得)已而已",还辨明得吗?!

见新到参次,拈起拂子。对云:"久响镜清,到来犹有纹彩在。"师云:"今日遇人却不遇人。"后有人进问:"'今日遇人却不遇人'意作摩生?"师云:"一盘御饭反为庶食。"问:"无源不住,有路不归时如何?"师云:"这个师僧得座便坐。"问:"如何是心?"师云:"是则第二头。"云:"不是如何?"师云:"又成不是头。"僧曰:"是不是,总与摩时作摩生?"师云:"更多饶过。"问:"如何是玄中玄?"师云:"不是,是什摩?"僧曰:"还得当也无?"师云:"木头也解语。"因此颂曰:一向随他走,又成我不是。设尔不与摩,伤著他牵匿。欲得省要会,二途俱莫缀。

**解读**:觅心不可得一样意思。概事物同显性使然:本为一态,纠缠浑然,主观概念分别测量坍缩为多种可能的本征态。过在测量分别。因为测量依赖于观测之智,结果差别必然。根据量子原理,量子的性质或存在是受观测影响的,这同王阳明的"不知觉即不存在,人不感物即无物;受知觉然后为存在,感物然后有物"②

---

① 布罗克曼:《第三种文化》,海南出版社,2003,第282页。
② 张岱年:《中国哲学大纲》,中国社会科学出版社,1982,第70页。

是一样道理。于是，观察之观察问题就遇到了，无穷回归的结果必须是"空性"显现！因为"在量子宇宙学里，我们确实需要更好地理解量子力学——把量子力学用于整个宇宙，不可能想象这时还会有什么外面的观察者"①。这样观察必然是一种自因性的观察，除了"空性"的解释，便无其他途径。从逻辑上讲，便是真假同显，具有不可证性，所谓是也不是，非也不非。按照禅宗的观点，便是真空缘起。

问："古人有言：'人无心合道'，如何是人无心合道？"师云："何不问'道无心合人'？""如何是道无心合人？"师云："白云乍可来青嶂，明月那堪下碧天！"新到参次，师问："阇梨从什摩处来？"对云："佛国来。"师云："只如佛以何为国？"对云："清净庄严为国。"师云："国以何为佛？"对云："以妙静真常为佛。"师云："阇梨从妙静来，从庄严来？"僧无不对答。师云："嘘！嘘！到别处有人问汝，不可作这个语话。"

**解读**：只以概念分别质疑，使之理穷，以显现不可概念分别之真性，也反证法是也。

师有时上堂，众集。良久云："来朝更献楚王看，珍重。"问："明能相见，其理如何？"师云："可惜与汝道却。"僧曰："只如可惜道却意旨如何？"师云："悭珍不免施。""如何是悭珍？"师云："可惜道。"僧曰："不免施又如何？"师云："对汝道却。"问："宝在衣中为什摩伶俜辛苦？"师云："过在阿谁？"僧曰："只如认得又作摩生？"师云："更是伶俜。"僧曰："认得为什摩却伶俜？"师云："不愧己有。"问："如何是皮？"师云："分明个底。""如何是骨？"师云："绵密个。""如何是髓？"师云："更密于密。"问："如何是粪扫一衲衣？"师云："迦叶被来久。"进曰："衲衣下事如何？"师云："亲付阿难传。"问："如何是天龙一句？"师云："伏汝大胆。"进曰："与摩则学人退一步。"师云："覆水难收。"问："如何是文殊剑？"师便作斫势。"只如一剑下得活底人又作摩生？"师云："出身路险。""与摩则大可畏。"师云："不足惊恒。"

**解读**：良久，理尽则语默，有语必乖张。见解禅道不靠言语，也靠言语，关键在自心。

师问僧："外边是什摩声？"学人云："雨滴声。"师云："众生迷己逐物。"学人云："和尚如何？"师云："洎不迷己。"后有人问："和尚与摩道意作摩生？"师："出身犹可易，脱体道还难。"师又问僧："离什处？"学云："离应天。"师云："还见鳗鲡

---

① 温伯格：《终极理论之梦》，湖南科学技术出版社，2003，第69页。

177

不?"学人云:"不见。"师云:"阇梨不见鳗鲤,鳗鲤不见阇梨。"云:"总有与摩?"云:"阇梨只解慎初,不解护末。"师示众云:"好晴好雨。"又云:"不为好晴道好晴,不为好雨道好雨。若随语会,迷却神机。"僧问:"未审师尊意如何?"颂曰:好晴好雨奇行持,若随语会落今时。谈玄只要尘中妙,得妙还同不惜伊。

**解读**:可见,雨只能落到人所见之处,滴滴入见者眼中、心里,确是"好晴好雨"。

问:"经首第一唤作何字?"师曰:"穿耳胡僧笑点头。"问:"西来密旨如何通信?"师云:"出一人口,入千人耳。""如何是出一人口?"师云:"释迦不说说。""如何是入千人耳?"师云:"迦叶不闻闻。"问:"学人拟披纳,师意如何?"师云:"一任高飞。"僧曰:"争奈毛羽未备何?"师云:"唯宜低弄。"僧曰:"如何是低弄?"师云:"逢缘不作,对境无心。"僧曰:"如何是高飞?"师云:"目睹优昙,犹如黄叶。""如何是优昙?"师云:"一劫一现。""如何是黄叶?"师云:"此未为真。"僧曰:"与摩则更有向上事在。"师云:"灼然。""如何是向上事?"师云:"待你一口吸尽镜湖水,我则向你道。"问:"惺惺为什摩却被热恼?"师云:"为不是那边人。"僧曰:"如何是那边人?"师云:"过这边来。"僧云:"未审这边如何过?"师云:"惺惺不惺惺。"僧曰:"惺惺不惺惺时如何?"师曰:"鲁班失却手。"问:"如何是声色中面目?"师云:"现人不见。"僧云:"太绵密生。"师云:"体自如此。"僧云:"学人如何趣向?"师云:"活人投机。"问:"闻处为什摩只闻不见?见处为什摩只见不闻?"师云:"各各自缘,不缘他。"师题《象骨山颂》曰:密密谁知要,明明许也无。森罗含本性,山岳尽如如。

**解读**:岂不是"不说是说,不闻是闻",故才有"逢缘不作,对境无心",此为"活人投机"。

问:"十二时中如何行李?"师云:"一步不得移。"僧曰:"学人不会,乞师指示个入路!"师云:"不过于此。"师乃颂云:当此支荷得,胜于历劫功。多途终不到,一路妙圆通。

**解读**:一步不移,可以通达;多途竞奔,无路可走。

师问僧:"你名什摩?"对云:"省超。"师便作偈曰:省超之时不守住,更须腾身俊前机。太虚不碍金乌运,霄汉宁妨玉兔飞。

师因在帐里坐,僧问:"乍入丛林,乞师指示个径直之路!"云:"子既如此,吾岂吝之?近前来。"学人遂近前,师以手拨开帐,云:"嗄。"学人礼拜,起云:"某甲得个入处。"师遂审之,浑将意解。师乃颂曰:我适抑不已,汝领不当急。机竖尚亏投,影没大难及。

**解读**:岂一"嗄"字能了。

因举长庆上堂:众僧立久,有僧出来云:"与摩则大众归堂去也。"长庆便打。后有僧举似中招庆,招庆云:"僧道什摩?"对云:"僧无语。"招庆云:"这个师僧为众竭力,祸出私门。"寻后有僧举似化度,化度却问其僧:"只如长庆行这个杖,还公当也无?"对云:"公当。"化度云:"或有人道不公当又作摩生?"对云:"若是与摩人,放他出头始得。"化度云:"在秦则护秦。"化度却举似师云:"只如长庆有与摩次第,不合行这个柱杖。"师云:"大师代长庆作摩生折合?"化度云:"但起来东行西行。"师云:"与摩则木杓落这个师僧手里去也。"时有人拈问师:"只如长庆这个柱杖意作摩生?"师云:"宗师老拦,兼自出身。"

**解读**:典型禅宗公案,不要执着"打"才好。

师又时上堂云:"尽十方世界都来是金刚不坏之体,唯怕牯羊角。"时有人问:"如何是金刚不坏之体?"师云:"世界坏时作摩坏?""为什摩唯怕牯羊角?"师云:"要汝尽却。""如何是牯羊角?'师云:"洎道惊杀汝。"僧曰:"体坏时角还存也无?"师云:"不是过夏物。"僧曰:"只如牯羊角尽时,还得相应也无?"师云:"不同汝归意。"僧曰:"不同归意者如何?"师云:"千金不改耕。"僧曰:"只如牯羊角,明得什摩边事?"师云:"上士聊闻便了却,中下意思莫能知。"有人拈问资福:"作摩生是金刚不坏之体?"资福以手点胸。"作摩生是牯牛角?"资福以两手头上作羊角势。有人举似师,师因此示众云:"角锋不密,太露太现。金刚不坏体,唯怕牯羊角,提其角只要出其体,体角俱备,诸人作摩生会?"又《谈体颂》云:体含众像像分明,离体含形形转精。清明妙静谁能弁?释迦掩室竭罗城。

**解读**:宇宙中无一物可坏。因为能够消灭一颗沙子,便可消灭整个宇宙。同理,能够参透一粒沙子之理,便可参透整个宇宙之理。"体含众像像分明,离体含形形转精",跨越尺度的自相似规律,是宇宙根本上的全息性的体现。就像分形结构一样,具有无穷可能的相似结构,其中宇宙的很小组成部分,放大一点,又是一个"宇宙",直至所谓的量子宇宙(比如量子黑洞),其依旧可以产生一个完整的大宇宙。因为按照斯莫林所说:"基本粒子和基本相互作用力的性质是为了使宇宙产生的黑洞数量最多而选择的,……然后,将宇宙当作动物,将基本粒子的性质当作基因,就有了这样一种机制,通过这种机制,不论选择怎样的参数,自然选择都能够产生、能够得到最多黑洞的宇宙,因为黑洞就是宇宙再生的方法,即生产出另外一个宇宙。"①这又如何辨得清呢?

又曰《叹景禅吟》:叹汝景禅去何速,虽不同道当眼目。个今永劫不曾亏,地水火风还故国。好也好,也大奇,忙忙宇宙几人知。莹净宁闲追路绝,青山绿嶂白云驰。歌好歌,笑好笑,谁肯便作此中调。难提既与君凑机,其旨无不谐其要。格志异,气骨高,森罗咸会一灵毫。虽然示作皆同电,出岫藏峰徒思劳。希奇地,剑吹毛,脱罩腾笼任性游。此界他界如水月,几般应迹妙逍遥。

**解读**:因此是,非分析可知。永嘉玄觉大师的《证道歌》曰:"一性圆通一切性,一法偏含一切法。一月普现一切水,一切水月一月摄。"②如达此理,便得逍遥。

又《悟玄颂》曰:有路省人心,学玄者好寻。旋机现体骨,何用更沉吟。莫嫌浅不食,犹胜意思深。鱼若有龙骨,大小尽堪任。

**解读**:不思不议,离道不远;有龙有骨,任情逍遥。

问:"古人有言:'切忌随他觅,迢迢与我疏',如何是'切忌随他觅'?"师云:"犯令也。""如何是'迢迢与我疏'?"师云:"不啻十万八千里。""如何是'我今独自往'?"师云:"单马掣骑。""如何是'处处得逢渠'?"师云:"遍身是眼。""如何是'渠今正是我'?"师云:"可杀端的。""如何是'我今不是渠'?"师云:"识弁奴郎始得。"

**解读**:越觅越远,不觅则近。

## 祖堂卷十一·云门

云门和尚嗣雪峰,在韶州,师讳偃禅,苏州中吴府嘉兴人也,姓张。年十七,依空王寺澄律禅师下受业。年登已冠,得具尸罗,习四分于南山,听三车于中道。

**解读**:三乘法,四分律均有所学,此乃开宗立派之基础,云门宗因此建立。

辞入闽岭,才登象骨,直奋鹏程,三礼欲施,雪峰便云:"何得到与摩?"师不移丝发,重印全机,虽等截流,还同戴角。每于参请,暗契知见。复出瓯闽,止于韶州

---

① 布罗克曼:《第三种文化》,海南出版社,2003,第297—298页。
② 道元:《景德传灯录》,成都古籍书店,2000,第650页。

灵树知圣大师。密怀通鉴,益固留连。去世后,付嘱住持。南朝钦崇玄化,赐紫,号匡真大师。

**解读**:此言云门入禅机缘。

问:"如何是透法身之句?"师云:"看山。"师上堂云:"汝若不会,三十年后,莫道不见老汉。"师有《十二时偈》:半夜子,命似悬丝犹未许。因缘契会刹那间,了了分明一无气。鸡鸣丑,一岁孙儿大哮吼。实相圆明不思议,三世法身藏北斗。平旦寅,三昧圆光证法身。大千世界掌中收,色透髑髅谁得亲?日出卯,默说心传道实教。心心相印息无心,玄妙之中无拙巧。食时辰,恒沙世界眼中人。万法皆从一法生,一法灵光谁是邻?禺中巳,分明历历不相似。灵源独曜少人逢,达者方知无所虑。日中午,一部笙歌谁解㸑?逍遥顿入达无生,昼夜法螺击法鼓。日映未,灌顶醍醐最上味。一切诸佛及菩提,唯佛知之贵中贵。晡时申,三坛等施互为宾。无漏果圆一念修,六度同归净土因。日入酉,玄人莫向途中走。黄叶浮沤赚杀人,命尽悙惶是底手。黄昏戌,把火寻牛是底物。素体相呈却道非,奴郎不弁谁受屈?人定亥,莫把三乘相足配。要知此意现真宗,密密心心超三昧。

**解读**:《十二时偈》,也只游戏三昧,莫要被十二时辰分别言语所惑。

又《宗脉颂》曰:如来一大事,出现于世间。五千方便教,流传几百年。四十九年说,未曾忏出言。如来灭度后,付嘱迦叶边。西天二十八,祖佛印相传。达摩观东土,五叶气相连。九年来面壁,唯有吃茶言。二祖为上首,达摩回西天。六祖曹溪住,衣钵后不传。派分三五六,各各达真源。七八心忙乱,空花坠目前。苦哉明眼士,认得止啼钱。外道多毁谤,弟子得生天。昔在灵山上,今日获安然。六门俱休歇,无心处处闲。如有玄中客,但除人我山。一味醍醐药,万病悉皆安。因缘契会者,无心便安禅。

**解读**:绝妙好颂,抵一部禅宗史书。其中"六门俱休歇,无心处处闲"得个中禅味。

师因把杖打柱问:"什摩处来?"对云:"西天来。"师云:"作什摩来?"对云:"教化唐土众生来。"师云:"欺我唐土众生。"却问:"大众还会摩?"对云:"不会。"师打柱云:"打你个两重败阙!"师良久。僧问:"何异释迦当时?"师云:"大众立久,快礼三拜。"

**解读**:敢于承当否?人即是佛,佛即是人。

问:"如何是超佛越祖之谈?"师云:"蒲州麻黄,益州附子。"问:"一口吞尽时如何?"师云:"老僧在你肚里。"僧曰:"和尚为什摩在学人肚里?"师云:"还我话头来。"问:"如何是禅?"师云:"露柱吞虾蟆。"僧云:"如何举唱,则不负于来机?"师云:"道什摩?"僧云:"还可来意也无?"师云:"且款款问。"师问僧:"诸方行来道我知有,且与我拈三千大千世界,向眼睫上著。"学人应喏。师云:"钱唐去国,为什摩三千里?"师问僧:"一切声是佛声,一切色是佛色。拈却了与你道。"对云:"拈却了也。"师云:"与摩驴年去。"

**解读**:答非所问,反身自指,无关言语,皆启悟之法。答非所问是双遣中得启悟,反身自指是从悖论中见真性,均是不得已而言。

## 祖堂卷十二·仙宗

仙宗和尚嗣长庆,在福州住。师讳玭禅。师因见罗汉次,问:"古人有言:'宁作心师,不师于心。'如何是师?"师以手指之。问:"学人常在昏沉,请师惊觉。"师以杖打之云:"若识痛痒,则古佛齐肩。"

**解读**:长庆嗣雪峰,故自六祖到仙宗已历八世。古人所言,乃自为自力之事,不被心转之意。

师因见溪水云:"此水得与摩流急。"僧云:"喏。"师云:"还有脚手也无?"僧云:"有。"师云:"阿那个是?"僧以手指之。师云:"用不应时。"僧却问师,师以水喷之。师问僧:"离什摩处?"对云:"离浙中。"师云:"来此间几年?"对云:"和尚试道看。"师云:"汝岂不是今夏在鼓山?"对云:"是冬是夏。"师别云:"谩村僧则得。"

师问僧:"汝平生成得什摩业次?"对云:"已前在众东举西举。如今无业可成,总无般次。"师云:"如今活业作摩生?"僧对不中。师代云:"有粥无饭,有盐无醋。"

问:"古人有言:'言语道断,心行处灭。'请师道。"师云:"阿弥陀佛!"僧云:"为什摩却如此?"师云:"汝仔细检点。"

问:"古人有言:'夜夜抱佛眠,朝朝相共起。'如何是佛?"师云:"汝还信古人摩?""学人终不敢违背。"师云:"汝若信古人,叉手申问,非佛而谁?"

**解读**:即心是佛,心本清净,一切具足。

问:"久处沉沦,请师拯济。"师云:"你在沉沦几时?""与摩则不假沉沦去也。"

师云:"又与摩去也。"问:"'非言所及,非解所到。'什摩人能到?"师云:"阿谁教你担枷带索?"僧云:"今日得遇明师批判。"师云:"我则与摩批判,你到什摩处?"对云:"热则雪原取源,寒则烧火围炉。"问:"尽十方世界是解脱门,更有疑者如何得入?"师云:"我不似汝巧恶。"僧云:"和尚也是惯得此便。"师云:"先撩者贱。"

**解读**:既如此,你言个什么、解个什么? 只直心是道场,日用显心性。

## 祖堂卷十三·招庆

招庆和尚嗣长庆,在泉州,师讳道匡,汉国潮州人也,姓李。入闽,参见怡山,密契心源。后以泉州王太尉请转法轮,闽王赐紫,号法因大师矣。

**解读**:招庆出身。

师上堂,良久云:"大众谛听,与你真正举扬,还委落处摩? 若委落处,出来,大家证明;若无,一时谩糊去也。"时有人问:"大众云集,请师真正举扬。"师良久云:"未委谁是闻者?"云:"闻者闻,如何是闻者?"师云:"雀逐凤飞。"问:"灵山一会,迦叶亲闻,未审招庆筵中,谁当视听?"师云:"汝还闻摩?"僧云:"与摩则迦叶侧耳,虚得其名。"师云:"更有一著子,作摩生?"学人拟进问,师便喝出。

**解读**:喝出的好! 实在无法可闻,何须进问。

又时上堂云:"古人道:'开门待知识,知识不相过。'招庆今日不惜身命,出门相访。还有知音者也无?"问:"如何是招庆提宗之句?"云:"不得昧著招庆。"学人礼拜起,师又云:"不得昧著招庆,是嘱汝。什摩处是招庆提宗处?"

问:"凡有言句,尽属不了义。如何是了义?"师云:"若向阇梨道,还是不了义。"进曰:"为什摩如此?"师云:"阇梨适来问什摩?"

问:"师子未吼已前,为什摩众类同居?"师云:"不惊。"进曰:"只如吼后,为什摩毛羽脱落?"师云:"是阇梨分上事。"进曰:"除非师子,请和尚道一句。"师云:"向与摩时,置一问来。"

问:"诸佛出世,普润含生。未审招庆出世如何?"师云:"我不敢瞎却汝底。"

问:"无居止处,还许学人立身也无?"师云:"于上不足,足下有余。"学云:"与摩则学人进一步也。"师云:"汝也莫口解脱。"

问:"如何是问?"师云:"不与摩来。"问:"如何是答?"师云:"向你道什摩?"进曰:"不问不答时如何?"师云:"你亦须别头好。"

183

禅悟的实证　>>>

问:"古佛道场,如何得到?"师云:"更拟什摩处去?"学云:"与摩则学人退一步?"师云:"又是乱走作摩?"

问:"如何是学人本来心?"师云:"即今是什摩心?"学云:"争奈学人不识何?"师云:"不识,识取好。"

问:"此是和尚肉身,如何是和尚法身?"师以手搭胸。进曰:"与摩则分付去也?"师云:"是法身,是肉身?"

问:"环丹一颗,点铁成金;妙理一言,点凡成圣。请师点。"师云:"不点。"学云:"为什摩不点?"师云:"不欲得抑良为贱。"进曰:"与摩则不欺于学人去也?"师云:"莫闲言语。"

**解读**:以上机锋,皆不可言说之言说、不可点化之点化,也是招庆老婆心切,多嘴!

问:"四方归崇,凭何道理,消得人天应供?"师云:"若有一物所凭,一滴水也难消。"进曰:"直得一物不留,还消得也无?"师云:"于上不足,足下有余。"进曰:"虽然如此,有赏有罚。"师云:"亦要汝委。"

**解读**:万物一体,不可肢解。

问:"三界忙忙,如何得出?"师云:"不舍一法。"学云:"争奈忙忙何?"师云:"当直除断。"不肯。

问:"如何是与摩去底人?"师云:"还与摩问人摩?"又云:"不回头。"问:"如何是与摩来底人?"师云:"还会摩?"又云:"满面忻欢。"问:"如何是不来不去底人?"师云:"向与摩时,问将来。"又云:"还与摩问人摩?"

问:"菩萨如恒沙,为什摩不能知佛智?"师云:"不见道,'唯佛与佛乃能知之'?"又云:"汝还当得摩?"学云:"争奈不能恻得何?"师云:"如许多时,什摩处去来?"

**解读**:超元思维方能解得。

问:"如何是沙门行李处?"师云:"莫教自委。"进曰:"还行李也无?"师云:"莫略虚。"问:"如何是沙门行?"师云:"非行不行。"学云:"如何保任?"师云:"汝适来问什摩?"

**解读**:非(行∧不行)≡真。

问:"请师不却来情。"师云:"虽然如此,更待什摩时?"进曰:"击电之机,难为措意。"师云:"何假烦词?"

问:"目瞪口呆底人来,师如何击发?"师云:"何处有与摩人?"学人云:"如今则无,忽有如何?"师云:"待有则得。"进曰:"终不道和尚不为人。"师云:"莫碗鸣声。"

问:"如何是无句中有句?"师云:"不道亦不道。"学人云:"请师举扬。"师云:"什摩处去来?"

**解读**:也皆自言相违句,或称自毁命题。

问:"古佛之机,已有人置了也。未审师意如何?"师云:"古佛之机,已有人置了也。"进曰:"与摩则造次非宜。"师乃休去。

问:"浑仑提唱,学人根思迟回,曲运慈悲,开一线道。"云:"这个是老婆心。""与摩则悲花剖折,已领尊慈,未审从上宗乘如何举唱?""与摩须索你亲问始得。"

问:"疑则途中作,不疑则坐家儿。离此二途,乞师方便。"师云:"未曾将曲与汝,离什摩?"进曰:"与摩则冰消瓦解。"师云:"动亦你置,静亦你置。"

问:"如何是眼处闻声?"师弹指。云:"若待答话,则落耳根去也。"云:"我道汝领处错。"

问:"佛魔不到处,未是学人自己。如何是学人自己?"师云:"我道,你还信摩?"学人云:"便请师道。"师云:"你话堕也。"

问:"瞥起便息,此人于宗乘中如何?"师云:"困鱼止泊,病鸟栖芦。宗乘中不可作与摩语话。"学云:"如何是宗乘中事?"师云:"招庆道什摩?"问:"如何履践,则得不负当人?"师云:"若求履践,则负当人。"进曰:"与摩则任性随流去也。"师云:"还向你与摩道摩?"问:"文殊剑下,不承当时如何?"师云:"未是好人。"学人云:"如何是好人?"师云:"是汝话堕也。"问:"诸缘则不问,如何是和尚家风?"师云:"宁可清贫长乐,不作浊富多忧。"问:"如何是南泉一线道?"师云:"不辞向汝道,恐较中又有较。"问:"如何是佛法大意?"师云:"七颠八倒。"

**解读**:悖论显现,不疑也疑,疑也不疑,不可证明。

师有时云:"言前荐得,辜负平生。句后投机,殊乖道体。"僧便问:"为什摩却如此?"师云:"汝且道,从来事合作摩生?"

**解读**:一着言语,便落阶级(范畴)。

问:"古人有言:'般若无知,遇缘而照'。如何是遇缘而照?"师乃提起手。问:"古人相见,目击道存。今时如何相见?"师云:"如今不可更道目击道存。"学云:"与摩则适来已是非次去也。"师云:"知过必改。"

**解读:**日用显禅,如只认这个,便不是日用。

问:"古人有言:'皮肤脱落尽,唯有真实在。'皮肤则不问,如何是真实?"师云:"莫是将皮肤过与汝摩?"

问:"承教中有言:'正直舍方便。'方便则不问,如何是正直?"师云:"方便里收得摩?"

问:"常居大海,为什摩口里烟生?"师云:"非但大海,醍醐亦须吐却。"僧云:"与摩则学人不与摩去。"师云:"若不与摩去,阿谁罪过?"僧谢师答话,师云:"更不与你责状。"

问:"不假提纲,还有提处也无?"师云:"试举与摩时看。"僧进曰:"不可道无提处。"师云:"你作摩生?"学人礼拜。师云:"虾跳不出斗。"

问:"教中有言:'欲行大道,莫视小径。'未委如何是大道?"师云:"行得摩?"僧云:"学人未会,乞师进向。"师云:"我若与汝进向,蹉却汝大道。"

问:"古人有言:'阎浮有大宝,少见得人希。'如何是大宝?"师云:"见摩?"僧谢师垂慈,师云:"大小。"

问:"古人有言:'未有绝尘之行,徒为男子之身。'如何是绝尘之行?"师云:"我若将一法如微尘许与汝受持,则不得绝。"僧云:"便与摩去,还得也无?"师云:"汝也莫贪头。"

问:"古人有言:'一句了然超百亿。'如何是超百亿底句?"师云:"不答汝这个话。"僧云:"为什摩不答?"师云:"适来问什摩?"

问:"古人有言:'不可以智知,不可以识识。'此是今时升降处。未审向上一路,和尚如何示及于学人?"师云:"不可道智知识识得。"僧云:"与摩则终不错举似于人。"师云:"你作摩生举?"学人云:"当不当?"师云:"此是答话,你作摩生举?"僧云:"和尚与摩道则得。"师云:"你作摩生合杀?"

师问僧:"你名什摩?"对云:"慧炬。"师便提起杖云:"还照得这个也无?"对云:"有物则照。"师云:"还见这个摩?"对云:"适来向和尚道什摩?"师云:"争奈这个何?"对云:"和尚是什摩心行?"

**解读:**以上机锋均是双遣双非元逻辑方法之运用,无非启示后学学道识心。

因古时有一尊者,在山中住。自看牛次,忽遇贼斫头,其尊者把头觅牛次,见人问:"只如无头人,还得活也无?"对云:"无头人争得活?"其尊者当时抛头便死。师遂拈问僧:"尊者无头,什摩人觅牛?"对云:"那个人。"师云:"只如那个人,还觅牛也无?"僧无对。师代云:"不可同于死人。"

**解读**:生死事大,如何置生死于度外?有人预言,在21世纪里会实现一种称为大脑扫描备份技术,可以免除人类死亡的忧虑。这种技术就是"对人的大脑进行扫描,绘制出神经细胞、轴突、树突、前突触以及其他成分的位置、相互之间的联系和具体内容的图谱。这样,在具有足够容量的神经计算机上就可以模拟大脑的整体结构以及他所记忆的内容"[1]。这样,死亡就不存在了,起码死亡将不再是我们已知意义上的死亡。当我们的肉体行将灭亡之前,我们可以通过这样的技术将我们的心灵复制到新的"硬件"肉体上,而我们也就成为"软件"心灵,于是,我们的永生取决于经常注意备份这个"软件"。进一步讲,既然我们变成了"软件",那就成为一组"数字",便可以用激光加以编码并发射,于是,我们的"心灵"就可以以激光束的形式投射到宇宙太空,这样代表我们的"心灵",便可以在太空中翱翔,这岂不神奇、令人向往?其实,此心即彼心,何须备份技术、何须激光发射?招庆说得直:"不可同于死人",心了一时皆了。拉兹洛就认为:"我们的身体由定期出现和消失的粒子所构成,而这些粒子就来自这一能量海,但我们的身体,包括我们的大脑,所产生的信息并不是暂时的。它们把自己读进这一能量海,在这里它们持久地存在着,并通告给所有的后来者。尽管我们的身体衰亡了,但我们心灵的痕迹进入了真空并继续存活着。"[2]应该纠正说,不是进入真空,而是心灵本身即是真空,也是零点能,也是零点场,或称能量海。所有可观察世界的现象都是这种空性和合缘起的结果,虚妄不真。

## 祖堂卷十四·马祖

江西马祖嗣让禅师,在江西。师讳道一,汉州十方县人也,姓马。于罗汉寺出家。

**解读**:嗣六祖的怀让和尚有传心偈于马祖:"心地含诸种,遇泽悉皆萌。三昧花无相,何坏复何成?"可见马祖之纯正,后来沩仰与临济两宗皆出自马祖禅系。

自让开心眼,来化南昌。每谓众曰:"汝今各信自心是佛,此心即是佛心。是故达摩大师从南天竺国来,传上乘一心之法,令汝开悟。又数引《楞伽经》文以印

---

[1] 库兹韦尔:《灵魂机器的时代》,上海译文出版社,2002,第144—145页。
[2] 拉兹洛:《微漪之塘》,社会科学文献出版社,2001,第352页。

众生心地,恐汝颠倒不自信。此一心之法,各各有之,故《楞伽经》云:'佛语心为宗,无门为法门。'"又云:"'夫求法者,应无所求。'心外无别佛,佛外无别心。不取善,不舍恶,净秽两边,俱不依怙。达罪性空,念念不可得,无自性故,三界唯心,森罗万像,一法之所印。凡所见色,皆是见心。心不自心,因色故有心。汝可随时言说,即事即理,都无所碍。菩提道果,亦复如是。于心所生,即名为色。知色空故,生即不生。若体此意,但可随时著衣吃饭,长养圣胎,任运过时。更有何事?汝受吾教,听吾偈曰:心地随时说,菩提亦只宁。事理俱无碍,当生则不生。"

**解读**:见心是觉知,见色是感知。但感知者必伴随意识觉知,故见色便见心,反之亦然。我们知道见色是心,因为心生种种法生。怀让禅师有曰:"一切法皆从心生,心无所生,法无所住。若达心地,所作无碍。非遇上根,宜慎辞哉!"①当然,除了万物归于心外,你也可以认为万物归于物、归于并存一体的心物,或者它们共同基于更为基本的某种机制。但从哲学上讲,这无妨于我们的讨论。当把世界的本原推及终极时,那只能是空性,或者按照科学理论假说的那样,是宇宙量子真空。这"空性"不是空无,而是开放的"零点能全息场",是玄境,是具有"三性"的心物同显迭加,当意识作概念分别式的"观测"时,其要么坍缩呈现为"心",要么坍缩呈现为"物"。我们可以将其命名为"自性"。有律师法明谓(大珠慧海)师曰:"禅师家多落空。"师曰:"却是座主家多落空。"法明大惊曰:"何得落空?"师曰:"经论是纸墨文字,纸墨文字者俱空。设于声上建立名句等法无非是空。座主执滞教体,岂不落空?"法明曰:"禅师达落空否?"师曰:"不落空。"曰:"何却不落空?"师曰:"文字等皆从智慧而生,大用现前,那得落空?"②禅宗的空并不否定实在,只是要人息心静虑,因为实在终极不可理论、不可思议、不可言说,所以,只有体悟达道,则万疑一时化解。尝有人问曰:"弟子每当夜坐,心念纷飞,未明摄伏之方,愿垂示诲。"(师静上座)师答曰:"如或夜间安坐,心念纷飞。却将纷飞之心,以究纷飞之处。究之无处,则纷飞之念何存?返究究心,则能究之心安在?又能照之智本空,所缘之境亦寂。寂而非寂者,盖无能寂之人也。照而非照者,盖无所照之境也。境智俱寂,心虑安然,外不寻知,内不住定,二途俱泯,一性怡然。此乃还源之要道也。"③所以,即心是佛,自信为首;事理俱遣,法无两说,更有何事。

有洪州城大安寺主,讲经讲论。座主只管诽谤马祖。有一日,夜三更时,鬼使

---

① 道元:《景德传灯录》,成都古籍书店,2000,第81页。
② 道元:《景德传灯录》,成都古籍书店,2000,第97页。
③ 道元:《景德传灯录》,成都古籍书店,2000,第422页。

来槌门。寺主云:"是什摩人?"对云:"鬼使来取寺主。"寺主云:"启鬼使:某甲今年得六十七岁,四十年讲经讲论,为众成持。只管贪讲经论,未得修行。且乞一日一夜,还得也无?"鬼使云:"四十年来贪讲经论,不得修行,如今更修行作什摩?临渴掘井有什摩交涉?寺主适来道:'只管贪讲经论,为众成持。'无有是处。何以故?教有明文:'自得度令他得度,自解脱令他解脱,自调伏令他调伏,自寂静令他寂静,自安隐令他安隐,自离垢令他离垢,自清净令他清净,自涅槃令他涅槃,自快乐令他快乐。'是汝自身尚乃未得恬静,何能令他道业成持?汝不见金刚藏菩萨告解脱月菩萨言:'我当自修正行,亦劝于他,令修正行。'何以故?若自不能修行正行,令他修者,无有是处。汝将生死不净之心,口头取辩,错传佛教,诳唬凡情。因此彼王嗔汝,教我取去彼中,便入刀树地狱,断汝舌根,终不得免。汝不见佛语:'言词所说法,小智妄分别。是故生障碍,不了于自心。不能了自心,云何知正道?彼由颠倒慧,增长一切恶。'汝四十年来作口业,不入地狱作什摩?古教自有明文:'言语说诸法,不能现实相。'汝将妄心,以口乱说,所以必受罪报。但责自嫌,莫怨别人。如今速行,若也迟晚,彼王嗔吾。"其第二鬼使云:"彼王早知如是次第,何妨与他修行。"其第一鬼使云:"若与摩,则放一日修行。某等去彼中,谘白彼王。王若许,明日便来;王若不许,一饷时来。"

**解读**:也"其身正,不令而行"之意。身先士卒,身体力行;己所不欲,勿施于人。

其鬼使去后,寺主商量:"这个事鬼使则许了也,某甲一日作摩生修行?"无可计,不待天明便去开元寺槌门。门士云:"是什摩人?"对云:"太安寺主来起居大师。"门士便开门,寺主便去和尚处,具陈前事后,五体投地礼拜,起云:"生死到来,作摩生即是?乞和尚慈悲,救某甲残命。"师教他身边立地。

天明了,其鬼使来太安寺里,讨主不见。又来开元寺,觅不得,转去也。师与寺主即见鬼使,鬼使即不见师与寺主也。僧拈问龙华:"只如寺主当时向什摩处去,鬼使见不得?"华云:"牛头和尚。"僧云:"与摩则国师当时也太奇。"龙华曰:"南泉和尚。"

**解读**:悟了,则无鬼缠身。

有一日斋后,忽然有一个僧来,具威仪,便上法堂参师。师问:"昨夜在什摩处?"对曰:"在山下。"师曰:"吃饭也未?"对曰:"未吃饭。"师曰:"去库头觅吃饭。"其僧应喏,便去库头。当时百丈造典座,却自个分饭与他供养。其僧吃饭了便去。百丈上法堂。师问:"适来有一个僧未得吃饭,汝供养得摩?"对曰:"供养了。"师

189

曰:"汝向后无量大福德人。"对曰:"和尚作摩生与摩说?"师曰:"此是辟支佛僧,所以与摩说。"进问:"和尚是凡人,作摩生受他辟支佛礼?"师云:"神通变化则得。若是说一句佛法,他不如老僧。"

**解读**:有所隐喻,不必认真,但解其理,是读书法。

师有一日上禅床,才与摩坐便涕唾。侍者便问:"和尚适来因什摩涕唾?"师云:"老僧在这里坐,山河大地,森罗万像,总在这里,所以嫌他,与摩唾。"侍者云:"此是好事。和尚为什摩却嫌?"师云:"于汝则好,于我则嫌。"侍者云:"此是什摩人境界?"师云:"此是菩萨人境界。"后鼓山举此因缘云:"古人则与摩。是你诸人,菩萨境界尚未得,又故则嫌他。菩萨虽则是嫌,但以先证得菩萨之位,后嫌也嫌。老僧未解得菩萨之位,作摩生嫌他这个事?"

**解读**:语境不同。所谓"从心所欲而不逾矩",得道者可以,未见性者则不可以。

有西川黄三郎,教两个儿子投马祖出家。有一年,却归屋里,大人才见两僧,生佛一般礼拜,云:"古人道:'生我者父母,成我者朋友。'是你两个僧便是某甲朋友,成持老人。"曰:"大人虽则年老,若有此心,有什摩难?"大人欢喜,从此便居士,相共男僧,便到马祖处,其僧具陈来旨,大师便上法堂。黄三郎到法堂前,师曰:"咄!西川黄三郎岂不是?"对曰:"不敢。"师曰:"从西川到这里,黄三郎如今在西川?在洪州?"云:"家无二主,国无二王。"师曰:"年几?"云:"八十五。""虽则与摩,算什摩年岁?"云:"若不遇和尚,虚过一生;见师后,如刀划空。"师曰:"若实如此,随处任真。"黄三郎有一日到大安寺廊下便啼哭,亮座主问:"有什摩事啼哭?"三郎曰:"啼哭座主。"座主云:"哭某等作摩?"三郎曰:"还闻道黄三郎投马祖出家,才蒙指示便契合,汝等座主说葛藤作什摩?"座主从此发心,便到开元寺。门士报大师曰:"大安寺亮座主来,欲得参大师,兼问佛法。"大师便升座。座主未参大师,大师问:"见说座主讲得六十本经论,是不?"对云:"不敢。"师云:"作摩生讲?"对云:"以心讲。"师云:"未解讲得经论在。"座主云:"作摩生?"师云:"'心如工技儿,意如和技者',争解讲得经论在?"座主云:"心既讲不得,将虚空还讲得摩?"师云:"虚空却讲得。"座主不在意,便出。才下阶,大悟,回来礼谢。师云:"钝根阿师,礼拜作什摩?"亮座主起来,霢霂汗流。昼夜六日,在大师身边侍立。后谘白云:"某甲离和尚左右,自看省路修行。唯愿和尚久住世间,广度群生,伏惟珍重。"座主归寺,告众云:"某甲一生功夫,将谓无人过得。今日之下,被马大师呵责,直得情尽。"便散却学徒。一入西山,更无消息。座主偈曰:三十年来作饿鬼,如今始得复人身。青山自有孤云伴,童子从他事别人。

**解读**:既是虚空讲经,讲也虚空,总是马祖神通之赞。

漳南拈问僧:"虚空讲经,什摩人为听众?"对云:"适来暂随喜去来。"漳南云:"是什摩义?"云:"若是别人,便教收取。"漳南曰:"汝也是把火之意。"

师上堂,良久,百丈收却面前席,师便下堂。

**解读**:虚空无义,不可执着了,都是"虚空"的错。

问:"如何是佛法旨趣?"师云:"正是你放身命处。"问:"请和尚离四句绝百非,直指西来意,不烦多说。"师云:"我今日无心情,不能为汝说。汝去西堂,问取智藏。"其僧去西堂,具陈前问。西堂云:"汝何不问和尚?"僧云:"和尚教某甲来问上座。"西堂便以手点头,云:"我今日可杀头痛,不能为汝说,汝去问取海师兄。"其僧又去百丈,乃陈前问。百丈云:"某甲到这里却不会。"其僧却举似师,师云:"藏头白,海头黑。"师遣人送书到先径山钦和尚处,书中只画圆相。径山才见,以笔于圆相中与一划。有人举似忠国师,忠国师云:"钦师又被马师惑。"有人于师前作四划,上一划长,下三划短,云:"不得道一长,不得道三短,离此四句外,请师答某甲。"师乃作一划,云:"不得道长,不得道短,答汝了也。"忠国师闻举,别答云:"何不问某甲?"

**解读**:离四句绝百非是自性,不可问,不必问,人自具足;不能说,不必说,心自契达。其理与"不能用不多于十五个字定义的整数"却用十五个字定义了该整数,是一样意思。

有座主问师:"禅宗传持何法?"师却问:"座主传持何法?"对曰:"讲得四十本经论。"师云:"莫是师子儿不?"座主云:"不敢。"师作嘘嘘声。座主云:"此亦是法。"师云:"是什摩法?"对云:"师子出窟法。"师乃默然。座主云:"此亦是法。"师云:"是什摩法?"对云:"师子在窟法。"师云:"不出不入,是什摩法?"座主无对,遂辞出门。师召云:"座主。"座主应喏,师云:"是什摩?"座主无对,师呵云:"这钝根阿师!"后百丈代云:"见摩?"师问僧:"从什摩处来?"对云:"从淮南来。"师云:"东湖水满也未?"对云:"未。"师云:"如许多时雨,水尚未满!"道吾云:"满也。"云岩云:"湛湛底。"洞山云:"什摩劫中曾欠少来?"

**解读**:出神入化,马祖禅法高峻。

师明晨迁化,今日晚际,院主问:"和尚四体违和,近日如何?"师曰:"日面佛,

191

月面佛。"

汾州和尚为座主时,讲四十二本经论,来问师:"三乘十二分教,某甲粗知,未审宗门中意旨如何?"师乃顾示云:"左右人多,且去。"汾州出门,脚才跨门阃,师召座主,汾州回头应喏。师云:"是什摩?"汾州当时便省,遂礼拜,起来,云:"某甲讲四十二本经论,将谓无人过得。今日若不遇和尚,洎合空过一生。"师问百丈:"汝以何法示人?"百丈竖起拂子对。师云:"只这个?为当别更有?"百丈抛下拂子。僧拈问石门:"一语之中便占马大师两意,请和尚道。"石门拈起拂子,云:"寻常抑不得已。"

**解读**:"一语之中便占马大师两意"是不可证命题,真性所在,不可起念动语。

大师下亲承弟子总八十八人出现于世,及隐遁者莫知其数。大师志性慈怒,容相瑰奇,足下二轮,颈有三约。说法住世四十余年,玄徒千有余众。师贞元四年戊辰岁二月一日迁化,塔在泐潭宝峰山,敕谥大寂禅师大庄严之塔。裴相书额,左丞相权德舆撰碑文。净修禅师颂曰:马师道一,行全金石。悟本超然,寻枝劳役。久定身心,一时抛掷。大化南昌,寒松千尺。

**解读**:所谓一代宗师。

## 祖堂卷十四·百丈

百丈和尚嗣马大师,在江西。师讳怀海,福州长乐县人也,姓黄。童年之时,随母亲入寺礼佛,指尊像问母:"此是何物?"母云:"此是佛。"子云:"形容似人,不异于我。后亦当作焉。"自后为僧。志慕上乘,直造大寂法会。大寂一见,延之入室。师密契玄关,更无他往。

**解读**:一心不疑,言行自在。

师平生苦节高行,难以喻言。凡日给执劳,必先于众。主事不忍,密收作具,而请息焉。师云:"吾无德,争合劳于人?"师遍求作具,既不获,而亦忘喰。故有"一日不作,一日不食"之言,流播寰宇矣。

**解读**:以身作则。制"清规"非此人莫属。德国著名社会科学家韦伯在《新教伦理与资本主义精神》指出:"富人也不可不劳而食,因为,即使他们无须靠劳动挣得生活必需品,他们必须同穷人一样服从上帝的圣训。上帝的神意已毫无例外地替每个人安排了一个职业,人必须各事其业,辛勤劳作。"①这里所述显然与百丈所体现的"一日不作,一日不食"精神具有同样的旨趣。应该说,在中国的宗教实践活动中,最具有创造性和生命力的就是禅宗了。因此,如果能够像西方的新教伦理思想一样,强调个人在现世里所处地位赋予他的责任和义务,并且能够及时吸收科学和经济发展的新思想来对禅宗进行改革,特别是倡导禅宗那种反对权威、自信自立以及入世精神,发挥人人固有的潜在能力,并将其导向积极人生的追求上,那么必将在现代社会生活中,成为人民信仰的新宗教,阐化出一种积极进取、符合民族振兴和社会发展的新精神风貌,为促进民族振兴大业奠定全新的宗教思想和观念。比如就职业的理解而言,在西方新教伦理中,"职业"具有"天职"含义。正如韦伯指出的:"职业概念中包含了对人们日常活动的肯定评价,……。个人道德活动所能采取的最高形式,应是对其履行世俗事务的义务进行评价。正是这一点必然使日常的世俗活动具有了宗教意义,并在此基础上首次提出了职业的思想。这样,职业思想便引出了所有新教教派的核心教理:上帝应许的唯一生存方式,不是要人们以苦修的禁欲主义超越世俗道德,而是要人完成个人在现世里所处地位赋予他的责任和义务。这是他的天职。"②其实,如果讲这种"职业"的理解与禅宗的"平常心是道、日用见道"相比较,就可以将日常生活中处处体现着道的思想引申到职业活动中去,那么,世俗活动同样是符合禅宗精神的,就是只要精神贯注地去从事职业活动。要知道"时光无价,因之虚掷一寸光阴即是丧失一寸为上帝之荣耀而效劳的宝贵时辰。如此,则无为的玄思默想当是毫无价值,而如果它是以牺牲人的日常劳作为代价而换来的,那它必须遭到严厉的谴责。其原因是:上帝更乐于人各事其业以积极践履他之意志,何况礼拜日已为人进行沉思提供了充裕的时间"③。"修禅岂在坐",不执着一切同样意味着不可执着于出世逃遁式的修身而放弃现世的义务和世俗责任。"一日不作,一日不食"的精神同样体现了这种强调世俗生活并不与禅宗精神相违背。因此,完全可以重建一种"世俗敬业精神"的新禅宗。禅宗也应走出禅室,走出寺庙,将其精神渗透到社会生活之中。当然,这里首先必须改革禅宗教义,使之能够适应社会发展、促进社会发展。

有僧人哭入法堂,师云:"作摩,作摩?"僧对曰:"父母俱丧,请师择日。"师云:

---

① 韦伯:《新教伦理与资本主义精神》,三联书店,1987,第125页。
② 韦伯:《新教伦理与资本主义精神》,三联书店,1987,第59页。
③ 韦伯:《新教伦理与资本主义精神》,三联书店,1987,第124页。

"且去,明日来一时埋却。"

师谓众曰:"我要一人传语西堂,阿谁去得?"五峰对云:"某甲去。"师云:"作摩生传语?"对云:"待见西堂即道。"师云:"道什摩?"对云:"却来说似和尚。"

师见沩山,因夜深来参次,师云:"你与我拨开火。"沩山云:"无火。"师云:"我适来见有。"自起来拨开。见一星火,夹起来云:"这个不是火是什摩?"沩山便悟。

师与沩山作务次,师问:"有火也无?"对云:"有。"师云:"在什摩处?"沩山把一枝木,吹两三下,过与师。师云:"如虫喰木。"问:"如何是佛?"师云:"汝是阿谁?"对云:"某甲。"师云:"汝识某甲不?"对云:"分明个。"师竖起拂子云:"汝见拂子不?"对曰:"见。"师便不语。

有一日,普请次。有一僧忽闻鼓声,失声大笑,便归寺。师曰:"俊哉俊哉!此是观音入理之门。"师问其僧:"适来见什摩道理,即便大笑?"僧对曰:"某甲适来闻鼓声动,得归吃饭,所以大笑。"师便休。长庆代曰:"也是因斋庆赞。"

问:"'依经解义,三世佛怨。离经一字,即同魔说。'如何?"师云:"固守动用,三世佛怨。此外别求,即同魔作。"僧问西堂:"有问有答则不问,不问不答时如何?"答曰:"怕烂却那作摩?"师闻举云:"从来疑这个老汉。"僧云:"请师道。"师云:"一合相不可得。"

师教僧去章敬和尚处,见他上堂说法次,礼拜起来,收他一只履,以抽拂上尘,倒头覆下。其僧去到,一一依前师指。章敬云:"老僧罪过。"

**解读**:以上种种机锋启悟。

师行脚时,到善劝寺。欲得看经,寺主不许,云:"禅僧衣服不得净洁,恐怕污却经典。"师求看经志切,寺主便许。师看经了,便去大雄山出世。出世后,供养主僧到善劝寺,相看寺主。寺主问:"离什摩处?"对曰:"离大雄山。"寺主问:"什摩人住?"对曰:"恰似和尚行脚时,在当寺看经。"寺主曰:"莫是海上座摩?"对曰:"是也。"寺主便合掌:"某甲实是凡夫,当时不识他人天善知识。"又问:"来这里,为个什摩事?"对曰:"著疏。"寺主自行疏,教化一切了,供养主相共上百丈。师委得这个消息,便下山来,迎接归山。一切了后,请寺主上禅床:"某甲有一段事,要问寺主。"寺主推不得,便升座。师问寺主:"正讲时作摩生?"主云:"如金盘上弄珠。"师云:"拈却金盘时,珠在什么处?"寺主无对。又问:"教中道:'了了见佛性,犹如文殊等。'既了了见佛性,合等于佛,为什摩却等文殊?"又无对。因此便被纳学禅,号为涅槃和尚,便是第二百丈也。

**解读**:"拈却金盘时,珠在什么处?"正好比讲:"离开逻辑系统,真假还有吗?"

师有一日深夜睡次,忽然便觉,欲得吃汤。然侍者亦是睡,唤不得。非久之间,有人敲门,唤侍者云:"和尚要吃汤。"侍者便起,煎汤来和尚处,和尚便惊问:"阿谁教你与摩煎汤来?"侍者具陈前事,师便弹指云:"老僧终不解修行。若是解修行人,人不觉,鬼不知。今日之下,被土地觑见我心识,造与摩次第。"师见云岩,便提起五指云:"何个而也?"云岩云:"非也。"师云:"岂然乎?"

**解读**:真悟实觉之言。

师有一日法堂里坐,直到四更。当时侍者便是云岩和尚也,三度来和尚身边侍立。第三度来,和尚蓦底失声便唾。侍者便问:"和尚适来有什摩事唾?"师云:"不是你境界。"侍者云:"启师:某甲是和尚侍者。若不为某甲说,为什摩人说?"师云:"不用问,不是你问底事,兼不是老僧说底事。"侍者云:"启师:百年后要知,乞和尚慈悲。"师云:"苦杀人,老汉未造人在。适来忽然忆著菩提涅槃,所以与摩唾。"侍者云:"启师:若也如此,如许多时,因什摩说菩提涅槃了义不了义?"师云:"分付不著人,所以向你道,不是你问底事,兼不是你境界。"师垂语云:"并却咽喉唇吻,速道将来。"有人云:"学人道不得,却请师道。"师曰:"我不辞向你道,已后欺我儿孙。"云岩对曰:"师今有也。"师便失声云:"丧我儿孙。"

**解读**:云岩执着。

师垂语云:"见河能漂香象。"僧便问:"师见不?"师云:"见。"僧云:"见后如何?"师云:"见见无二。"僧云:"既言见见无二,不以见见于见。若见更见,为前见为后见?"师云:"见见之时,见非是见。见犹离见,见不能及。"师垂语云:"古人举一手竖一指,是禅是道?此语去缚人,无有住时。假饶不说,亦有口过。"怘"上座拈问翠岩:"既不说,为什摩却有口过?"翠岩云:"只为不说。"怘上座便捆。隔两日,翠岩却问怘上座:"前日与摩只对,不称上座意旨,便请上座不舍慈悲,曲垂方便。既不说,为什摩却有口过?"上座举起手,翠岩五体投地礼拜,出声啼哭。

**解读**:翠岩悟了。

师教侍者问第一座:"实际理地,不受一尘。佛事门中,不舍一法。是了义教里收,是不了义教里收?"第一座云:"是了义教里收。"侍者却来,举似和尚。和尚便打侍者,趁出院。

**解读**:侍者心中只有"了义",是该打出。

问:"如何是大乘入道顿悟法?"师答曰:"汝先歇诸缘,休息万事。善与不善,

195

世间一切诸法,并皆放却,莫记忆,莫缘念,放舍身心,令其自在。心如木石,口无所辩,心无所行,心地若空,慧日自现,犹如云开日出相似。俱歇一切攀缘,贪嗔爱取,垢净情尽。对五欲八风,不被见闻觉知所缚,不被诸境惑,自然具足神通妙用,是解脱人。对一切境,心无静乱,不摄不散,透一切声色,无有滞碍,名为道人。但不被一切善恶垢净、有为世间福智拘系,即名为佛慧。是非好丑,是理非理,诸知见总尽,不被系缚。处处自在,名为初发心菩萨,便登佛地。一切诸法,本不自言空,不自言色,亦不言是非垢净,亦无心系缚人。但人自虚妄计著,作若干种解,起若干种知见。若垢净心尽,不住系缚,不住解脱,无一切有为无为解。平等心量,处于生死,其心自在。毕竟不与虚幻尘劳,蕴界生死诸入和合,迥然无寄。一切不拘,去留无碍。往来生死,如门开合相似。若遇种种苦乐,不称意事,心无退屈,不念名闻衣食,不贪一切功德利益,不与世法之所滞。心虽亲爱苦乐,不干于怀。粗食接命,补衣寒暑,兀兀如愚如聋相似。稍有相亲分,于生死中,广学知解,求福求智,于理无益,却被知解境风漂却,归生死海里。佛是无求人,求之则乖;理是无求理,求之则失。若取于无求,复同于有求。此法无实亦无虚,若能一生心如木石相似,不为阴界五欲八风之所漂溺,则生死因断,去住自由。不为一切有为因果所缚,他时还与无缚身同利物。以无缚心应一切,以无缚慧解一切缚,亦能应病与药。"

问:"如今受戒,身口清净,已具诸善,得解脱不?"师答曰:"小分解脱,未得心解脱,未得一切解脱。"问:"如何是心解脱?"师答曰:"不求佛,不求知解。垢净情尽,亦不守此无求为是,亦不住尽处,亦不畏地狱缚,不爱天堂乐。一切法不拘,始名为解脱无碍。即身心及一切,皆名解脱。汝莫言有小分戒善将为便了,有恒沙无漏戒定慧门,都未涉一毫在。努力猛作早与,莫待耳聋眼暗,头白面皮皱,老苦及身,眼中流泪,心中惶惶,未有去处。到与摩时,整理脚手不得,纵有福智多闻,都不相救。为心眼未开,唯缘念诸境,不知返照,复不见道,一生所有恶业,悉现于前,或忻或怖,六道五蕴,现前尽见。严好舍宅舟船车辇,光明现赫,为纵自心贪爱,所见悉变为好境,随所见重处受生,都无自由分。龙畜良贱,亦总未定。"问:"如何得自由?"师答曰:"如今对五欲八风,情无取舍。垢净俱亡,如日月在空,不缘而照。心如木石,亦如香象截流而过,更无疑滞。此人天堂地狱不能摄也。"又云:"读经看教语言,皆须宛转归就自己。但是一切言教,只明如今鉴觉性,自己但不被一切有无诸境转,是故导师,能照破一切有无境法,是金刚,即有自由独立分。若不能任摩得,纵令诵得十二《韦陀经》,只成增上慢,却是谤佛,不是修行。读经看教,若准世间是好善事,若向理明人边数,此是壅塞人。十地之人不脱去,流入生死河,但不用求觅知解语义句。知解属贪,贪变成病,只如今俱离一切有无诸法,透过三句外,自然与佛无差。既自是佛,何虑佛不解语?只恐不是佛,被有无诸法转,不得自由。是以理未立,先有福智载去,如贼使贵。不如于理先立,后有福智,临时作得,捉土为金,变海水为苏酪,破须弥山为微尘,于一义作无量义,于无量义作一义。"

自余化缘终始,备陈实录,敕谥大智禅师大宝胜之塔。

**解读**:百丈之禅,纯粹成熟,其语录大抵纯正,皆为禅旨大纲领。百丈之语,句句纯正自然,不像后来子孙怪异,虽有契悟之心,却无效法之途,不足为训。

## 祖堂卷十五·西堂

西堂和尚嗣马祖,在虔州。师讳智藏。有一秀才问曰:"有天堂地狱不?"师云:"有。"又问曰:"有佛法僧宝不?"师云:"有。"秀才云:"但问处尽言'有',和尚与摩道,莫是错不?"师云:"秀才曾见什摩老宿?"秀才云:"曾见径山和尚。"师云:"径山向秀才作摩生说?"云:"说一切总无。"师云:"秀才唯独一身,还别有眷属不?"对曰:"某甲有山妻,兼有两颗血属。"师云:"径山和尚还有妻不?"对曰:"他径山和尚真素道人,纯一无杂。"师呵云:"径山和尚内外严护,理行相称,道'一切悉无'即得。公具足三界凡夫,抱妻养儿,何种不作?是地狱渣滓,因什摩道'一切悉无'?若似径山,听公道无。"秀才礼而忏谢焉。

**解读**:悟者一切"无",障者一切"有",谓自心是道,分心便是魔。"无"则实"有","有"则终"无"。有无一体,原是一空。

马祖遣师送书到国师处,在路逢见天使。天使遂留斋次,因驴啼,天使唤头陀。师乃举头,天使便指驴示师,师却指天使,天使无对。又到国师处,国师问:"汝师说什摩法?"师从东边过西边立。国师云:"只者个,为当别更有不?"师又过东边立。国师云:"这个是马师底,仁者作摩生?"师云:"早个呈似和尚了也。"

**解读**:所说法便是哑巴说法,西堂对天使用哑语,对国师也用哑语,均无可言说之意。

师曾烧一僧,有一日现身觅命,师云:"汝还死也无?"对云:"死也。"师云:"汝既死,觅命者谁?"其僧遂不见。

**解读**:若用"悟"换"死","命"换"道",则便见这里的真性。隐喻之极,元思维,所谓向上一路者。

自外未睹行录,不知终始。敕谥宣教禅师元和正真之塔。

## 祖堂卷十六·沩山

沩山和尚嗣百丈,在潭州。师讳灵佑,福州长溪县人也,姓赵。师小乘略览,大乘精阅。年二十三,乃一日叹曰:"诸佛至论,虽则妙理渊深,毕竟终未是吾栖神之地。"于是杖锡天台,礼智者遗迹,有数僧相随。至唐兴路上,遇一逸士,向前执师手,大笑而言:"余生有缘,老而益光。逢潭则止,遇沩则住。"逸士者,便是寒山子也。至国清寺,拾得唯喜重于师一人,主者呵责偏党,拾得曰:"此是一千五百人善知识,不同常矣。"自尔寻游江西,礼百丈。一凑玄席,更不他游。

**解读**:讲沩山来历,便有许多渲染,又是拾得偏爱,又有寒山说谶,不愧首开沩仰之宗。自六祖,经怀让、马祖、百丈,到沩山,已历五世。

师有时谓众曰:"是你诸人,只得大识,不得大用。"有一上座,在山下住。仰山自下来问:"和尚与摩道,意作摩生?"上座云:"更举看。"仰山举未了,被上座踏倒。却归来,举似师,师哄哄而笑。师与仰山语话次,师云:"只闻汝声,不见子身。出来,要见。"仰山便把茶树摇对。师云:"只得其用,不得其体。"仰山却问:"某甲则任摩,和尚如何?"师良久。仰山云:"和尚只得其体,未得其用。"师云:"子与摩道,放你二十棒!"

**解读**:体用不二,识用无别,是为见性。也如"即此用,离此用",中观双遣之道。

师问道吾:"见火不?"吾云:"见。"师云:"见从何起?"道吾云:"除却行住坐卧,更请一问。"有僧礼拜师,师作起势,僧云:"请和尚不起。"师云:"未曾坐,不要礼。"僧云:"某甲未曾礼。"师云:"何故无礼?"

**解读**:任情自在之语。

师临迁化时,示众曰:"老僧死后,去山下作一头水牯牛,胁上书两行字云:'沩山僧某专甲'。与摩时,唤作水牯牛,唤作沩山僧某专甲?若唤作沩山僧,又是一头水牯牛;若唤作水牯牛,又是沩山僧某专甲。汝诸人作摩生?"后有人举似云居,云居云:"师无异号。"曹山代云:"唤作水牯牛。"

**解读**:只当如此,不可概念分别,一落言诠便生分别,不落言语也生分别,只在心畅与不畅,心畅则言是言非皆是。

师有时与仰山净瓶,仰山才接,师乃缩手云:"是什摩?"仰山云:"和尚见什摩?"师云:"你若任摩,因何更就我觅?"仰山云:"虽然如此,人义途中,与和尚提瓶挈水,亦是本分。"师过净瓶与仰山。又问:"如何是西来意?"师云:"太好灯笼。"山云:"莫只这个便是也无?"师云:"这个是什摩?"仰山云:"太好灯笼。"师云:"果然不见。"师与仰山行次,师指枯树子云:"前头是什摩?"仰山云:"只是个枯树子。"师指背后插田公云:"这个公向后亦有五百众。"

**解读**:同义反复也是开机方法,能所破执。疑则拟,拟则言,言必失,不言也失,不如直言。

隐峰到沩山,于上座头放下衣钵。师闻师叔来,先具威仪来相看。隐峰见师来,便倒佯睡,师归法堂,隐峰便发去。师问侍者:"师叔在摩?"对云:"去也。"师云:"师叔去时道什摩?"对云:"无语。"师云:"莫道无语,其声如雷。"

德山行脚时,到沩山。具三衣,上法堂前,东觑西觑了,便发去。侍者报和尚云:"适来新到,不参和尚便发去。"师云:"我早个相见了也。"

师令侍者唤第一座,第一座来。师云:"我唤第一座,干阇梨什摩事?"曹山代云:"和尚若教侍者唤,但恐不来。"

**解读**:但恐不来,故来。因此,来与不来,不可著相。

师问云岩:"承你久在药山,是不?"对云:"是。"师云:"药山大人相如何?"对云:"涅槃后有。"师云:"如何是'涅槃后有'?"对云:"水洒不著。"云岩却问:"百丈大人相如何?"师云:"巍巍堂堂,炜炜煌煌。声前非声,色后非色。蚊子上铁牛,无你下嘴处。"

**解读**:是空相。

沩山提物问仰山:"正与摩时作摩生?"仰山云:"和尚还见摩?"沩山不肯,却教仰山问:"正与摩时作摩生?"师云:"正与摩时,亦无作摩生。"师却云:"与摩道亦不得。"从此而休。隔数年后,仰山有语,举似师云:"切忌勃窣著。"师闻云:"停囚长智。"

**解读**:不是不可言说,根本就是无法可说!任运顺世,便是法。

仰山在沩山时,看牛次,第一座云:"百亿毛头,百亿师子现。"仰山与第一座,便举前话问:"适来道:'百亿毛头,百亿师子现。'岂不是上座?"云:"是。"仰山云:"毛前现,毛后现?"上座云:"现时不说前后。"仰山便出去。师云:"师子腰折也。"

洞山问:"和尚在此间住,有什摩学禅契会底人?"师云:"某甲初住此山有一人,是石头之孙,药山之子。"

**解读**:沃克迈斯特指出:"在我们看来,我们所经验的一切都必定以时间的形式出现,而所谓外部世界的对象必定还以空间形式出现。任何同空间与时间形式不一致的东西都无法经验。"①不过,需要强调,时间的不驻性质是一种超越逻辑一致性的性质,从而否定了一切现象的实在性。如果能够对此了然于心,那么便可见性。牛头山初祖法融的《心铭》指出:"念起念灭,前后无别。后念不生,前念自绝。"便是切入之要,于中可以体悟宇宙万象。卡特斯(Marina Katys)的"时间之河"诗作描写道②:

我对自己说,时间似流水滑过指间,
渗入慢慢冷却的沙土,无处不在……
即使冥河可以隔断生和死,
世纪轮回之时,
它也将消逝无踪。
但有一条河将永远存在,
没有岸堤能够限制它的流动……
所有人都必将没入其中。
它的水流透明而漆黑,
世界万物尽在其中。
文字中有它,音乐中也有它。
每个人只能在河中跋涉一次,
永远无法找到它神秘的源头。
那时,时间蜷缩在小小的茧中,
躺在"永恒"崎岖不平的胸膛上沉睡。

便有此层意趣。

仰山从田中归,师云:"田中有多少人?"仰山遂插下锹子,叉手而立。师云:

---

① 沃克迈斯特:《科学的哲学》,商务印书馆,1996,第72页。
② 诺维科夫:《时间之河》,上海科学技术出版社,2001,扉页。

"今日南山大有人刈茅。"有人问顺德:"只如沩山道:'南山大有人刈茅',意作摩生?"顺德云:"狗衔敕书,诸臣避路。"

师问云岩:"寻常道什摩?"对云:"某甲父母所生口,道不得。"僧问:"某甲欲奉师去时如何?"师云:"向他道,直须绝渗漏去,始得似他。"僧云:"还得不违于尊旨也无?"师云:"向他道,第一不得道老僧在这里。"

**解读**:此乃真无关文字之说。这里含有"道得不能言说,道不得方有言说"之意,然"不能言说"何以道得? 道不得又"何以言说"? 实也双遣双非之法的运用。

云岩到沩山。沩山泥壁次,问:"有句无句,如藤倚树。树倒藤枯时作摩生?"云岩无对。举似道吾,道吾便去到沩山,师便置前问。问未了,道吾便夺云:"树倒藤枯时作摩生?"师不对,便入房丈。

师向仰山云:"寂阇梨,直须学禅始得。"仰山便吟:"作摩生学?"师云:"单刀直入。"僧拈问石门:"只如沩山与摩道,意作摩生?"石门便顾示。

**解读**:禅悟的根本,不因你不言说而消失,但随你一言说便不是。

有京中大师到沩山,参和尚后对座吃茶次,置问:"当院有多少人?"师云:"有千六百人。"大师云:"千六百人中,几人得似和尚?"师云:"大师与摩问,作什摩?"大师云:"要知和尚。"师云:"于中也有潜龙,亦有现人。"大师便问众僧:"三界为鼓,须弥为槌。什摩人击此鼓?"仰山云:"谁击你破鼓?"大师搜觅破处不得,因此被纳学禅。有人拈问报慈:"什摩处是破处?"报慈云:"什摩年中,向你与摩道?"僧云:"毕竟作摩生?"报慈便打一下。

**解读**:禅者求第一义,故极力摒除境之惑,是因为凡境生之意便不是第一义,第一义不可得是因无义不境生。只要不是第一义(也就通常的意义)就免不了要依境求取,因此,这是反其道而说的。

师与仰山游山,一处坐,老鸦衔红柿子来,放师面前。师以手拈来,分破一片,与仰山。仰山不受云:"此是和尚感得底物。"师云:"虽然如此,理通同规。"仰山危手接得了,便礼谢吃。

**解读**:隐喻"分化一方"之意。

师匡化四十二年,现扬宗教。自大中七年癸酉岁示化,春秋八十三,僧夏六十四,敕谥大圆禅师清净之塔。

**解读**:沩山弘禅,便有大段高僧往来,随机应答,话出无心,妙理可显。有文采者,正可以小说形式,演义禅宗事迹,著《禅宗演义》,就六祖至临济间禅迹演变故事,撮要铺张,前后贯通,喻理于情,不亦宜乎。

## 祖堂卷十六·古灵

古灵和尚嗣百丈,在福州。师自少于福州大中寺出家。及至为僧,游参百丈,盘泊数年,密契玄旨。后归省侍本师,思欲发悟以报其恩,别俟方便。偶因一日为师澡浴,去垢之次,抚师背曰:"好个佛殿,而佛不圣。"其师乍闻异语,回头看之。弟子曰:"佛虽不圣,且能放光。"师深疑而不能问。

**解读**:古灵,真正有情觉者。

后得一日新糊窗,其日照窗倍明。师于窗下看经次,蝇子竞头打其窗,求觅出路。弟子侍立,云:"多少世界,如许多广阔,而不肯出头,撞故纸里,驴年解得出摩?"师闻此语,放下经卷,问:"汝行脚来见何人?得何事意?前后见汝发言盖不同常,汝仔细向吾说看。"弟子见问,恰称本意,为说百丈大师指授禅门心要:"灵光洞耀,迥脱根尘。体露真常,不拘文字。心性无染,本自圆明。离却妄缘,则如如佛。"师于言下,万机顿息,叹曰:"不可思议!吾本闻佛,将谓独一,今始返照心源,有情皆尔。"因为同流曰:"我弟子行脚,得上人法,我欲返答其恩,汝当佐助。"众为备筵敷法座毕,请弟子升座,略演百丈宗教。众闻所未闻,悉皆忻庆。师谓弟子曰:"吾为汝剃发之师,汝今为吾出世之师。吾今返礼汝,以答其恩耳。"弟子下座曰:"此乖世礼,事不可也。师若然者,当应面西遥礼百丈为师,即是同道不异也。"师则从之,遥礼百丈为师。

**解读**:但凡执着之人,便如这里蝇子寻觅出路,难得解脱。其师有所感悟,也是有慧根之人。看古人自在,不为礼缚!

弟子后住古灵山,因为古灵和尚焉。聚徒十数年间,临迁化时,剃发澡浴,焚香声钟,集众告云:"汝等诸人还识得无声三昧不?"众曰:"不识,请师指示。"师曰:"汝等静思静虑,谛听谛听。"师乃端坐而告寂。

## 祖堂卷十七·大慈

大慈和尚嗣百丈,在抚州。师讳寰中。

有僧辞,师问:"什摩处去?"对云:"江西去。"师云:"将取老僧去,得摩?"对云:"非但和尚,更有过于和尚者,不能得将去。"后有人举似洞山,洞山云:"但道'得'。"

**解读:**"自家事"之意。问:"急切处请师道。"师云:"尿是小事,须是老僧自去始得。"[1]

师上堂云:"说取一丈,不如行取一尺;说取一尺,不如行取一寸。说取那行处,行取那说处。"有人举似洞山,洞山便欢喜云:"大慈和尚,为物情切。"僧便问:"彼中则如此,此间还有也无?"洞山云:"有。"僧云:"若与摩则便请。"洞山云:"行取那说不得处,说取那行不得处。"洞山又云:"离此二途作摩生?"僧对云:"离此二途,请师不问。"洞山云:"海上功秀,又作摩生?"对云:"石人唱歌,幻人抚掌。"有人举似云居,云居云:"行时无说路,说时无行路。不说不行,合行什摩路?"有人举似乐浦,乐浦云:"行说俱到,本事无。行说俱不到,本事在。"又云:"大慈和尚则古佛,洞山和尚则细㦖。"师又闻举云:"作家。"

**解读:**"说得一丈,不如行取一尺。说得一尺,不如行取一寸。"说得好!所以行者可爱,不像说客徒会言语。你看武行者(武松),还有卢行者(惠能)、孙行者(悟空),均是行者,个个都是真成就者,胜空言者百倍。正如古人所言"纸上得来终觉浅,绝知此事要躬行"。但遗憾的是,禅宗到后期,越发要贫嘴,弄文字,其风不振。需要知道,禅悟之要在于心行而不在口说。心行不悟,徒有口能。比如"(福州长庆慧稜)坐破七个蒲团,不明此事。一日卷帘,忽然大悟。乃有颂曰:'也大差,也大差,卷起帘来见天下。有人问我解何宗,拈起佛子劈口打。'峰举谓玄沙曰:'此子彻去也!'沙曰:'未可,此是意识著述,更须勘过始得。'"[2]也就是说,思想悟了易,身体力行悟了难,所以,古人有"口头禅"一说,说起禅来头头是道,但日常行事毫无禅行,宁不慎乎?所以,于禅道是:行者无错,言者有过。

---

[1] 绩藏主:《古尊宿语录》,中华书局,1994,第234页。
[2] 普济:《五灯会元》,中华书局,1984,第402页。

禅悟的实证 >>>

  师行脚时，三人同行，逢见女人收稻次，问："退山路何处去？"女人云："驀底去。"师云："前头水深，过得摩？"女云："不湿脚。"师云："上岸稻得与摩好，下岸稻得与摩勿次第？"女云："下岸稻总被螃蟹吃却。"师云："太香生。"女云："无气息。"师云："住在什摩处？"女云："只在这里。"三人到屋里，其女见来，点一瓶茶，排批了云："请上座用神通吃。"三人不敢倾茶。女云："看老婆呈神通去也。"拈起盏子，便泻行茶。

  **解读**：不敢倾茶是罔措，有分别执着心，丢下此念，直入悟解，便是不罔措时。不过，言语道断，我这里也说不得，看婆子真神通，直性行茶，一时了断。了断是自在心，罔措是障碍心，同为一心，明暗不同。

  自外未睹行录，不决化缘终始。敕谥性空禅师定慧之塔。

## 祖堂卷十八·赵州

  赵州和尚嗣南泉，在北地。师讳全谂，青社缁丘人也。少于本州龙兴寺出家，嵩山琉璃坛受戒。不味经律，遍参丛林，一造南泉，更无他往。

  **解读**：南泉嗣马祖，故赵州自六祖来为五世。

  既遭盛筵，宁无扣击？师问："如何是道？"南泉云："平常心是道。"师云："还可趣向否？"南泉云："拟则乖。"师云："不拟时如何知是道？"南泉云："道不属知不知，知是妄觉，不知是无记。若也真达不拟之道，犹如太虚，廓然荡豁，岂可是非？"师于是顿领玄机，心如朗月，自尔随缘任性，笑傲浮生，拥毳携筇，周游烟水矣。

  **解读**：其意谓双遣双非之原理，真性不是是非分别所能推演的。因此，真性无处不在，包括生活的一切。库比特在讲"生活就是一切"时提到："他的整个世界都是世俗的。然而，他有点诧异地发现，'临在'感或者对神圣者的感觉依然经常可以出其不意地在众多处境中出现。"[①]道无处不在，生活就是真性，吃饭拉屎皆有道现，绝非概念分别是非所能把握。

  师问座主："所业什摩？"对云："讲《维摩经》。"师云："维摩还有祖父也无？"对云："有。"师云："阿那是维摩祖父？"对云："则某甲便是。"师云："既是祖父，为什

---

① 库比特：《生活 生活》，宗教文化出版社，2004，第40页。

摩却与儿孙传语?"座主无对。问:"学人拟作佛去时如何?"师云:"费心力。"僧云:"不费心力时如何?"师云:"作佛去。"问:"夜升兜率,昼降阎浮,其中摩尼为什摩不现?"师云:"道什摩?"僧再问,师云:"不见道,'毗婆尸佛早留心,直至如今不得妙'?"有僧辞。"什摩处去?"对云:"南方去。"师云:"三千里外逢人莫喜。"僧云:"学人不会。"师云:"柳絮,柳絮!"问第一座:"堂中还有祖父摩?"对云:"有。"师云:"唤来与老僧洗脚。"

**解读**:皆表面矛盾百出,实则深藏微旨,用顿悟逻辑来演算也可,非双遣双非不能了断。

师示众云:"我这里亦有在窟师子,亦有出窟师子,只是无师子儿。"有僧出来弹指两三下,师云:"作什摩?"僧云:"师子儿。"师云:"我唤作师子,早是罪过,你又更蹴踏作什摩?"问:"与摩来底人,师还接也无?"师云:"接。""不与摩来底人,师还接也无?"师云:"接。"僧云:"与摩来底人从师接,不与摩来底人,师如何接?"师云:"'止止不须说,我法妙难思。'"问:"如何是平常心?"师云:"虎狼野干是。"僧云:"还教化也无?"师云:"不历你门户。"僧云:"与摩莫平沉那个人也无?"师云:"大好平常心!"

**解读**:禅道之意,非言语、去是非者,此即为禅宗逻辑思想之大要。禅语皆自毁命题,故说不得,不可说。

大王礼拜师,师不下床。侍者问:"大王来,师为什摩不下地?"师云:"汝等不会。上等人来,上绳床接;中等人来,下绳床接;下等人来,三门外接。"师问座主:"久蕴什摩业?"对云:"《涅槃经》。"师:"问座主一段义得不?"对云:"得。"师以脚踢空中,口吹,却问:"这个是《涅槃经》中义不?"云:"是。"师云:"会摩?""不会。"师云:"这个是五百力士揭石之义。"师示众云:"我三十年前在南方火炉头,举无宾主话,直至如今无人道著。"有人举问雪峰:"赵州无宾主话作摩生道?"雪峰便踏倒。

**解读**:无宾无主句是什么句? 非句。非句又如何? 是句。

师又到一老宿处,老宿云:"老大人何不觅取住处?"师云:"什摩处是某甲住处?"老宿云:"老大人住处也不识!"师云:"三十年学骑马,今日被驴扑。"问:"离教请师决。"师云:"与摩人则得。"僧才礼拜,师云:"好问,好问。"僧云:"谘和尚。"师云:"今日不答话。"问:"澄澄绝点时如何?"师云:"我此间不著这个客作汉。"问:"如何是和尚家风?"师云:"不向你道。"僧云:"为什摩不道?"师云:"是我家风。"问:"如何得报国王恩?"师云:"念佛。"僧云:"街头贫儿也念佛。"师拈一个钱与。问:"如何是本分事?"师指学人云:"是你本分事。"僧云:"如何是和尚本分事?"师云:"是我本分事。"问:"如何是佛向上事?"师云:"我在你脚底。"僧云:"师为什摩在学人脚底?"师云:"为你不知有佛向上事。"问:"如何是密室中人?"师展手云:"茶盐钱布施。"有人问云居:"赵州与摩道,意作摩生?"云居云:"八十老公出场屋。"问:"柏树子还有佛性也无?"师云:"有。"僧云:"几时成佛?"师云:"待虚空落地。"僧云:"虚空几时落地?"师云:"待柏树成佛。"

**解读**:禅师问答之间,多有答非所问之句。答非所问是真答,重在契会,契会个什么,不可言说只可言语显现,真正玄之又玄,因此,有答非所问,是拒答。

新到展座具次,师问:"近离何方?"僧云:"无方面。"师起向僧背后立,僧把座具起,师云:"太好无方面!"僧辞次,师问:"外方有人问:'还见赵州也无?'作摩生向他道?"僧云:"只道见和尚。"师云:"老僧似一头驴,汝作摩生见?"僧无对。师问新到:"近离什摩处?"云:"近离南方。"师云:"什摩人为伴子?"僧云:"畜生为伴子。"师云:"好个阇梨,为什摩却与畜生作伴子?"僧云:"无异故。"师云:"大好畜生!"僧云:"争肯?"师云:"不肯则一任,还我伴子来。"僧无对。有僧才礼拜,师云:"珍重。"僧申问,师云:"又是也,又是也。"问:"学人去南方,忽然雪峰问赵州意,作摩生祇对?"师云:"遇冬则寒,遇夏则热。"进曰:"究竟赵州意旨如何?"师云:"亲从赵州来,不是传语人。"其僧到雪峰,果如所问,其僧一一如上举对。雪峰曰:"君子千里同风。"

**解读**:两样说法,一般执着,无关文字又一脚注。

问:"如何是祖师西来意?"师云:"亭前柏树子。"僧云:"和尚莫将境示人。"师云:"我不将境示人。"僧云:"如何是祖师西来意?"师云:"亭前柏树子。"问:"如何是学人师?"师云:"云有出山势,水无投涧声。"僧云:"不问这个。"师云:"是你师不问。"问:"头头到这里时如何?"师云:"犹较老僧一百步。"问:"方圆不就时如何?"师云:"不方不圆。"云:"与摩时作摩生?"师云:"是方是圆。"师有时云:"佛之一字,吾不喜闻。"僧问:"师还为人不?"师云:"佛也,佛也。"问:"'一灯燃百千灯',未审一灯是什摩灯?"师跳出只履。又云:"若是作家,不与摩问。"问:"如何是本来人?"师云:"自从识得老僧后,只这个汉更无别僧。"云:"与摩则共和尚隔生也。"师云:"非但千生与万生,也不识老僧。"师问沩山:"如何是祖师意?"沩山唤侍者将床子来。师言:"自住已来,未曾遇著一个本色禅师。"时有人问:"忽遇时如何?"师云:"千钧之弩,不为奚鼠而发机。"有人问:"诸佛还有师也无?"师云:

"有。"僧进曰:"如何是诸佛师?"师云:"阿弥陀佛。"又师云:"佛是弟子。"有僧问长庆:"赵州与摩道阿弥陀佛,是道底语,是嗟底语?"长庆云:"若向两头会,尽不见赵州意。"僧进云:"赵州意作摩生?"长庆便弹指一声。

**解读**:凡一举则一非,也一小套路,唯恐言语道断。又一肯则一否,一样意思。哪有两头,仁者自惑,本无一物,更无佛性。一有分别,即无分别,于此公案明显说破。说破便是说不破,当如是解悟。对象语言与元语言,表层语言与深层语言,言上之意与言下之意,等等,混同使用,莫过于禅家公案机锋的对答了,读时须特别仔细随转,否则难知所趣。

镇州大王请师上堂,师升座便念经,有人问:"请和尚上堂,因什摩念经?"师云:"佛弟子念经不得摩?"又别时上堂,师念《心经》,有人云:"念经作什摩?"师云:"赖得阇梨道念经,老僧洎忘却。"问:"如何是玄中又玄?"师云:"那个师僧若在,今年七十四也。"问:"如何是玄中一句?"师云:"不是'如是我闻'。"问:"寸丝不挂时如何?"师云:"不挂什摩?"僧云:"不挂寸丝。"师云:"大好不挂!"问:"迦叶上行衣,什摩人合得被?"师云:"七佛虚出世,道人都不知。"师问僧:"还曾到这里摩?"云:"曾到这里。"师云:"吃茶去。"师云:"还曾到这里摩?"对云:"不曾到这里。"师云:"吃茶去。"又问僧:"还曾到这里摩?"对云:"和尚问作什摩?"师云:"吃茶去。"师问僧:"你在这里得几年?"对云:"五六年。"师云:"还见老僧也无?"对云:"见。""见何似生?"对云:"似一头驴。"师云:"什摩处见似一头驴?"对云:"入法界见。"师云:"去!未见老僧在!"有人举似洞山,洞山代云:"吃水吃草。"问:"朗月处空时人尽委,未审室内事如何?"师云:"自少出家,不作活计。"学曰:"与摩则不为今时去也。"师云:"老僧自疾不能救,争能救得诸人疾?"学曰:"与摩则来者无依。"师云:"依则踏著地,不依则一任东西。"师问僧:"从什摩处来?"对云:"从五台山来。"师云:"还见文殊也无?"对云:"文殊则不见,只见一头水牯牛。"师云:"水牯牛还有语也无?"对云:"有。"师曰:"道什摩?"对云:"孟春犹寒,伏惟和尚尊体起居万福。"

**解读**:"不挂寸丝"是元转绎,"一律吃茶去"是无分别,"牛吃水吃草"是直性,如此等等,读者可见其中之意?

师有一日向七岁儿子云:"老僧尽日来心造,与你相共论义。你若输,则买糊饼与老僧;老僧若输,则老僧买糊饼与你。"儿子云:"请师立义。"师云:"以劣为宗,不得诤胜。老僧是一头驴。"儿子云:"某甲是驴粪。"师云:"是你与我买糊饼。"儿子云:"不得和尚,和尚须与某甲买糊饼始得。"师与弟子相争,断不得。师云:"者个事军国事一般,官家若判不得,须唤村公断。这里有三百来众,于中不可无人。大众与老僧断:宾主二家,阿那个是有路?"大众断不得。师云:"须是具眼禅师始得。"三日以后,沙弥觉察,买糊饼供养和尚矣。

**解读**:争者败,小儿争劣,故败。

古时有官长教僧拜,马祖下朗瑞和尚不肯拜,官长便嗔,当时打杀。有人问师:"瑞和尚为什摩却被打杀?"师云:"为伊惜命。"龙华拈问僧:"惜个什摩命?"无对,龙华代云:"嗔我不得。"问:"正与摩时作摩生?"师云:"生公忍死十年,老僧一时不可过。"

**解读**:不着一物,一物是何?不作为,也作为。但凡随遇而安,息心为是。

师唤沙弥,沙弥应喏,师云:"煎茶来。"沙弥云:"不辞煎茶,与什摩人吃?"师便动口,沙弥云:"大难得吃茶。"有人拈问漳南:"又须教伊煎茶,又须得吃茶,合作摩生道?"保福云:"虽然如此,何不学观音?"有人问老婆:"赵州路什摩处去?"婆云:"蓦底去。"僧云:"莫是西边去摩?"婆云:"不是。"僧云:"莫是东边去摩?"婆云:"也不是。"有人举似师,师云:"老僧自去勘破。"师自去,问:"赵州路什摩处去?"老婆云:"蓦底去。"师归院,向师僧云:"勘破了也。"

**解读**:我也疑,好个"蓦底去"。

院主请上堂,师升座唱如来梵,院主云:"比来请上堂,这个是如来梵。"师云:"佛弟子唱如来梵不得摩?"问:"开口是一句,如何是半句?"师便开口。三峰见师云:"上座何不住去?"师云:"什摩处住好?"三峰指面前山,师云:"此是和尚住处。"

**解读**:这里便是"拟向即乖"之义,禅乃不可不究,也不可深究者。

师为沙弥,扶南泉上胡梯,问:"古人以三道宝阶接人,未审和尚如何接?"南泉乃登梯云:"一二三四五。"师举似师伯,师伯云:"汝还会摩?"师云:"不会。"师伯云:"七八九十。"南泉指铜瓶问僧:"汝道内净外净?"僧云:"内外俱净。"却问师,师便踢却。师问南泉:"古人道:'道非物外,物外非道。'如何是'物外非道'?"泉便棒,师云:"莫错打。"南泉云:"龙蛇易弁,衲子难谩。"

**解读**:放下此一念,万念息心之意。若善信再不悟,我也当悟入矣。

问:"如何是西来意?"师云:"仲冬严寒。"有人举似云居,便问:"只如赵州与摩道,意作摩生?"居云:"冬天则有,夏月则无。"僧举似师:"只如云居与摩道,意作摩生?"师因此便造偈曰:石桥南,赵州北,中有观音有弥勒,祖师留下一只履,直到如今觅不得。

**解读**:禅语机锋大约有8种形式:(1)答非所问,直言无分别;(2)一是一非,以悖揭真;(3)自指眼下,以悖显真;(4)良久沉默,不可言说;(5)循环定义,互指知悖;(6)无穷回归,元模式转绎;(7)雪上加霜,非极返真;(8)指月之指,终非了悟。不见性之人,往往出了狼窝又入虎口,为去言语又用言语,便是雪上加霜,元模式转绎,愈转愈远;直须放下,方免无穷回归之境。古德赵州,将其发挥得最为淋漓尽致。

## 祖堂卷十九·临济

临济和尚嗣黄檗,在镇州。师讳义玄,姓邢,曹南人也。自契黄檗锋机,乃阐化于河北,提纲峻速,示教幽深。其于枢秘,难陈示诲,略申少分。

**解读**:临济嗣黄檗,黄檗嗣百丈,百丈嗣马祖,马祖嗣怀让,怀让嗣六祖,凡六世,创临济宗。

师有时谓众云:"山僧分明向你道,五阴身田内,有无位真人,堂堂露现,无毫发许间隔,何不识取!"时有僧问:"如何是无位真人?"师便打之,云:"无位真人是什摩不净之物!"雪峰闻举,云:"临际大似好手。"师问落浦:"从上有一人行棒,有一人行喝,还有亲疏也无?"落浦云:"如某甲所见,两人总不亲。"师云:"亲处作摩生?"落浦遂喝,师便打之。

**解读**:夹山与定山同行,言话次,定山曰:"生死中无佛,即无生死。"夹山曰:"生死中有佛,即不迷生死。"互相不肯,同上山见师(大梅法常)。夹山便举问:"未审二人见处那个较亲?"师曰:"一亲一疏。"夹山复问:"那个亲?"师曰:"且去,明日来。"夹山明日再上问,师曰:"亲者不问,问者不亲。"[①]禅趣、禅旨、禅智、禅机与禅理,实乃一悟之间,执着者问,空执者亲,此公案有真谛其中。

因德山见僧参爱趁打。师委得,令侍者到德山,"打汝,汝便接取拄杖,以拄杖打一下。"侍者遂到德山,皆依师指。德山便归丈室。侍者却归举似,师云:"从来

---

① 普济:《五灯会元》,中华书局,1984,第147页。

疑这个老汉。"因僧侍立次,师竖起拂子,僧便礼拜,师便打之。后因僧侍立次,师竖起拂子,其僧并不顾,师亦打之。云门代云:"只宜专甲。"

**解读**:打非为打,此乃真打。但有拟议,一概打却。

黄檗和尚告众曰:"余昔时同参大寂道友,名曰大愚。此人诸方行脚,法眼明彻,今在高安,愿不好群居,独栖山舍。与余相别时叮嘱云:'他后或逢灵利者,指一人来相访。'"于时,师在众,闻已,便往造谒。既到其所,具陈上说。至夜间,于大愚前说《瑜伽论》,谈唯识,复申问难。大愚毕夕悄然不对,及至旦来,谓师曰:"老僧独居山舍,念子远来,且延一宿,何故夜间于吾前无羞惭,放不净?"言讫,杖之数下推出,关却门。师回黄檗,复陈上说,黄檗闻已,稽首曰:"作者如猛火燃,喜子遇人,何乃虚往?"师又去,复见大愚,大愚曰:"前时无惭愧,今日何故又来?"言讫便棒,推出门。师复返黄檗,启闻和尚:"此回再返,不是空归。"黄檗曰:"何故如此?"师曰:"于一棒下入佛境界。假使百劫,粉骨碎身,顶擎绕须弥山,经无量匝,报此深恩,莫可酬得。"黄檗闻已,喜之异常,曰:"子且解歇,更自出身。"师过旬日,又辞黄檗,至大愚所。大愚才见,便拟棒师。师接得棒子,则便抱倒大愚,乃就其背,殴之数拳。大愚遂连点头曰:"吾独居山舍,将谓空过一生,不期今日却得一子。"先招庆和尚举终,乃问师演侍者曰:"既因他得悟,何以却将拳打他?"侍者曰:"当时教化全因佛,今日咸拳总属君。"师因此侍奉大愚,经十余年。大愚临迁化时嘱师云:"子自不负平生,又乃终吾一世,已后出世传心,第一莫忘黄檗。"

**解读**:一经双遣双非,必然一切皆佛,因为矛盾命题可以推出一切为真的缘故。自信敢当,为佛弟子;打得真切,方可传授。临济幸得其师。

自后师于镇府匡化,虽承黄檗,常赞大愚。至于化门,多行喝棒。有时谓众云:"但一切时中,更莫间断,触目皆是,因何不会?只为情生智隔,相变体殊,所以三界轮回,受种种苦。大德,心法无形,通贯十方,在眼曰见,在耳曰闻,在手执捉,在脚运奔。本是一精明,分成六和合。心若不生,随处解脱。大德,欲得山僧见处,坐断报化佛头,十地满心,犹如客作儿。何以如此?盖为不达三祇劫空,所以有此障。若是真正道流,尽不如此。大德,山僧略为诸人大约话破纲宗,切须自看。可惜时光,各自努力。"

**解读**:所谓日用是道,触目即真。其实,生活即禅,因为生活日用之本义显现自然,率性之谓道也。英国宗教学家库比特开创了一种类似于"生活禅"的生活宗教学说指出:"一切生活都是神圣的,我们必须对生活有信仰。我们所有人都要热爱生活,过完满的生活,信仰生活,让自己委身于生活,并且在生命中充分享用它。"①因此,生命的意义在于"生活",生活是一个过程,其本质是享用"enjoy"。对生活的整体认识通过直觉体悟,日用是道,概无分别。"(生活)首先是一个单一的、内在的、连续的整体,我们一点不差地都是它的一部分。它是无外在性的。简单地说,生活就是一切。"②既然生活就是一切,生活就是不可言说、不可分别的,仅在参与!平常心是道,日用是道。于是,"它也许可以被视为一个否定性的神圣者,因为它的神秘不是在完满性中,而是就在它的空性中。"③"它"即"空","空"即"有",原来就是概无分别的。"生命是如此的脆弱和宝贵,它就是我们所拥有的一切。然而它是无,是被虚无包围的一个无。"④"空"也空,是空空如也。每个人可以对自己说:"空始于经验之幕的远处。除了我投射的感觉印象和将它们结合在一起组成一个世界的语言,根本就没有什么东西了,甚至虚无也没有。"⑤作为空性的生活有如一个气泡:"气泡是漂泊不定的,无外在性的:就像从它里面所见的那样,没有出来的路。"⑥不但一切虚幻,而且也不具有目的性,生活的气泡是自足的。生活是一个过程,你只需 enjoy life,充分展现你的生命力即可。所谓的成就,只不过是这一 enjoy 过程中的副产品,肯定不是、也不可能是计划好的东西,因为人生这个过程是非线性的,非线性就意味着不可预测,并且计划所预测的结果随计划期限的增长而越不可预测。

自余应机对答,广彰别录矣。咸通七年丙戌岁四月十日示化,谥号慧照大师澄虚之塔。

**解读**:临济禅法对后世影响广大,素有"临济临天下,曹洞曹半天"之说及"临济子孙遍天下"之说,到了清代甚至是"临天下,曹一角"了。据《五灯会元》记载,临济义玄传有"夺人夺境"之法,曰:"有时夺人不夺境,有时夺境不夺人,有时人境两俱夺,有时人境俱不夺。"⑦和"照用"之法:"有时先照后用,有时先用后照,有时照用同时,有时照用不同时。先照后用有人在,先用后照有法在,照用同时,驱耕夫之牛,夺饥人之食,敲骨取髓,痛下针锥。照用不同时,有问有答,立宾立主合水

---

① 库比特:《生活 生活》,宗教文化出版社,2004,第 8 页。
② 库比特:《生活 生活》,宗教文化出版社,2004,第 10 页。
③ 库比特:《生活 生活》,宗教文化出版社,2004,第 42 页。
④ 库比特:《生活 生活》,宗教文化出版社,2004,第 43 页。
⑤ 库比特:《生活 生活》,宗教文化出版社,2004,第 43 页。
⑥ 库比特:《生活 生活》,宗教文化出版社,2004,第 124 页。
⑦ 普济:《五灯会元》,中华书局,1984,第 646 页。

和泥,应机接物。"①都是接引后学的参玄方法。"夺人夺境"之法强调宾主参论中接引学人时所出现的四种情况:教滞学悟(宾看主)、教悟学滞(主看宾)、教学双悟(主看主)、教学双滞(宾看宾)。"照用"之法,也类似于"夺人夺境"之法,为接引后学的四种应对情况,大同小异。

## 祖堂卷二十·宝寿

宝寿和尚嗣临济,师讳沼,在镇州。未睹行录,不决化缘终始。师问胡钉铰:"见说解钉铰,是不?"对曰:"是也。"师曰:"还解钉铰得虚空摩?"对曰:"请和尚打破将来。"师便打之。对曰:"莫错打某甲。"师云:"向后有多口阿师与你点破在。"有人举似赵州。赵州云:"只者一缝,尚不奈何。"东山代第一云:"若是某甲手里,阿那个缝闭不钉?"

**解读:**"还解钉铰得虚空摩?"要解悟得此问,这里首先涉及根本意识的自明性问题:真空演化万物,万物孕育意识,意识反观为空。是的,真空不是虚无,而是一种开放的物质相互作用决定了的能量变化场,在这其中,作为真空的能量场不仅随时都在刹那生灭变化之中,而且还可以代表整个宇宙。因为我们不管如何定义宇宙,其源于虚空(赝真空),由于能量守恒,不管宇宙如何演化,其总能量总是为零,依旧只是虚空。实际上,作为零点能的虚空(赝真空),由于对称破缺的大爆炸,演化着所谓的宇宙万物,形成能量局部的不均匀分布,但总能量依旧是零。这样在四种基本力(万有引力、电磁力、弱核力与强核力)的相互作用下,宇宙中形成了丰富多样的能量表现形式,其中包括种种物质形态。于是,就宇宙构成而言,可以把大到整个宇宙,小到一个光子,均看作是层层嵌套的、相互关联的且永恒变动不居的能境(能量场)。其性状正如三祖《信心铭》中所刻画的那样:"能随境灭,境逐能沉。境由能境,能由境能。欲知两段,元是一空。一空同两,齐含万象。"如果一定要分解这整体上的"虚空宇宙",那么首先大多数宇宙构成部分为真空,一些不均匀分布的能量形式则为物质和射线等(其与各种作用力代表的能量相抵消)。因此,所谓物质(其所含质量拥有的正能量与万有引力的负能量相互抵消),是一类能量相对集中的局部能境,按照自组织的复杂程度,可以分为无机物和有机物,其中有机物又可以分为无灵物(没有自明性的意识能力)和有灵物。可以说,有灵物是物质高度自组织演化的结果,通过宇宙演化的突现机制,产生了自明

---

① 普济:《五灯会元》,中华书局,1984,第647页。

性的意识,即拥有了自反映心识的能力,可以自我观照孕育出这种能力的宇宙万物及其演化规律本身。因此,根本上的自指性就是源于虚空的意识照见宇宙虚空的本性,即所谓"自性",其完全是超越逻辑的,不可概念分别。这一点,就连强调事物客观性而著称的爱因斯坦也知道:"我们不能从逻辑上来证明外在世界的存在,正如你不能从逻辑上来证明我现在是在同你谈话,或者证明我是在这里一样。"[1]因此,想要参悟"还解钉铰得虚空摩",必得远离一切名相与心念,不可思议。讲到这,现在你还解得上述宝寿和尚与胡钉铰之间的公案吗?幽州盘山宝积禅师上堂示众曰:"心若无事,万象不生。意绝玄机,纤尘何立?道本无体,因体而立名。道本无名,因名而得号。若言即心即佛,今时未入玄微;若言非心非佛,犹是指踪极则。向上一路,千圣不传。学者劳神,如猿捉影。夫大道无中,复谁先后?长空绝际,何用称量?空既如斯,道复何说?夫心月孤圆,光吞万象。光非照境,境亦非存。光境俱亡,复是何物?禅德,譬如掷剑挥空,莫论及不及,斯乃空轮无迹,剑刃无亏。若能如是,心心无知,全心即佛,全佛即人,人佛无异,始为道矣。禅德,可中学道,似地擎山,不知山之孤峻;如石含玉,不知玉之无瑕。若如此者,是名出家。故导师云:'法本不相碍,三际亦复然。无为无事人,犹是金锁难。'所以灵源独耀,道绝无生,大智非明,真空无迹。真如凡圣,皆是梦言。佛及涅槃,并为增语。禅德直须自看,无人替代。三界无法,何处求心?四大本空,佛依何住?璇玑不动,寂尔无言。亲面相呈,更无余事。珍重。"[2]是为正说。

师初开堂时,三圣推出一僧,师便打之。三圣云:"长老与摩识弁人,瞎却镇州城里人眼去在。"

总结:说到底,禅是一种精神,是一种积极向上的生活态度。我在这里对上述《祖堂集》节选的解读,当然只能属于禅外解禅,旨在通过一些最新科学成就与人文思想的佐证,来传播一种禅的精神。我相信,幸福生活是一种生活态度的反映。当人处在躁动不安、充满诱惑的大千世界里,难免不受影响,于是就需要形成良好的生活态度,这便是修养功夫。

---

[1] 爱因斯坦:《爱因斯坦文集》,商务印书馆,1976,第305页。
[2] 道元:《景德传灯录》,成都古籍书店,2000,第112—113页。

# 参考文献

（以下中文文献按作者汉语姓名拼音字母排序）

1. [日]阿部正雄：《禅与西方思想》，王雷泉、张汝伦译，上海：上海译文出版社，1989。

2. [印]S. 阿罗频多：《神圣人生论》，徐梵澄译，北京：商务出版社，1996。

3. [美]I. 阿西莫夫：《阿西莫夫最新科学指南》，朱岚等译，南京：江苏人民出版社，2000。

4. [德]A. 爱因斯坦：《爱因斯坦文集》，许良英等译，北京：商务印书馆，1976。

5. [美]B. 巴伯：《科学与社会秩序》，顾昕等译，北京：生活·读书·新知三联书店，1993。

6. [英]J. 巴罗：《不论——科学的极限与极限的科学》，李新洲译，上海：上海科学技术出版社，2000。

7. [英]J. 巴罗，《宇宙的起源》，卞毓麟译，上海：上海科学技术出版社，1995。

8. [澳]J. 巴斯摩尔：《哲学百年·新近哲学家》，洪汉鼎、陈波、孙祖培译，北京：商务印书馆，1996。

9. [加]M. 邦格：《物理学哲学》，颜锋学译，石家庄：河北科学技术出版社，2003。

10. [法]H. 柏格森：《时间与自由意志》，吴士栋译，北京：商务印书馆，1958。

11. [美]P. 贝格尔：《神圣的帷幕》，高师宁译，上海：上海人民出版社，1991。

12. [美]P. 贝纳塞拉夫、H. 普特南：《数学哲学》，朱水林等译，北京：商务印书馆，2003。

13. [丹麦]N. 玻尔：《尼耳斯·玻尔哲学文选》，戈革译，北京：商务印书馆，1999。

14. [美]D. 玻姆：《论创造力》，洪定国译，上海：上海科学技术出版社，2001。

15. [美]D. 玻姆:《量子理论》,侯德彭译,北京:商务印书馆,1982。

16. [美]J. 布里格斯、[英]F. 皮特:《混沌七鉴:来自易学的永恒智慧》,陈忠等译,上海:上海科技教育出版社,2001。

17. [美]J. 布罗克曼:《第三种文化:洞察世界的新途径》,吕芳译,海口:海南出版社,2003。

18. [法]D. 布洛衣:《物理学与微观物理学》,朱津栋译,北京:商务印书馆,1992。

19. 曹础基:《庄子浅注》,北京:中华书局,1982。

20. 曹曙红:《聚散因缘——佛教缘起观》,北京:宗教文化出版社,2003。

21. [澳]A. 查尔默斯:《科学究竟是什么》,邱仁宗译,石家庄:河北科学技术出版社,2002。

22. 陈兵:《佛教禅学与东方文明》,上海:上海人民出版社,1992。

23. 陈荣捷:《现代中国的宗教趋向》,台湾:文殊出版社,1987。

24. 陈真、邓子美:《二十世纪中国佛教》,北京:民族出版社,2000。

25. [美]成中英:《论中西哲学精神》,上海:东方出版中心,1991。

26. [日]大洼德行等:《电脑时代的理性》,李树琦译,北京:中国社会科学出版社,1998。

27. [英]P. 戴维斯、J. 布朗:《原子中的幽灵》,易心洁译,长沙:湖南科学技术出版社,1992。

28. [英]P. 戴维斯、J. 布朗:《超弦——一种包罗万象的理论?》,廖力、章人杰译,北京:中国对外翻译出版公司,1994。

29. [澳]P. 戴维斯:《宇宙的最后三分钟》,傅承启译,上海:上海科学技术出版社,1995。

30. [英]W. 丹皮尔:《科学史——及其与哲学和宗教的关系》,李珩译,北京:商务印书馆,1995。

31. [美]J. 丹西:《当代认识论导论》,周文彰、何包钢译,北京:中国人民大学出版社,1990。

32. [英]R. 道金斯:《自私的基因》,卢允中等译,长春:吉林人民出版社,1998。

33. (宋)道元:《景德传灯录》,妙音、文雄点校,成都:成都古籍书店,2000。

34. 董光璧:《当代新道家》,北京:华夏出版社,1991。

35. 杜继文、魏道儒:《中国禅宗通史》,南京:江苏古籍出版社,1993。

36. [美]G. 艾德尔曼:《意识的宇宙:物质如何转变为精神》,顾凡及译,上海:上海科学技术出版社,2004。

37. [唐]法藏:《华严金师子章校释》,方立天校释,北京:中华书局,1983。

38. 方立天:《中国佛教哲学要义》,北京:中国人民大学出版社,2002。

39. [美]B. 弗拉森:《科学的形象》,郑祥福译,上海:上海译文出版社,2002。

40. [美]F. 弗洛姆、[日]铃木大拙、[美]R. 马蒂诺:《禅宗与精神分析》,王雷泉、冯川译,贵阳:贵州人民出版社,1998。

41. [美]M. 盖尔曼:《夸克与美洲豹:简单性和复杂性的奇遇》,杨建邺等译,长沙:湖南科学技术出版社,1997。

42. 高振农:《大乘起信论校释》,北京:中华书局,1994。

43. [美]J. 格莱克:《混沌:开创新科学》,张淑誉译,上海:上海译文出版社,1990。

44. [英]J. 格里宾:《大爆炸探秘——量子物理与宇宙学》,卢炬甫译,上海:上海科技教育出版社,2000。

45. [英]J. 格里宾:《寻找薛定谔的猫——量子物理和真实性》,张广才等译,海口:海南出版社,2001。

46. [美]D. 格里芬:《后现代科学——科学魅力的再现》,马季方译,北京:中央编译出版社,1995。

47. [美]B. 格林:《宇宙的琴弦》,李冰译,长沙:湖南科学技术出版社,2002。

48. 郭朋:《坛经校释》,北京:中华书局,1983。

49. [德]H. 哈肯:《信息与自组织》,郭治安等译,成都:四川教育出版社,1988。

50. [德]H. 哈肯:《协同学:大自然构成的奥秘》,凌复华译,上海:上海译文出版社,1995。

51. [德]M. 海德格尔:《在通向语言的途中》,孙周兴译,北京:商务印书馆,1997。

52. 河北禅学研究所编:《禅宗七经》,北京:宗教文化出版社,1997。

53. 何建明:《佛法观念的近代调适》,广州:广东人民出版社,1998。

54. 洪修平:《禅宗思想的形成与发展》,南京:江苏古籍出版社,2000。

55. 洪修平:《中国禅学思想史纲》,南京:南京大学出版社,1994。

56. [美]J. 霍根著:《科学的终结》,孙雍君等译,呼和浩特:远方出版社,1997。

57. [英]S. 霍金:《时间简史——从大爆炸到黑洞》,许明贤、吴忠超译,长沙:湖南科学技术出版社,1994。

58. [美]D. 侯世达:《哥德尔、艾舍尔、巴赫——集异璧之大成》,郭维德等译,北京:商务印书馆,1997。

59. [日]忽滑谷快天:《中国禅学思想史》,朱谦之译,上海:上海古籍出版社,1994。

60. [英]A. 怀特海:《思想方式》,韩光辉、李红译,北京:华夏出版社,1998。

61. (隋)吉藏:《三论玄义校释》,韩廷杰校释,北京:中华书局,1987。

62. (宋)绩藏主:《古尊宿语录》,北京:中华书局,1994。

63. 金观涛:《整体的哲学》,成都:四川人民出版社,1987。

64. 净慧:《禅宗名著选编》,北京:书目文献出版社,1994。

65. (五代)静、筠:《祖堂集》,吴福祥、顾之川点校,长沙:岳麓书社,1996。

66. (五代)静、筠:《祖堂集》,张华点校,郑州:中州古籍出版社,2001。

67. [美]F. 卡普拉:《物理学之"道"》,朱润生译,北京:北京出版社,1999。

68. [美]J. 卡斯蒂:《虚实世界:计算机仿真如何改变科学的疆域》,王千祥等译,上海:上海科技教育出版社,1998。

69. [奥]J. 卡斯蒂,W. 德波利:《逻辑人生:哥德尔传》,刘晓力等译,上海:上海科技教育出版社,2002。

70. [美]S. 考夫曼:《宇宙为家》,李绍明、徐彬译,长沙:湖南科学技术出版社,2003。

71. [丹麦]M. 克尔凯郭尔:《基督徒的激情》,鲁路译,沈阳:辽宁人民出版社,1994。

72. [美]F. 克拉默:《混沌与秩序——生物系统的复杂结构》,柯志阳、吴彤译,上海:上海科技教育出版社,2000。

73. [美]M. 克莱因:《数学:确定性的丧失》,李宏魁译,长沙:湖南科学技术出版社,1997。

74. [美]S. 克林:《元数学导论》(上、下),莫绍揆译,北京:科学出版社,1984,1985。

75. [波兰]L. 柯拉柯夫斯基:《宗教:如果没有上帝…》,杨德友译,北京:生活·读书·新知三联书店,1997。

76. [英]P. 柯文尼、L. 海菲尔德:《时间之箭》,江涛、向守平译,长沙:湖南科学技术出版社,1994。

77. ［英］D. 库比特,《生活　生活:一种正在来临的生活宗教》,王志成、朱彩虹译,北京:宗教文化出版社,2004。

78. ［美］N. 库萨:《论隐秘的上帝》,李秋零译,北京:生活·读书·新知三联书店,1996。

79. ［美］L. 库兹韦尔:《灵魂机器的时代——当计算机超过人类智能时》,沈志彦、祁阿红、王晓东译,上海:上海译文出版社,2002。

80. ［美］W. 奎因:《真之追求》,王路译,北京:生活·读书·新知三联书店,1999。

81. ［匈］I. 拉卡托斯:《科学研究纲领方法论》,兰征译,上海:上海译文出版社,1986。

82. ［匈］I. 拉卡托斯:《数学、科学和认识论》,林夏水等译,北京:商务印书馆,1993。

83. ［德］K. 拉纳:《圣言的倾听者》,朱雁冰译,北京:生活·读书·新知三联书店,1994。

84. ［美］E. 拉兹洛:《微漪之塘》,钱兆华译,北京:社会科学文献出版社,2001。

85. 赖永海:《中国佛性论》,北京:中国青年出版社,1999。

86. ［英］B. 里德雷:《时间、空间和万物》,李泳译,长沙:湖南科学技术出版社,2002。

87. 立人等:《宝积经今译》,北京:中国社会科学出版社,1994。

88. ［美］M. 里斯:《六个数——塑造宇宙的深层力》,石云里译,上海:上海科学技术出版社,2001。

89. 李政道等:《21世纪100个科学难题》,长春:吉林人民出版社,1998。

90. ［美］D. 林德利:《命运之神应置何方——透析量子力学》,长春:吉林人民出版社,1998。

91. 刘毅:《悟化的生命哲学——日本禅宗今昔》,沈阳:辽宁人民出版社,1994。

92. 刘宗贤:《陆王心学研究》,济南:山东人民出版社,1997。

93. ［印］龙树:《中论》,鸠摩罗什译,成都:四川省新闻出版局,1994。

94. (宋)陆九渊、(明)王守仁:《象山语录　阳明传习录》,上海:上海古籍出版社,2000。

95. ［美］R. 罗蒂:《哲学和自然之镜》,李幼蒸译,北京:生活·读书·新知三联书店,1987。

96. [英]B. 罗素:《数理哲学导论》,晏成书译,北京:商务印书馆,1999。

97. [英]B. 罗素:《逻辑与知识》,苑莉均译,北京:商务印书馆,1996。

98. [美]E. 洛伦兹:《混沌的本质》,刘式达等译,北京:气象出版社,1997。

99. [法]J. 卢米涅:《黑洞》,卢炬甫译,长沙:湖南科学技术出版社,1997。

100. 吕澂:《中国佛学源流略讲》,北京:中华书局,1979。

101. [美]A. 马蒂尼奇:《语言哲学》,牟博等译,北京:商务印书馆,1998。

102. [美]L. 马古利斯:《生物共生的行星——进化的新景观》,易凡译,上海:上海科学技术出版社,1999。

103. 麻天祥:《中国禅宗思想发展史》,长沙:湖南教育出版社,1997。

104. [美]E. 迈尔:《进化是什么》,田洺译,上海:上海科学技术出版社,2003。

105. [美]E. 迈尔:《生物学哲学》,涂长晟译,沈阳:辽宁教育出版社,1992。

106. [英]J. 麦奎利:《谈论上帝——神学的语言与逻辑之考察》,安庆国译,成都:四川人民出版社,1997。

107. [德]K. 迈因策尔:《复杂性中的思维》,曾国屏译,北京:中央编译出版社,1999。

108. [美]B. 曼德布罗特:《大自然的分形几何学》,陈守吉、凌复华译,上海:上海远东出版社,1998。

109. 南怀瑾:《禅海蠡测》,北京:中国世界语出版社,1996。

110. 南怀瑾:《楞伽大义今释》,北京:北京师范大学出版社,1993。

111. 南怀瑾:《金刚经说什么》,北京:北京师范大学出版社,1993。

112. [俄]I. 诺维科夫:《时间之河》,吴王杰、陆雪莹、闵锐译,上海:上海科学技术出版社,2001。

113. [美]E. 内格尔:《科学的结构——科学说明的逻辑问题》,徐向东译,上海:上海译文出版社,2002。

114. [比]G. 尼科里斯、I. 普利高津:《探索复杂性》,罗久里、陈奎宁译,成都:四川教育出版社,1986。

115. [英]L. 牛顿:《探求万物之理——混沌、夸克与拉普拉斯妖》,李香莲译,上海:上海科技教育出版社,2000。

116. [瑞士]H. 奥特:《不可言说的言说》,林克、赵勇译,北京:生活·读书·新知三联书店,1994。

117. [德]R. 奥托:《论"神圣"》,成穷等译,成都:四川人民出版社,1995。

118. [德]K. 拜尔茨:《基因伦理学》,马怀琪译,北京:华夏出版社,2000。

119. 潘富恩主编:《中国学术名著提要》,上海:复旦大学出版社,1992。

120. [美]K. 波普尔:《科学知识进化论》,纪树立编译,北京:生活·读书·新知三联书店,1987。

121. (宋)普济:《五灯会元》,苏渊雷点校,北京:中华书局,1984。

122. 任继愈:《汉唐佛教思想论集》,北京:人民出版社,1994。

123. (晋)僧肇:《肇论》,福建莆田广化寺,2000。

124. (梁)僧祐:《出三藏记集》,苏晋仁、萧链子点校,北京:中华书局,1995。

125. 石峻:《中国佛教思想资料选编》,北京:中华书局,1981。

126. [荷兰]B. 斯宾诺莎:《神,人及其幸福简论》,洪汉鼎等译,北京:商务印书馆,1987。

127. [英]A. 史密斯:《心智的进化》,孙岳译,北京:中国对外翻译出版公司,2000。

128. [美]L. 斯莫林:《通向量子引力的三条途径》,李新洲等译,上海:上海科学技术出版社,2003。

129. [美]L. 斯塔夫里阿诺斯:《全球通史——1500年以后的世界》,吴象婴、梁赤民译,上海:上海社会科学院出版社,1999。

130. [美]F. 斯特伦:《人与神——宗教生活的理解》,金泽、何其敏译,上海:上海人民出版社,1991。

131. [英]E. 斯图尔特:《混沌之数学》,潘涛译,上海:上海远东出版社,1995。

132. [美]K. 索恩:《黑洞与时间弯曲——爱因斯坦的幽灵》,李泳译,长沙:湖南科学技术出版社,2000。

133. 孙慕天、[乌]N. 3 采赫米斯特罗:《新整体论》,哈尔滨:黑龙江教育出版社,1996。

134. [法]L. 托姆:《结构稳定性与形态发生学》,赵松年等译,成都:四川教育出版社,1992。

135. (魏)王弼、(晋)韩康伯、(唐)孔颖达:《周易正义》,北京:中国致公出版社,2009。

136. [美]王浩:《哥德尔》,康宏逵译,上海:上海译文出版社,1997。

137. 王树海:《楞伽经注释》,长春:长春出版社,1995。

138. [德]M. 韦伯:《新教伦理与资本主义精神》,于晓等译,北京:生活·读书·新知三联书店,1987。

139. [美]G. 威廉斯:《谁是造物主——自然界计划和目的新识》,谢德秋译,上海:上海科学技术出版社,1998。

140. [奥]L. 维特根斯坦:《逻辑哲学论》,郭英译,北京:商务印书馆,1962。

141. [美]S. 温伯格:《终极理论之梦》,李泳译,长沙:湖南科学技术出版社,2003。

142. [英]A. 渥德尔:《印度佛教史》,王世安译,北京:商务印书馆,1987。

143. [美]M. 沃尔德罗普:《复杂——诞生于秩序与混沌边缘的科学》,陈玲译,北京:生活·读书·新知三联书店,1997。

144. [美]W. 沃克迈斯特:《科学的哲学》,李德容等译,北京:商务印书馆,1996。

145. 吴则虞:《晏子春秋集释》,北京:中华书局,1962。

146. [美]T. 希尔:《现代知识论》,刘大椿等译,北京:中国人民大学出版社,1989。

147. [英]J. 希克:《第五维度——灵性领域的探索》,王志成、思竹译,成都:四川人民出版社,2000。

148. [奥]E. 薛定谔:《生命是什么》,罗来鸥、罗辽复译,长沙:湖南科学技术出版社,2003。

149. (汉)严遵:《老子指归》,北京:中华书局,1994。

150. [英]W. 燕卜荪:《朦胧的七种类型》,周邦宪、王作虹、邓鹏译,杭州:中国美术学院出版社,1996。

151. 姚卫群:《佛教般若思想发展源流》,北京:北京大学出版社,1996。

152. 杨伯峻:《列子集释》,北京:中华书局,1979。

153. (汉)扬雄:《太玄经》,上海:上海古籍出版社,1990。

154. [印]佚名:《薄伽梵歌》,张保胜译,北京:中国社会科学出版社,1989。

155. 幼存、道生:《维摩诘经今译》,北京:中国社会科学出版社(扉页含《心经》),1994。

156. 于谷:《禅宗语言和文献》,南昌:江西人民出版社,1995。

157. [美]E. 詹奇:《自组织的宇宙观》,曾国屏等译,北京:中国社会科学出版社,1992。

158. 张伯伟:《禅与诗学》,杭州:浙江人民出版社,1992。

159. 张岱年:《中国哲学大纲》,北京:中国社会科学出版社,1982。

160. 张奠宙:《20世纪数学经纬》,上海:华东师范大学出版社,2002。

161. 张锦文:《公理集合论导引》,北京:科学出版社,1991。

162. 张建军:《逻辑悖论引论》,南京:南京大学出版社,2002。

163. (宋)张载:《张子正蒙》,上海:上海古籍出版社,2000。

164. 钟克钊:《禅宗史话》,成都:四川人民出版社,1998。

165. (宋)周敦颐:《周子通书》,上海:上海古籍出版社,2000。

166. 周昌乐:《无心的机器》,长沙:湖南科学技术出版社,2000。

167. 周昌乐:对量子新型计算范式的哲学透视,《自然辩证法通讯》,2003,第1期,第94—99页。

168. 周昌乐:透视哲学研究中的计算建模方法,《厦门大学学报》(哲学社会科学版),2005,第1期,第1—5页。

169. 周昌乐:从哥德尔定理看禅宗的元逻辑思想,《重庆大学学报》(哲学社会科学版),2005,第4期,第59—62页。

170. 周昌乐:禅宗的超元思维方式及其现代意义,载[意]洛伦佐·玛格纳尼、李平主编,《认知视野中的哲学探究》,广州:广东人民出版社,2006,第268—283页。

171. 周昌乐:从斯科伦定理看禅宗的触事即真观及其意义,《厦门大学学报》(哲学社会科学版),2006,第4期,第34—41页。

172. 周昌乐:禅宗的元语言哲学思想及其意义,《宗教学研究》,2006,第2期,第81—85(中国人大报刊资料《宗教》2007年第1期全文转载)。

173. 周昌乐:试论禅宗空论对物理世界的解释能力,科学视野中的佛教研讨会,2008年10月24—26日,山西太原。载中国宗教文化交流协会编:《佛教·文化·科学·慈善》(上册),上海:上海辞书出版社,2009。

174. 周昌乐:逻辑悖论的语义动力学分析及其意义,《北京大学学报》(哲学社会科学版),Vol. 45, No. 1, 2008。

175. 周昌乐:从当代脑科学看禅定状态达成的可能性及其意义,杭州师范大学学报(社会科学版),2010年第3期。

176. 周昌乐:禅宗心法的意向性分析,《中国佛学》,2011年,总第29期,北京:中华书局,2011。

177. 朱谦之:《老子校释》,北京:中华书局,1984。

178. (宋)朱熹:《四书章句集注》,北京:中华书局,1983。

179. (宋)朱熹:《周易》,上海:上海古籍出版社,1987。

180. (春秋)左丘明:《国语》,上海:上海古籍出版社,1988。

（以下外文文献按作者名字母排序）

1. Austin, James H.: Zen and the Brain, The MIT Press, Cambridge, Massachusetts, 1998.

2. Austin, James H.: Zen – Brain Reflections: Reviewing Recent Developments in Meditation and States of Consciousness, The MIT Press, Cambridge, Massachusetts, 2006

3. Church, A.: The Calculi of Lambda – Conversion, Annals of Mathematical Studies, #6, Princeton University Press, 1941.

4. Deikman, A.: The Missing Center. In Alternate States of Consciousness, ed. N. Zinberg, New York, Free Press, 1977, 230—241.

5. Gazzanga, M.: The Role of Language for Conscious Experience: Observations from Splitbrain Man. In Progress in Brain Research. Motivation, Motor and Sensory Processes of the Brain, vol. 54, eds. H. Kornhuber and L. Deecke, Amsterdam, Elsevie/North – Holland, 1980, 689—696.

6. Gödel, K.: Über Formal Unentscheidbare Sätze der Principia Mathematica und Verwandter Systeme, I. Monatshefte für Math. Und Phys., 1931, 173—189.

7. Gödel, K.: Collected Works Ⅰ, Soloman Feferman et al, New York & Oxford: Oxford University Press, 1986.

8. Grim, P., etc.: The Philosophical Computer: Exploratory Essays in Philosophical Computer Modeling, MIT Press., 1998, 29—42.

9. Grim, P.: Self – Reference and Chaos in Fuzzy Logic, IEEE Transactions on Fuzzy Systems, 1, 1993, 237—253.

10. Grim, P.: The Undecidability of the Spatialized Prisoner's Dilemma, Theory and Decision 42, 1997, 53—80.

11. Hellerstein, N.: DELTA: A Paradox Logic, Singapore: World Scientific Publishing, 1997.

12. Kinsbourn, M.: Integrated Field Theory of Consciousness, In Marul A. J., Bisiach(eds), Consciousness in Contemporary Science, Oxford: Clarendon Press, 1988.

13. Li, T., J. A. Yorke: Period Three Implies Chaos, American Journal of Mathematics, vol. 82, 1975, 985—992.

14. Libet, B. : Mind time—The Temporal Factor in Consciousness, Harvard University Press, 2004.

15. Mar, G. and Grim, P. : Pattern and Chaos: New Images in the Semantics of Paradox, Nous XXV, 1991, 659—695.

16. Magee, B. :Confessions of a Philosopher , London : Weidenfeld & Nicolson, 1997,182.

17. Prabhavananda , S. :The Bhagavata Purana , PartV (Trans by Ganesh Vasudeo Tagre), Delhi:Motilal Banarsidass, 1978, 2050—2051.

18. Turing, A. :On Computable Numbers with an Application to the Entscheidungs Problem, Proc. London Math. Soc. ,1936,230—265.

19. Wang,H. : Proving Theorems by Pattern Recognition, Bell System Technical Journal,40,1961,1—141.

# 后 记

今之不为禅学者,只是未曾到那深处,才到那深处,定走入禅去也。

(宋)朱熹①

我较为系统地涉足禅宗,始于1990年。当年我刚刚从北京大学获得了理学博士学位,到了历史上佛教比较兴盛的杭州工作。从研读禅宗典籍的一开始,我就被古代禅师们藐视一切权威那种超然的自由精神所吸引:在奇特的思维方式、荒诞怪异的举止言行底下,却有着不为任何名相羁绊的、积极的人生态度。这正是我们日益物化的社会所缺失的精神,于是便开始陆陆续续地研习起禅宗的思想,迄今已有16个年头。

起先,我本无意在禅宗思想研究方面有所著述,因为这毕竟不是我的本行。但随着研习的深入,特别是我在2000年完成了《无心的机器》一书后②,越发感觉到禅宗的思想与哥德尔等人的逻辑思想乃至目前新兴的后现代科学思想,有着十分紧密的联系,于是就计划撰写这样的一部专著。遗憾的是,由于工作的调动、行政事务的繁杂、本行专业的研究等因素的干扰,这项业余的工作,被一拖再拖,不到16万

---

① 二程有言:"今人不学则已,如学焉,未有不归于禅也。"(《二程全书》卷十八)朱熹也有:"今之不为禅学者,只是未曾到那深处,才到那深处,定走入禅去也。"(《朱子语类》卷十八)

② 周昌乐:《无心的机器》,长沙:湖南科学技术出版社,2000。该书第4章已经涉及了零星的禅宗思想。

字的书稿正文,竟拖了6个年头。

现在呈现在读者面前的这部书稿(包括附录部分),尽管有着将近16年的思考,但由于上述原因,依然是一部"急就"之作。因此,在这部书中,与其要说明或陈述什么真理的东西,倒不如说只是想表明我自己的信念更确切。当然,由于论述的是一些"终极"的对象,逻辑一致性是没有的,这一点还请读者们明察。

记得汉代陆绩在给《太玄经》写的序中说:"班固赞序雄事曰:凡人贵远贱近。亲见扬雄禄位容貌不能动人,故轻其书。扬子云之言文谊之深,论不诡于圣人。"[1]的确,"凡人贵远贱近"这足可以说明《太玄经》未能影响后世的一个重要原因。其实,这也是世之常情[2],时下学术界也同样有此通病,对同时代或同辈之人提出的观点、理论,往往不屑一顾,而孜孜于古籍的解读和外籍的移译,这是很普遍的事情。这可能就是为什么最近50年来,没有产生大家的原因之一吧。

当然,不可否认,先哲们为我们留下了丰富的思想遗产,如何夸张其深远意义都不为过。但时代毕竟是在不断发展的,今天科学所取得的伟大成就及其所形成的新的文化格局,是先哲们所不可能了解的。这就需要我们一个又一个时代的学者,不断建构我们的文化思想。特别是在这科学与人文不断交融的新背景下,如果我们不能站在先哲们的肩上,将现代科学成就汇入先哲们的思想中来加以发展,那么这将是一种历史的失职。正是出于这样的考虑,自己才不顾才学粗浅,敢于抛砖引玉,出版这样一部拙著,但愿有助于推动这类事业的开展。

本书一开始的构思基点主要得益于两部书的启示,一部就是我导师马希文教授组织翻译的《哥德尔、艾舍尔、巴赫——集异璧之大成》一书,在这部书里,作者侯世达教授将哥德尔定理与禅宗的思想关联了起来;另一部是卡普拉所著的《物理学之"道"》一书,其中的一句话"我对禅宗中一些难以解决的观点特别感兴趣,它使我联想到量子论中的难点"[3],使我认识到禅宗思想与量子物理学的联系。其实,正像

---

[1] 扬雄:《太玄经》,上海古籍出版社,1990,"陆绩述玄"。
[2] 曹丕也有:"常人贵远贱近,向声背实,又患暗于自见,谓己为贤。"
[3] 卡普拉:《物理学之"道"》,北京出版社,1999,第1页。

章首所引用朱熹所说的:"今之不为禅学者,只是未曾到那深处,才到那深处,定走入禅去也。"的确,对于任意领域,只要深入思考其根本,那么无不可以与禅宗思想关联起来,这也就是我在本书所要阐述的思想之一①。

最后,借本书出版之际,我要特别感谢这些年来一直支持与鼓励我在非本行领域中开展研究工作的朋友们。他们有浙江大学生命科学学院的常杰教授、经济学院的罗卫东教授、人文学院的黄华新教授;北京师范大学哲学系的刘晓力教授;北京大学哲学系的刘壮虎教授、周北海教授;以及厦门大学哲学系的詹石窗教授。我从与他们的交往中深受裨益,感激之深,难以言语表达。在日趋浮躁的功利性"学术"氛围中,能够有这样一批志同道合的朋友,甚为幸事!

作者识于厦门大学海韵园
2005年12月31日初稿
2006年4月8日完稿

---

① 最早,本书计划的内容除了"悖论的真性"主题外,还包括其他"物质的空灵""生命的回互""心识的自觉"和"万法的缘起"等内容。但考虑到时间和精力,以及对所要阐述主要思想已经多少在书中及附录的《祖堂集》解读中有所反映等因素,最后还采用了目前论述"悖论的真性"的格局,并取书名为"禅悟的实证"。